知识启智
思政润心
校商结合
育人育才
大有可为

邹学校
2023.2.19

“商道育人，学思笃行”系列丛书

新商科
课程思政教学探索与实践
（案例篇）

湖南农业大学商学院课程思政教学研究中心
芙蓉教学名师工作室
“常来”思政名师工作室
编著

中国财经出版传媒集团
中国财政经济出版社
·北京·

图书在版编目（CIP）数据

新商科课程思政教学探索与实践. 案例篇 / 湖南农业大学商学院课程思政教学研究中心，芙蓉教学名师工作室，“常来”思政名师工作室编著. -- 北京：中国财政经济出版社，2024.11

（“商道育人，学思笃行”系列丛书）

ISBN 978-7-5223-3122-5

Ⅰ. ①新… Ⅱ. ①湖… ②芙… ③常… Ⅲ. ①思想政治教育—教案（教育）—高等学校 Ⅳ. ①G641

中国国家版本馆CIP数据核字（2024）第090644号

责任编辑：郁东敏　　责任校对：张　凡
封面设计：中通世奥　　责任印制：党　辉

新商科课程思政教学探索与实践（案例篇）
XINSHANGKE KECHENG SIZHENG JIAOXUE TANSUO YU SHIJIAN（ANLI PIAN）

中国财政经济出版社 出版

URL：http：//www. cfeph. cn
E-mail：cfeph@cfeph. cn

社址：北京市海淀区阜成路甲28号　邮政编码：100142
营销中心电话：010-88191522
天猫网店：中国财政经济出版社旗舰店
网址：https：//zgczjjcbs. tmall. com
中煤（北京）印务有限公司印刷　各地新华书店经销
成品尺寸：175mm × 250mm　16开　17.5印张　253 000字
2024年11月第1版　2024年11月北京第1次印刷
定价：60.00元
ISBN 978-7-5223-3122-5
（图书出现印装问题，本社负责调换，电话：010-88190548）
本社图书质量投诉电话：010-88190744
打击盗版举报热线：010-88191661　QQ：2242791300

编　委　会

主　　编　李阿利　杨亦民

执行主编　谢宜章　李继志

副 主 编　刘纯阳　莫　鸣　潘　斌

编写成员　（按篇章作者排序）

杨亦民　谢宜章　刘文丽　李继志　王　红
孙艳华　田　伟　周宇飞　王继红　易朝辉
石巧君　刘湘辉　张国政　王晓玉　陈　茜
唐　婧　颜如玉　罗　雯　张雅瑾　舒　波
李若鑫　杨　菲　侯文菁　吴菁琳　王蜀湘
彭雅惠　张世豪　宁　翔　童　欣　刘美琪
谢雨柔　徐　婕　舒澍成

编审委员会

主任委员　兰　勇

委　　员　（按姓氏笔画排序）

王伟伟　王　红　孙艳华　李阿利　李继志
杨亦民　易朝辉　胡梅梅　盛　晏　谢宜章

师生共创案例简介

自2019年起，湖南农业大学商学院精心组织案例开发团队，投入大量宝贵的时间和精力探究案例开发，已编辑的案例涵盖电子制造、生猪养殖、食品加工、餐饮娱乐等诸多行业。在此基础上，编写了这本涵盖财务战略、内部控制、风险管理、数字化等主题，且适应教研要求的商科课程思政（案例篇）。本书具有较好的借鉴意义和参考价值。

希望广大读者能从这些鲜活的实践案例中不断汲取知识，掌握行业典型经验和先进理念，结合自己的学习、工作实践进一步思考，以科学精神为导向，培养创新和专业实践能力，提升个人综合素质。同时，明确应在坚守职业道德和遵守社会公德的前提下，助力企业价值创造。

案例共建思路

建设思路：

步骤1：拟定选题。基于职业道德、社会公德、企业家精神、科技创新和价值创造等思政元素，充分理解内部控制与风险管理、财务战略等理论基础。在熟悉研究内容后，选择典型企业有趣的故事，制定初步框架。

步骤2：实地调研。通过调查研究，深入了解企业背景，收集数据。

步骤3：确定选题。聚焦数据，明确案例研究问题。

步骤4：布局大纲。大纲布局基于TSS模型，将理论化（theoretical，T）、情景化（situational，S）和结构化（structured，S）相结合。

步骤5：撰写案例。案例撰写需要分两步走：一是在案例故事中用理论说故事；二是在案例分析中用故事说理论。

建设理念：

案例建设理念为“立德树人，关注社会；校企联合，双向赋能”，即引导学生在遵守社会公德、坚守职业道德的前提下，以科学精神为导向，勇于实践，探索求真，推动企业价值创造。

CONTENTS
目录

专题一　破旧立新：数字化助推Y公司迈新阶

专题二　乡约相守："草根'团购'"的精准营销之路

专题三　龙头战疫显韧性，数字布局焕新机——基于H公司的案例分析

专题四　一村一街点对点
——小农户与现代农业有效衔接的新探索

专题五　茶香飘满扶贫路：湘丰茶业的社会责任实践

专题六　财务赋能　创新发展
——L公司财务体系赋能科技创新之路

专题七　“软”实力赢得“硬”市场：J公司“隐形冠军”炼成记

专题一

破旧立新：数字化助推Y公司迈新阶

案例名称	破旧立新：数字化助推Y公司迈新阶
创作团队	乘风破浪队 （王晓玉、陈茜、唐婧、颜如玉、罗雯、张雅瑾）
指导团队	杨亦民、刘文丽、李继志、王红、孙艳华、谢宜章、田伟
思政元素	职业道德、社会公德、科学精神、价值创造等

一、案例简介

新冠疫情使传统线下零售险象环生。但数字化时代的到来，使疫情之下的传统零售行业“危”中有“机”。国务院发布的《“十四五”数字经济发展规划》提出要加快会计数字化转型，打造数字中国。全面拥抱数字化，借助数字化助推企业风险管理与财务战略转型，对企业未来发展具有重要意义。

Y公司是一家被誉为“中国零食自主制造第一股”的传统食品公司，全面拥抱数字化是Y公司战略转型、应时而变的必然之路。本文以Y公司为调研对象，通过定量和定性分析结合的方法，识别出Y公司目前转型路上财务战略面临的市场风险、财务风险、运营风险和信息系统风险。提出通过数字赋能，加快推动Y公司实现转型目标，助力Y公司在危机中育新机，于变局中开新局。

本案例为Y公司转型下的风险管理和财务战略提供了切实可行的数字化方案，对疫情背景下实行转型的企业具有重要的借鉴意义。

本案例的课程思政主要表现在四个方面：一是明确秉持企业家精神，践行社会责任，遵守社会公德，是企业不断发展壮大的不竭源泉；二是以科学精神为导向，让学生领悟科技创新的无限潜能，在面向未来的国际科技竞争中抢占先机；三是增强受托责任意识，坚守职业道德要求，培育学生经世济民、报效祖国的情怀；四是加强数字化管理，推动企业价值创造，助力提升核心竞争力。

二、案例创作思路

破旧立新：数字化助推Y公司迈新阶案例创作思路见下图。

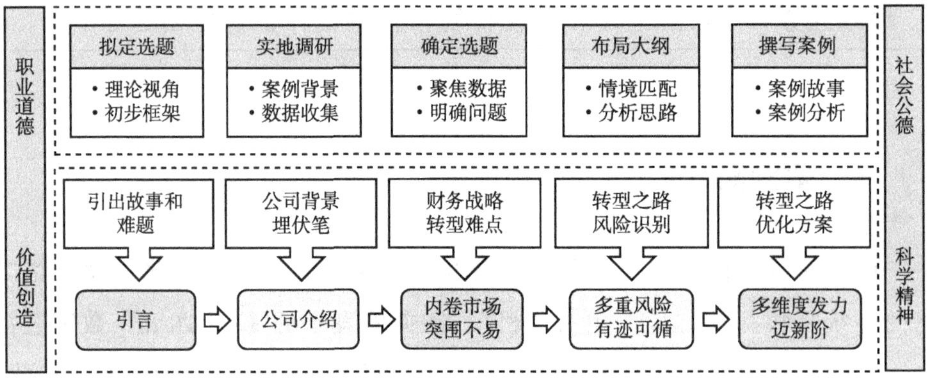

案例创作思路图

三、案例应用

适用范围：

本案例主要适用于会计学、商业伦理与会计道德等课程。

应用目标：

第一，挖掘知识传授深度。在企业数字化转型实践中，把科学精神与企业价值创造相结合，深度挖掘企业数字化转型的相关知识，将各科课程与思政课程同向同行，形成协同效应。

第二，拓展能力培养广度。学习企业管理者不懈的科学探索精神，培养学生的创新意识。将理论知识应用于现实生活，培养学生的学习能力和思维结构。启迪学生理论与实践相结合的思维惯性，灌输科学能够改造客观世界情怀。

第三，价值构造提升素质。以Y公司未坚守底线导致的转型失败的现实，警示学生要提升信念，帮助学生尽早树立职业道德观，强化社会公德心，将思政教育内化于心、外化于行。

思政元素：

目前，我国正进入居民消费结构升级与数字经济同步发展的阶段。新冠疫情的冲击让传统零售行业受到严重冲击，企业若想逆势上升，数字化转型势在必行。通过真实案例联系实际，引导学生结合时事，帮助学生认识到科学精神对于企业价值创造的重要性，强调理论与实践的结合，打造创新思维，为将来的工作累积经验，培养基本职业道德。引导学生将把爱国情、强国志、报国行自觉融入坚持和发展中国特色社会主义事业、建设社会主义现代化强国、实现中华民族伟大复兴的奋斗。

四、学生撰写案例感受

王晓玉：参与本次案例撰写，有效杜绝了闭门造车的弊端。我们将所学知识运用于实践中，不断探索如何解决和排除Y公司在财务战略转型过程中遇到的种种障碍。在案例分析过程中，我们坚持以科学精神为导向，通过定性分析和定量分析相结合，识别出Y公司在转型路上所面临的各种风险并定位风险等级，帮助Y公司“破旧立新”。我国正处于加快转变经济发展方式、建设创新型国家的关键时期，因此企业在运营过程中应大幅提升自主创新能力、大力弘扬科学精神，这对企业实现可持续发展至关重要。

罗雯：参与本次案例撰写是一段很丰富的经历，贴近现实，感悟理论。通过此次案例分析，我们意识到数字化时代给社会经济带来了巨大改变，数字化要求更快的响应速度，由此必然带来效率的提升。根据“十四五”时期加快会计数字化转型、支撑会计职能拓展的要求，当代企业应牢牢把握数字革命机遇，加快智慧共享财务管理体系建设，推动财务数字化转型，以连接为基础，以数据为关键要素，以价值释放为目标，以数据赋能为主线，为企业带来全方位的焕然一新，增强公司抵御风险的能力，从而为企业创造更大的价值。

颜如玉： 通过参加这次案例撰写，我收获颇丰。虽然在前期的准备工作中，遇到了很多困难，比如说案例框架结构不清楚，调研开展不顺利，但是在老师们的帮助与指导下，这些难题都一个一个解决了。这次案例撰写对我来说感受最深的是在为陷入困境的企业出谋划策时，常常需要换个思考问题的角度，如从企业内部控制出发，对企业的控制环境、风险评估、控制活动、信息与沟通和内部监督的各个层面都要统筹考量，及时优化，助力企业的风险管理更上一层楼。在企业社会责任理论中，环境与经济、社会并列为企业的三重底线，对于Y公司这样的食品行业领头羊来说，更应该有榜样意识，积极践行社会责任，弘扬企业家精神。

张雅瑾： 通过本次案例撰写，我感触颇深。在此次案例中我们发现：由于Y公司经营者诚信意识淡薄，使企业在转型过程中出现巨大风险，进而导致企业转型失败。这使我们意识到在企业经营中，经营者必须要以德服人，偷懒敷衍不作为只会造成全盘皆输的后果。企业在谋求发展的过程中要坚持进行公司职业道德建设，建立企业新风；公司的经营者则要以德修身、以德立威、以德服众，坚守职业道德，加强职业道德沉淀，方能为企业建设添砖加瓦。各行各业，保持职业操守，抵御不良风气，是各级管理者长期乃至终生的必修课。

五、完整案例文本

破旧立新：数字化助推Y公司迈新阶

摘要： 新冠疫情让传统零售行业在历经“黄金十年”的快速发展之后，被按下了“慢速键”，“关店潮”“价格战”现象频出。传统零售行业的日渐式微并非偶然，正值垂直电商、新零售和社交电商相继崛起之际，线下零售险象环生。随着数字化时代的到来，疫情之下的传统零售行业“危”中有“机”。

《“十四五”数字经济发展规划》提出要加快会计数字化转型，打造数字中国。全面拥抱数字化，借助数字化助推企业风险管理与财务战略转型，对企业未来发展具有重要意义。

Y公司是一家被誉为“中国零食自主制造第一股”的传统食品公司。新零售风口下，数字化的普及让Y公司欲应时而变、革故鼎新，希望借助数字化扫除企业转型中的桎梏，实现转型目标。基于此，本文以Y公司为调研对象，通过对其关键风险点与财务战略现状的分析，借助数字化技术为Y公司提供财务战略转型方案，助力其风险管理。全文将分为以下六个部分：

第1章为理论基础篇，主要阐述内部控制与风险管理理论、财务战略理论和数字化理论，并对理论如何运用到案例分析中进行了概括性阐述。

第2章为案例背景篇，分析新冠疫情的冲击和数字技术的发展对零售行业的影响。

第3章为公司概况篇，介绍了Y公司的发展历程以及战略转型经历，采用财务战略矩阵模型定位Y公司现阶段的财务战略，并分析疫情背景下，Y公司所面临的挑战。

第4章为风险识别篇。通过定量和定性分析结合的方法，识别出Y公司目前转型路上财务战略面临的市场风险、财务风险、运营风险和信息系统风险，采用多层次模糊综合评价法和层次分析法评价Y公司风险等级。

第5章为优化建议篇。从内部控制视角出发，针对识别出的重大风险，在内部控制五要素的各个层面结合数字化分别提出解决方案与优化措施，使Y公司财务战略转型具备可行性。数字赋能，加快推动Y公司实现转型目标，助力Y公司在危机中育新机，于变局中开新局。

第6章为结论与启示篇。通过案例总结与启示，得出面对疫情挑战，企业数字化转型势在必行的结论。为实现“十四五”规划提出的高质量发展目标，不仅需要国家的支持，更需要企业主动进行数字化转型。企业要打造数字创新思维，解锁新的商业形态，形成新的战略高地，借助数字化的手段，创造更大的价值，实现企业的可持续发展。

案例分析框架见图0–1。

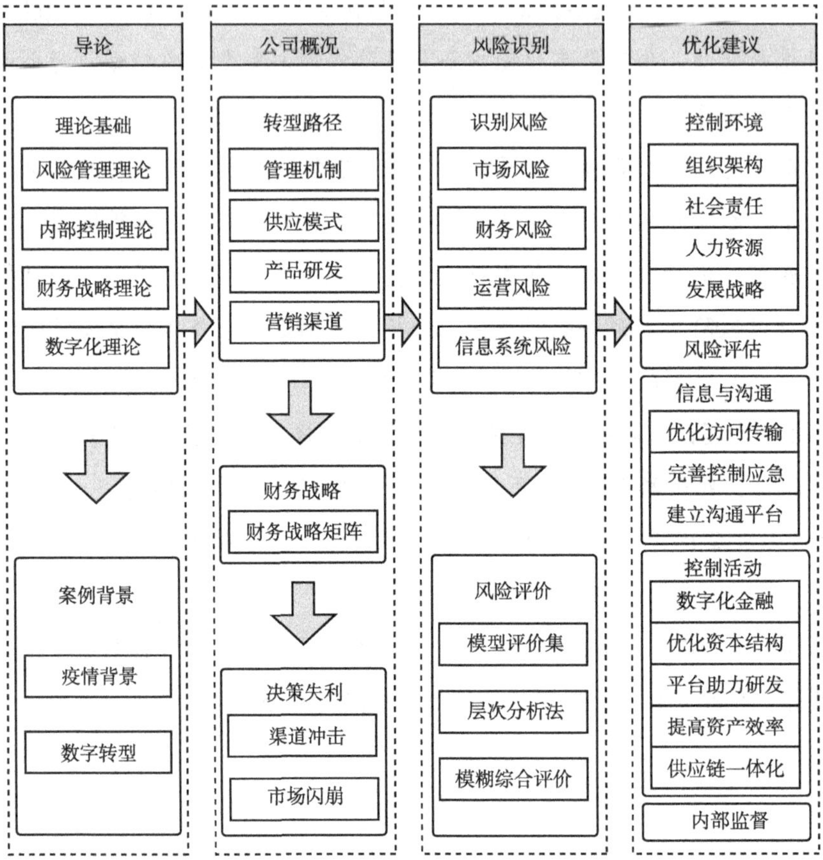

图0-1　Y公司案例框架

引　言

2020年伊始，一场席卷全球的新型冠状病毒疫情迅速蔓延，成为经济运行中突发的不可抗力事件，对经济发展造成了不可避免的冲击。同时，新冠疫情的阴霾笼罩在众多企业之上，在经济下行压力较大的背景下，疫情给企业经营管理带来了诸多问题，企业的经营活动纷纷遭受重大打击，严重影响了销售业务、现金流管理、供应链及物流诸多方面。餐饮、零售、旅游等服务业更是面临着前所未有的挑战。在后疫情时代，“莫为风波羡平地，人间处处是危机”，如何在荆棘载途中突出重围，是所有企业的当务之急。与此同时，随着科学技术的迅速发展，“大智云物移”时代已经到来，进行数字化转型或将成为各大企业堪破此局、科技战“疫”的最佳路径。进行数字化转型，企业可以通过云化方式打破物理世界的“围墙”，实现企业端到端的全连接，加快推动企业向感知型、敏捷型组织转型，以应对不稳定、不确定性的环境，危机中也孕育生机。而在数字化转型的道路上，财务共享模式与营销渠道变革不仅是重大突破口，更是转型主阵地。

作为中国零售业的代表企业——Y公司，一方面正在加大赶超力度，另一方面也在寻求变革，积极拥抱数字化转型，通过引入大数据、云计算、物联网、人工智能等新技术谋求新发展。Y公司最初实行差异化战略，通过占据凉果蜜饯独立散装产品的市场空白，迅速起家。经过12年的蓬勃发展，Y公司实现了“腾飞”的梦想，于2017年2月8日在深证证券交易所中小板上市，成为“中国自主零食制造第一股”。到目前为止，Y公司已经拥有四大生产基地，50多个办事处及物流分仓，200余个单品种类。Y公司壮大的过程，也是其积极寻求转型的过程。技术上，Y公司创建了烘焙食品智能制造中心，引进并运用了新工艺技术——超声波辅助播溃技术、温度协同超高压杀菌技术和自动无人醒发技术等；战略上，Y公司与金蝶软件有限公司进行战略层面的合作，升级ERP，完善MES系统，为业务进行数字化赋能，积极打造食品企业及工业互联网平台，致力于成为休闲食品的数字化转型样板。然而，事实却总是难以与预期相符，Y公司的转型之路并不是那么顺利。2021年底，“噩耗”传来，Y公司的百亿元市值蒸发，相较于行业内的那些竞争对手，Y公司似乎走上了“下坡路”。这到底是战略失利？还是执行不当？对于Y公司来说，还有什么办法可以挽救这一局面？

后疫情时代，在中国食品工业发展处于转型与价值提升的关键节点，挑战和机遇并存，Y公司的数字化助推企业风险管理与财务战略转型之路很漫长……

第1章　理论基础：学海无涯探求真知

1.1　内部控制与风险管理理论

企业内部控制的目的是保证业务、报告与合规三大目标的实现，并且要求全员参与、共同实施。内部控制的质量决定企业是否能够实现“百年老店”的经营目标。风险管理是在实现企业价值过程中，结合战略制定与执行，进行管理风险的实践。风险管理需投入一定成本，消除潜在风险因素，确保生产经营活动顺利开展。

零售行业在转型过程中会遭遇多重风险，这需要引起足够的重视。企业外部风险是不可避免的，比如，市场竞争风险。而内部风险则需要企业进行风险管理，降低风险评级。零售企业可以通过完善风险管理流程，基于内部控制框架探索具体的风险优化方案，提高零售企业成功应对风险的能力。

1.2 财务战略理论

财务战略是企业战略的基石，是战略管理系统中具有综合性特征的子战略。财务战略聚焦于资金流动，一般划分为激进型和稳健型财务战略两大类。财务战略是企业纵向战略和横向战略之间的纽带，利用财务信息将企业制定的不同战略联系起来。若财务战略出现偏离，可能会增加公司环境风险和经营风险。因此，企业需要从全局性、长期性和创造性三个角度出发，制定财务战略。

财务战略会受到三方面的影响。第一，经济环境影响。疫情背景下，全球经济下行，零售企业面临销售受阻、资金流紧张等问题，因此，零售企业的财务战略需要以现金为中心。第二，企业内部组织结构的影响。企业内部组织结构决定了企业资源配置，因此会影响财务战略的选择。第三，生产经营规模的影响。零售企业规模越大，财务战略制定越复杂。因此，零售行业制定财务战略需结合公司总体战略和自身实际情况。

1.3 数字化理论

数字化是企业通过采用一系列信息、计算、交流和连接技术，转变自身特征从而实现提升的过程。数字化影响了当代的经济社会形态，重塑了商业过程和日常生活形式。

在新冠疫情背景下，零售企业是各行业数字化转型的先锋力量。数字化创新助推零售行业通过“线上+线下”的模式打破商品生产与消费之间的时空限制。而且从顺应时代潮流出发，零售企业进行数字化转型已成为一道“必选题”。

第2章 案例背景：疫情时代数字转型

2.1 观环境，疫情冲击不断

2020年，新冠疫情席卷全球，成为经济运行中突发的不可抗力事件。疫情对全球经济发展造成了冲击，一方面改变了人们的消费理念，提升了消费者对新零售模式的接受程度；另一方面，线上购物成为消费者首选。后疫情时代，零售行业不仅要消化疫情带来的损失，还要应对转型升级压力。要想跨过“后疫情时代”的分水岭，零售行业就必须在危机中发现机遇，成就自身。

2.2　看技术，数字化快速发展

近年来，数字经济规模不断攀升，数字经济将在新经济模式下创造更多的价值（见图2–1、图2–2）。

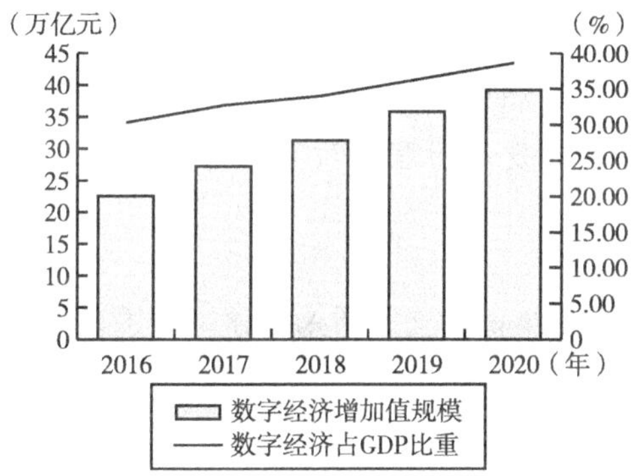

图2–1　中国数字经济规模

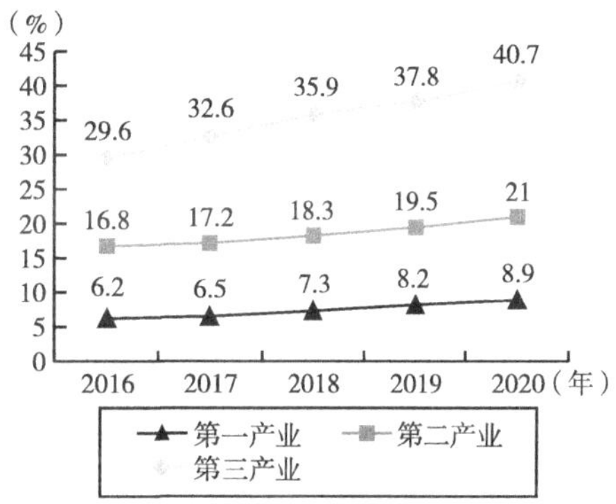

图2–2　中国数字经济在三大产业的渗透率

在零售行业中，数字化从近消费端向近生产端渗透。新零售、社交电商等热词频出，云计算等数字化技术在零售行业中广泛应用（见图2–3）。

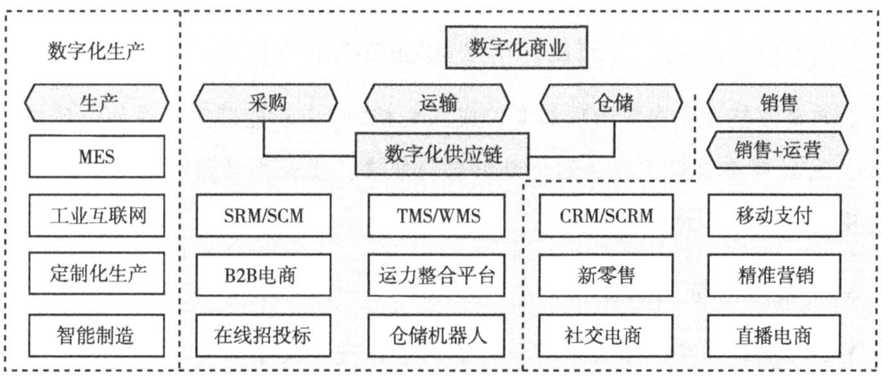

图2–3　商品全生命周期数字化

第3章　单腿走路：内卷市场突围不易

3.1　蜜饯出圈，公司上市

Y公司诞生于2005年8月4日，是以一家蜜饯发轫的自主制造企业。Y公司实行自主研发、自建工厂和自行销售的经营模式，经营范围涵盖食品生产、制造等。自成立以来，公司始终坚持“技术创新、科技领先、以人为本、持续改进”的经营理念。目前，Y公司旗下拥有电子商务公司、农副产品初加工公司及其他食品公司等。相比于新兴零食企业（如三只松鼠等），Y公司采取了线上线下双渠道并行的销售模式，线上渠道选择与天猫、京东等电商平台进行合作，线下渠道则与大型商场和社区超市建立了合作伙伴关系。

公司成立16年以来，不断发展壮大，其发展历程大致可以分为11个阶段（见图3–1）。

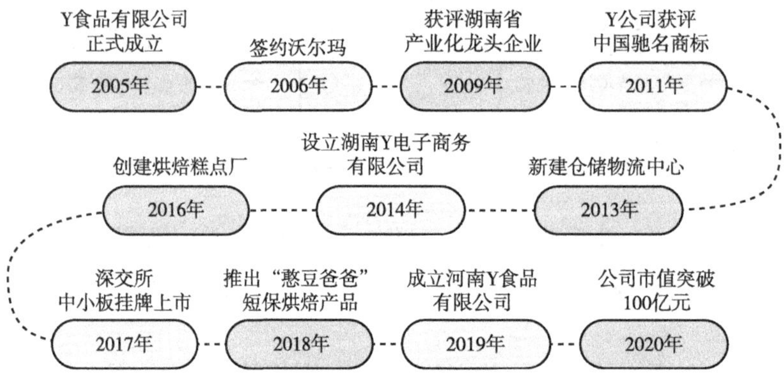

图3–1　公司发展历程图

公司建立健全了内部治理制度，成立之初的7个职能部门，现如今已扩充至14个，通过调整组织结构，细化组织部门职责，提升内部信息传递效率，从而全面配合具体战略的实施。

3.2　谋篇布局，燃爆市场

Y公司通过战略共创会确定了企业的价值观和战略转型方向，主要围绕着采购、研发以及渠道等各环节进行战略转型。图3–2全面展示了Y公司各部门战略升级的转型之路。

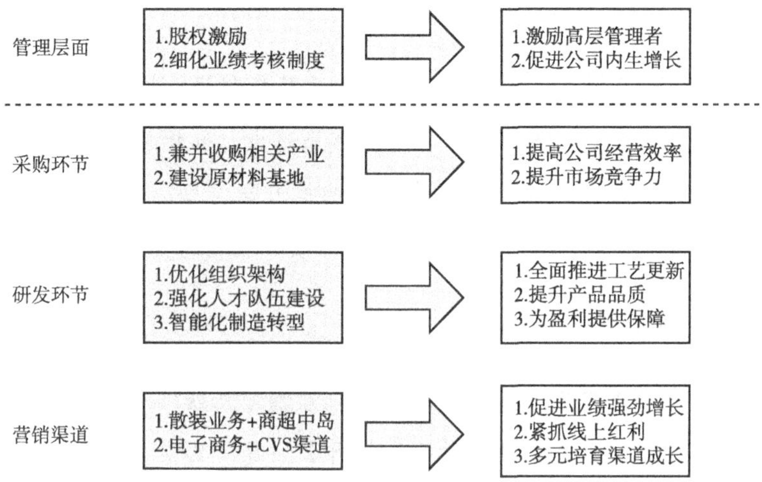

图3-2　Y公司战略转型的展示

3.2.1　高层管理，股权激励

Y公司实施股权激励机制，以此激励高层管理者，以稳健的方式运营公司，更专注于实现公司效益最大化，效果显著。除了对Y公司进行宏观目标设定之外，也将业绩考核制度细化到各个部门乃至每个员工，这种做法可以及时将业绩结果反馈给各负责人。中层管理人员通过此结果可以加快对员工工作质量的检测，分配的工作绩效也更加合理、精确。由此，2021年发布新一轮股权激励计划，目的在于促进公司内生增长，在新的战略规划下稳步前行，持续聚焦品类及渠道，在面对市场的不稳定和不确定性下持续提升市场占有率。

3.2.2　供应模式，自给自足

企业运用现有资本支付现金的方式进行收购，让企业快速进入供应链相关环节的产业，它可以有效减少企业的融资约束。自2017年起，Y公司为满足业务发展需要，用自有资金设立两家供应链管理公司，经营范围包括农副产品、散装食品销售、货物仓储、物业管理等，供应链的管理能力取得了突飞猛进的进步。

3.2.3 产品研发，人才赋能

Y公司持续引进细分品类专家，强化人才队伍建设。同时，公司聘请了该领域优秀专家作为集团研发顾问，从研发体系建设、知识传授和前沿动态等方面不断为研发人员赋能，始终坚持产品力的提升与打磨，全面提升产品品质。在项目研发中全面推进新品研发，为Y公司品质和利润的实现提供强有力保障。

3.2.4 营销渠道，多元发展

2014年，公司成立电子商务有限公司，开创“互联网+食品”模式，旨在通过与电商的有效结合提高交易效率和提升公司品牌影响力。2018年，Y公司通过战略共创会明确了“散装业务”为公司核心业务，提出“双岛是基础，推广是核心竞争力”。Y公司线下主攻商超“散称”渠道，以直营合作的模式入驻大型商超。线上积极布局电商和CVS渠道“定量装”为主的第二曲线，培育多元化渠道。2020年与壹网壹创进行战略联盟，公司以进入电商渠道为契机，加深公众对线上食品的印象（见表3-1）。

表3-1 Y公司营销渠道战略转型历程

时间	活动内容
2014年	设立Y公司电子商务有限公司
2017年	营销网络建设
2018年	提出“商超中岛”
2018年	与京东新通路战略合作
2020年	与壹网壹创战略合作

3.3 财务战略，矩阵定位

欲定位Y公司目前的财务战略，可以通过财务战略矩阵模型窥知一二。财务战略矩阵模型通过可持续增长能力和经济附加值（EVA）两个维度对企业的财务状况进行综合分析（见图3-3）。

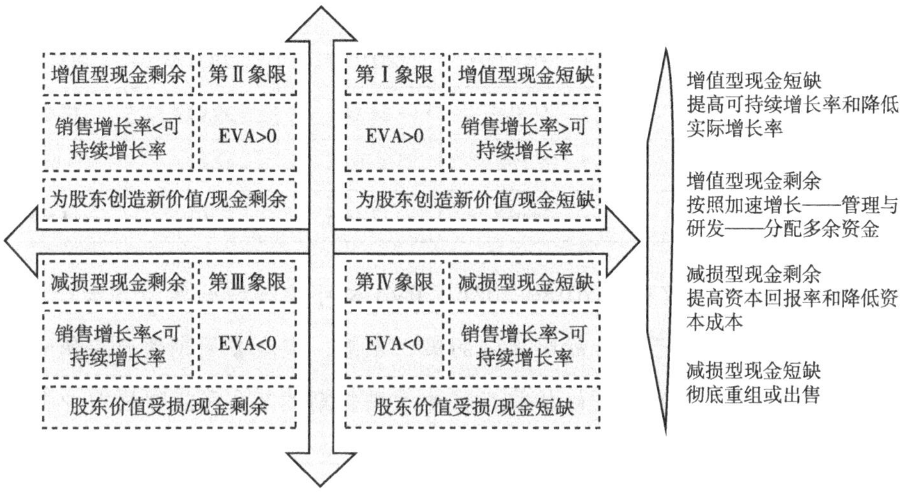

图3-3　财务战略矩阵

通过收集整理的Y公司2018—2021年相关财务指标数据，计算Y公司经济附加值（EVA）和可持续增长能力。具体计算过程见表3-2。

表3-2　　Y公司2018—2021年EVA和可持续增长能力　　（单位：万元）

项目	2018年	2019年	2020年	2021年
1.税后净营业利润	7 807.76	12 623.53	22 682.90	17 529.04
净利润	7 122.03	12 761.33	24 212.08	15 436.32
+：研发费用	2 317.54	2 690.07	5 150.08	5 519.02
+：财务费用	1 009.77	1 506.79	893.46	2 437.74
-：非经常性收益 ×50%	39.00	126.81	11.74	21.02
×（1-所得税税率）	（1-25%）	（1-25%）	（1-25%）	（1-25%）
2.调整后资本	85 261.33	118 853.11	151 698.75	146 878.84
所有者权益	64 348.61	77 959.47	86 529.48	88 361.01
+：负债	51 514.32	88 057.24	115 600.72	119 820.73
-：在建工程	1 556.62	823.51	4 335.63	5 402.42
-：无息流动负债	29 044.98	46 340.09	46 095.82	55 900.48
3.加权平均资本成本率	8.64%	5.64%	3.91%	8.14%
4.EVA	437.95	5 915.05	16 747.21	5 572.10

续表

项目	2018年	2019年	2020年	2021年
5. 实际增长率	46.81%	26.34%	39.99%	16.47%
6. 可持续增长率	7.77%	8.85%	14.98%	2.91%
7. 可持续增长能力	39.03%	17.48%	25.01%	13.56%

据表3–2可知，Y公司2018—2021年EVA和可持续增长能力均大于零，Y公司自上市后一直处于财务战略矩阵的第一象限，在生命周期理论中属于成长期，企业处于增值型现金短缺的状态。处于成长期的Y公司正遭遇旧业务发展瓶颈，新业务尚未开拓成功的艰难处境。目前，虽然Y公司能够持续创造价值，但仍面临现金短缺的问题。尤其在数字化转型道路上，Y公司基于自身的财务战略，在资源分配上很难将大规模的资金投入数字化转型领域。

3.4 渠道冲击，光芒不再

2021年，Y公司的总市值开始“闪崩”。从年初的142.73亿元开始，“崩”到年末的110.73亿元。

这次Y公司为什么没乘上东风呢？

转型过程中决策失利、投资战略失误和新零售渠道冲击是Y公司2021年业绩“失速”的主要原因。目前，Y公司财务战略正处于增值型现金短缺状态，当前的现金流量无法支撑企业未来发展需求。2021年社区团购迅速兴起，给了Y公司沉重一击。新零售渠道已经崛起，但Y公司没有及时改变投资战略，仍在自己熟悉的传统商超渠道投入“重兵”。遗憾的是，商超渠道销售收入增长以及渠道业绩均未达预期。在新零售渠道的冲击之下，自称“零食界华为”的Y公司股价“腰斩”之后暂未找到救己良方。

第4章 蛛丝马迹：多重风险有迹可循

4.1 市场风险，竞争加剧

近几年，国民经济增长较快，人民的生活水平显著提高，人均收入大幅增加。我国休闲食品的市场规模逐渐扩大，发展潜力巨大。但值得注意的是，休闲食品企业的进入市场标准较低，导致市场内企业“鱼龙混杂”，存在行业集中度不高、商品同质化严重等问题，并且这样的情况在长时间内还会存续且难以整治，市场竞争依旧激烈。

目前，虽然国内尚未出现全品类、全国性的龙头企业，但该市场仍存在许多耳熟能详的品牌，如三只松鼠、良品铺子、洽洽食品及百草味等，这些网红品牌迅速占领了休闲食品的主要消费者——年轻人。相较于这些知名品牌，Y公司行业影响力较弱。对于处在成长期的Y公司而言，因休闲食品市场自身进入门槛低且利润较高，自然会吸引众多的企业参与。目前我国休闲食品行业企业数量已超2 700家，行业内竞争会越发激烈。

4.2　财务风险，业绩爆雷

4.2.1　短期偿债，压力倍增

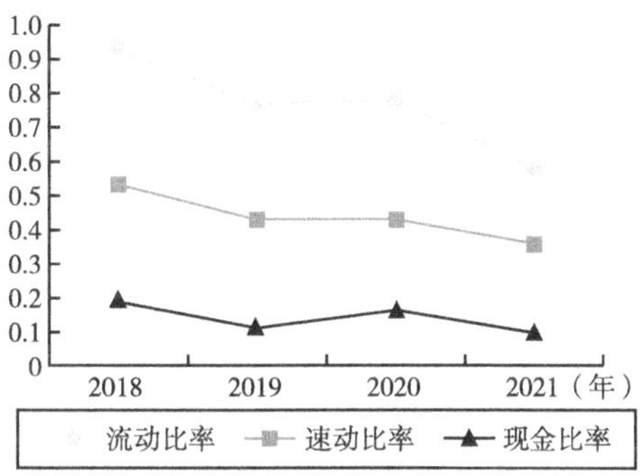

图4-1　2018—2021年短期偿债能力趋势图

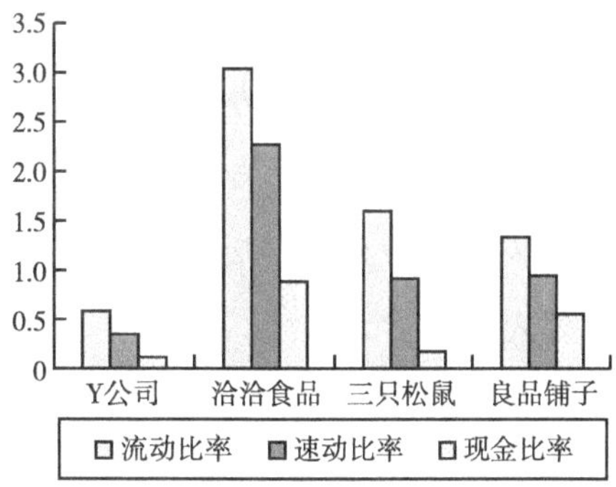

图4-2　2021年偿债能力指标对比图

Y公司近4年的流动比率明显低于流动比率的一般标准。尤其在疫情后，流动比率在2021年下降到了0.58，相比于疫情前接近折半（见图4-1、图4-2）。可知，Y公司的偿债能力在2018—2021年几乎是一路下滑，主要原因在于新冠疫情对行业冲击很大。Y公司进行自主生产，需要购买一定的固定资产，对资金的需求也较大。但受疫情的影响，Y公司不得不举借更多外债来维持经营。对流动比率、速动比率以及现金比率分析可知，Y公司存在投入体量大、短期偿债能力弱的风险。Y公司难以立即偿还到期债务，存在资金链断裂风险。

4.2.2 研发不足，错判形势

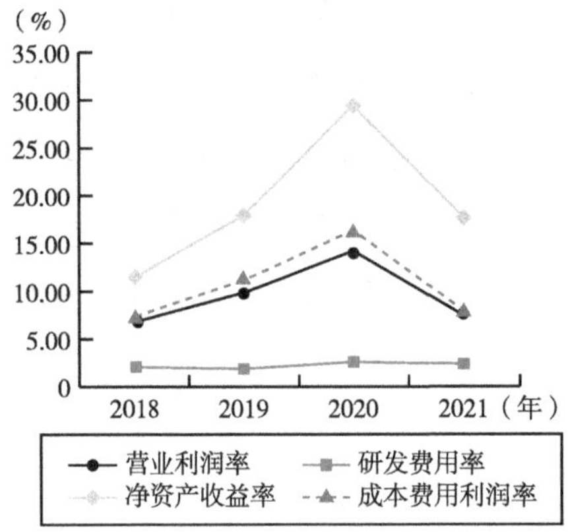

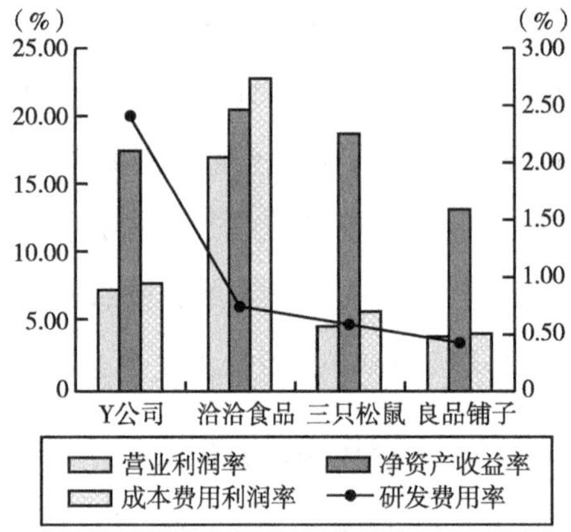

图4-3　2018—2021年Y公司盈利能力指标趋势图 图4-4　2021年各公司盈利能力指标对比图

休闲零食的红海一直呈现“百舸争流”的局面，因此，产品的创新与研发能力是企业的核心竞争力。一直以来，Y公司的定位都是“零食界的华为”，因此Y公司始终坚持产品自主生产的模式。Y公司曾经依靠“实验室+工厂”、与各大高校合作助力研发活动，迅速抢占市场。但是在后疫情时代，这种模式效果不尽人意。

近年来，Y公司对研发环节持续发力，投入资金呈上升趋势（见图4-3）。相较于同行业内的其他企业，Y公司研发费用率遥遥领先，但即便如此，Y公司的研发费用率最高仅为2.63%，这也说明整个零食行业对研发的重视程度都不足（见图4-4）。在研发投入方面，Y公司是零食行业的翘楚。尽管Y公司每年研发投入较高，但还是缺乏独特的“硬核”产品。比如，深海零食系列作为近期的主打产品，却未能在市场上激起水花。Y公司管理层对研发方向的误判使得大笔研发费用都付诸东流，严重影响公司业绩。Y公司真正的“护城河”还未形成。

4.2.3　存货积压，原因存疑

由图4–5可知，Y公司2017—2022Q1的存货之高，在2017—2018年甚至占到了流动资产的一半。Y公司存货积压过多，与食品存在保质期这一特质相冲突。存货规模越大，减值的风险越高。这就很值得探究Y公司存货积压的原因。

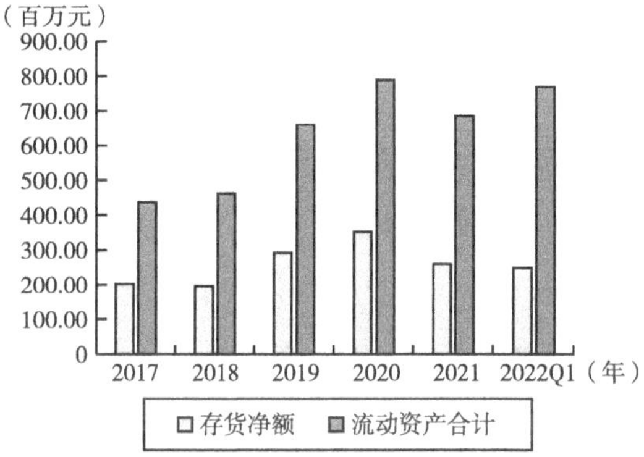

图4–5　Y公司存货净额和流动资产合计图

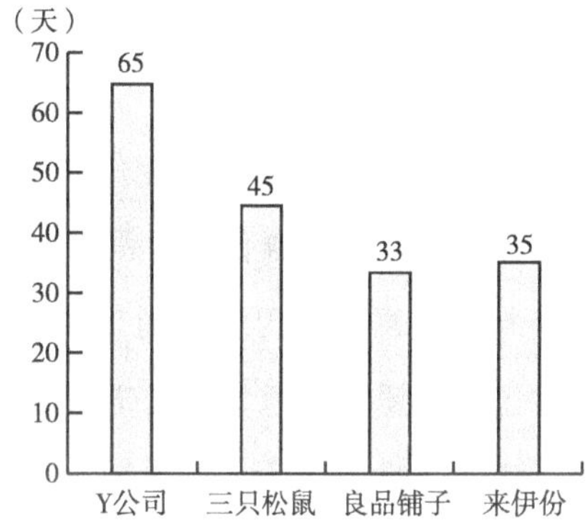

图4–6　2022Q1各公司存货周转天数对比图

将2022年第一季度Y公司与同行业存货周转天数相比，Y公司的存货周转天数是最高的，这意味着Y公司的存货需要65天才能卖出，而同行业的其他三家公司不到65天便可卖出。这个数据体现的仅是Y公司自身的存货周转天数情况。此外，Y公司还需将存货销售给经销商，未考虑到通过经销商进入商超所耗费的时间，所以，实际上Y公司的存货周转天数高于65天。

4.3　运营风险，难入梯队

4.3.1　渠道转型，惨遭挤压

头部知名的几家零食品牌，各自都有自己的经营模式，三只松鼠主要在线上发力，近些年也在向线下延伸，而良品铺子采用的是“线上+线下”“两条腿”走路的均衡模式。不同于平台型模式，Y公司一直坚守以“线下商超+经销”为主的经营模式，公司直营全国KA卖场（重要客户卖场），经销商覆盖地方性大中型商超、社区超市以及乡镇超市等（见图4–7）。

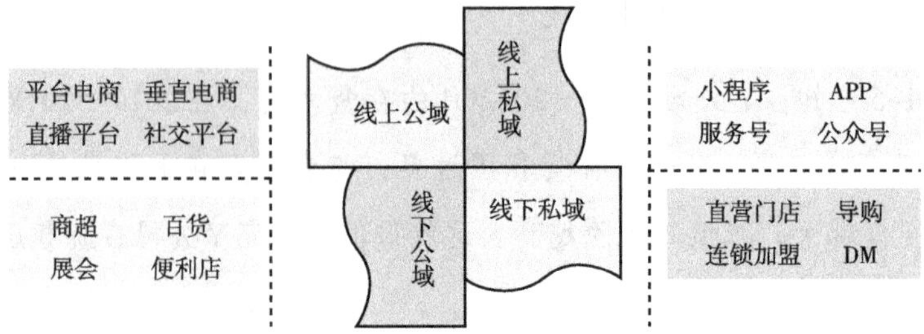

图4–7 营销渠道概况

但从2017年开始，新生代消费群体逐渐远离大型商超，商超渠道已经逐渐没落。现在零食消费群体主力军是年轻人，他们因追求方便、快捷的消费形式以及平台补贴优惠等原因走进超市的次数在逐渐减少。而Y公司依然主推线下渠道，低估了社区团购等新零售渠道对传统商超渠道的影响。2021年上半年Y公司在商超渠道费用投入过多，但渠道业绩未达预期。吃亏之后，公司终于意识到传统商超渠道大势已去，决定进行渠道改革，转战线上就意味着要付出更高的平台成本。但经过品牌战、价格战后，最终带来的直接结果仍是增收不增利。

4.3.2 商超模式，走下神坛

Y公司之所以能在2020年疫情之下逆势生长，主要是“商超中岛”模式的扩张。商超中岛模式不仅极大地节约了Y公司的成本，而且投资回收期短，帮助Y公司实现稳定盈利（见表4–1）。

表4–1 Y公司商超模式优势

项目	Y公司（店中岛）	良品铺子	绝味食品
基本属性	多品类，6m²，商超店，前期投入2万~3万元	多品类，60~100m²，商圈店，前期投入50万元	单品类，8~15m²，2~4人，社区街边店，前期投入10万~15万元
单店收入（年）	35万~50万元	200万元	70万~100万元
坪效	6万~8万元	2万~3万元	7万~8万元
单坪净利	1万~1.5万元	500~3 000元	1.5万~2万元
净利率	25%左右	2%~10%	14%~20%
投资回收期	3个月左右	3年	1年左右

但是，2021年商超模式的弊端开始显现。首先，Y公司的“商超中岛”模式易复制，同质化严重。其次，商超和“商超中岛”是困在超市里的“难兄难弟”，社区团购的出现导致传统超市式微，客流量骤减，Y公司的“商超中岛”模式也“走下神坛”。

4.3.3　食品安全，事故不断

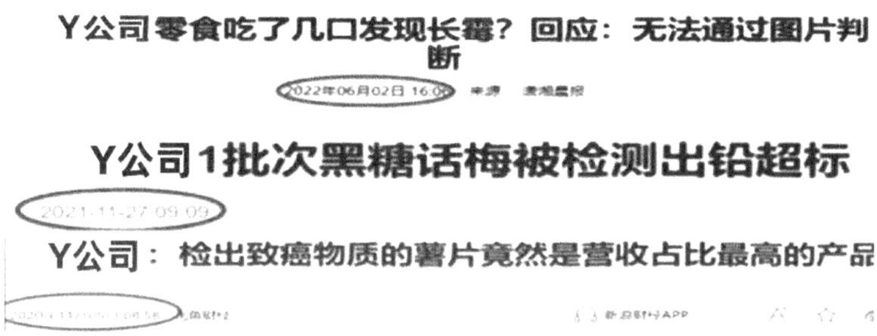

图4–8　Y公司食品安全问题示例图

2021年11月26日，深圳市市场监管局公布2021年食品安全抽样检验情况通报显示，Y公司生产的黑糖话梅被检出铅超标，该产品经复检机构检验仍不合格，而这并不是Y公司第一次出现食品安全问题（见图4–8）。食品安全问题频发，给Y公司的声誉带来十分恶劣的影响，严重影响公司的生产经营活动。随着人们生活水平的提高，消费者对食品健康问题给予越来越多的关注，消费者最终是为产品买单，如果产品质量出现问题，必将导致企业品牌形象受损，最终被淘汰“出局”。

4.4　信息系统风险，难以管控

数字化时代，云计算技术的发展引起了企业信息化的创新性变革，Y公司与金蝶软件有限公司签署战略合作协议。金蝶卓越的数字化技术和平台使其信息化水平和数字化能力得到提高，进而健全了Y公司的管理体系，提升了管理层的治理能力。在此基础上，Y公司构建了前台、中台和后台，建设了一体化数字体系，维护公司的日常运营，实现公司战略目标。但也应关注数字技术产生的信息安全风险问题。

4.4.1 数据泄露，腐败温床

一是买卖用户隐私信息风险，具体表现为供应链上的供应商信息泄露的风险。在信息共享中心平台中，Y公司和供应链中的上游供应商相互传送自己经营、财务、战略规划等关键信息。一旦供应链关系不稳定，Y公司以及抵抗风险能力较差的小型供应商则会面临信息泄露的风险。二是下游客户端，Y公司通过战略联盟，掌握了大量的用户数据，而这些用户数据至少包含姓名、手机号以及电子邮件，甚至会包含身份证、银行卡号等信息，这些数据很可能给某些人员提供舞弊和腐败的"温床"。

4.4.2 数据篡改，损失惨重

Y公司在供应链中引入信息共享服务，因此企业及上下游供应商提供的相关信息将存储在共享服务中心中，一旦在供应链关系不稳定的情况下涉及某些关键、私密的财务数据和战略规划，企业很可能提供虚假信息。再加上Y公司大数据安全技术不够完善，信息共享服务系统很有可能受到外部黑客、病毒等的攻击，经营数据易被篡改或者泄露，给企业造成不可挽回的损失。

4.5 模型检验，风险评估

4.5.1 评估原则，综合分析

通过对Y公司转型过程中市场风险、财务风险、运营风险和信息系统风险四个方面进行风险因素的识别，对识别出来的风险因素需要进行整体评估分析。如何客观评价Y公司的风险，成为Y公司转型路上的关键点。鉴于此，本文采用多层模糊综合评价法对Y公司内部控制风险进行评价。该方法可以将定性、定量的衡量标准都考虑在内，从而得到Y公司总体风险评价结果。

4.5.2 评估维度，风险等级

（1）确定评价因素集

根据上文识别出的市场风险、财务风险、运营风险以及信息系统风险，从而确定评价因素集（见表4–2）。

表4-2　　Y公司企业风险评价因素集

一级指标	二级指标
市场风险（U1）	市场竞争风险（U11）
财务风险（U2）	盈利能力风险（U21）
	营运能力风险（U22）
	偿债能力风险（U23）
	发展能力风险（U24）
运营风险（U3）	渠道转型风险（U31）
	单一渠道风险（U32）
	食品安全风险（U33）
信息系统风险（U4）	数据泄露风险（U41）
	数据篡改风险（U42）

（2）指标权重确定

本文采用层次分析法来确定一级指标权重和二级指标权重。同时，通过专家打分来比较风险因素之间的相对重要性，在相对重要性矩阵基础上即可计算出指标的权重。

（3）确定评价集

本文将风险发生的可能性分为五个等级（见表4-3）。

表4-3　　风险发生可能性的衡量维度与等级

可能性	衡量维度	
	定量分析	说明
高风险	＞95%	此类风险过去经常发生，且未来非常有可能会发生
较高风险	50%~95%	此类风险过去曾经发生，非经常性，且未来非常有可能会发生
一般风险	20%~50%	此类风险过去曾经发生，未来发生可能性不确定
较低风险	5%~20%	此类风险过去很少发生，且未来可能不会发生
低风险	＜5%	此类风险公司成立以来从未发生

（4）建立评价矩阵

建立Y公司内部控制风险评价的模糊判断矩阵（R）。

$$R=\begin{bmatrix} r_{11} & r_{12} & \cdots & r_{1k} \\ r_{21} & r_{22} & \cdots & r_{2k} \\ \cdots & \cdots & \cdots & \cdots \\ r_{n1} & r_{n2} & \cdots & r_{nk} \end{bmatrix}$$

（5）多层模糊综合评价法

Y公司内部控制风险模糊评价。将Y公司每个风险根据因素等级进行评估，风险评估结果为B。

$$B = A^{o}R = [a_1, a_2, \ldots, a_n]^{o} \begin{bmatrix} r_{11} & r_{12} & \cdots & r_{1k} \\ r_{21} & r_{22} & \cdots & r_{2k} \\ \cdots & \cdots & \cdots & \cdots \\ r_{n1} & r_{n2} & \cdots & r_{nk} \end{bmatrix} = [b_1, b_2, \ldots, b_k]$$

根据最大隶属度原则，本文将选取最大权重值所对应的等级作为Y公司综合风险等级。

4.5.3 实证结果，建言献策

为了综合分析Y公司风险，本文通过收集Y公司相关文献和资料，实地调研Y公司，与工作人员进行访谈，并通过调查问卷收集Y公司风险评估的相关数据。在收集一手数据和二手数据的基础上，完成对Y公司的风险评估。

调查问卷是针对Y公司的风险，问卷设计主要收集Y公司风险评价集中二级指标体系的相关数据。本文的问卷调查实施对象是Y公司中高层人员，发放问卷共21份，获得有效问卷17份（见表4–4）。

表4–4　　Y公司企业风险问卷调查结果

风险名称		低	较低	一般	较高	高
		V1	V2	V3	V4	V5
U11	市场竞争风险	2	0	10	4	1
U21	盈利能力风险	0	2	10	5	0
U22	营运能力风险	0	3	13	1	0
U23	偿债能力风险	2	2	10	1	2
U24	发展能力风险	0	3	10	3	1
U31	渠道转型风险	3	3	6	5	0
U32	单一渠道风险	0	1	12	1	2
U33	食品安全风险	0	5	6	2	4

续表

风险名称		低	较低	一般	较高	高
		V1	V2	V3	V4	V5
U41	数据泄露风险	1	3	10	0	3
U42	数据篡改风险	2	4	6	2	3

指标权重的确定采用层次分析方法，得到结果为A1=（1）、A2=（0.23，0.17，0.32，0.28）、A3=（0.36，0.25，0.39）、A4=（0.47，0.53）。U=｛U1，U2，U3，U4｝的权重A=（0.23，0.21，0.38，0.18）。根据打分结果计算四个主因素集的隶属度，通过运用B=A°R法进行模糊综合评价分析，归一化后得：

B=（0.060，0.166，0.519，0.152，0.103）

结合模糊综合评价法和层次分析法可知，目前Y公司风险评估结果为6%、16.6%、51.9%、15.2%和10.3%。其中，一般风险的概率最大，可以判定Y公司总体风险处于一般风险水平，Y公司需要进行风险管理。

第5章　数字赋能：多维度发力迈新阶

Y公司虽在行业中占据一定领先地位，但相对于行业龙头而言，全渠道布局尚有不足，为缩小与行业龙头之间的差距，企业正积极寻求数字化转型。结合财务战略矩阵可知，Y公司正处在生命周期中的成长期，应在稳定发展的前提下寻求业绩增长，财务战略转型目标定位应为稳中求进。但由于转型中的决策失力，使公司经营陷入困局。本案例从内部控制视角出发，对财务战略转型进行新解读。

5.1　治理能力现代化

5.1.1　完善组织架构，夯实内控基础

在Y公司的组织结构中，缺少专项风险管理机构与监督机构。对此，Y公司可以在董事会下增设风险监管委员会与内部监督委员会，对企业的组织架构进行完善，从组织架构层面配合企业财务战略的转型，促进企业更好地经营管理，为企业稳中求进财务战略目标的达成打下坚实基础（见图5-1）。

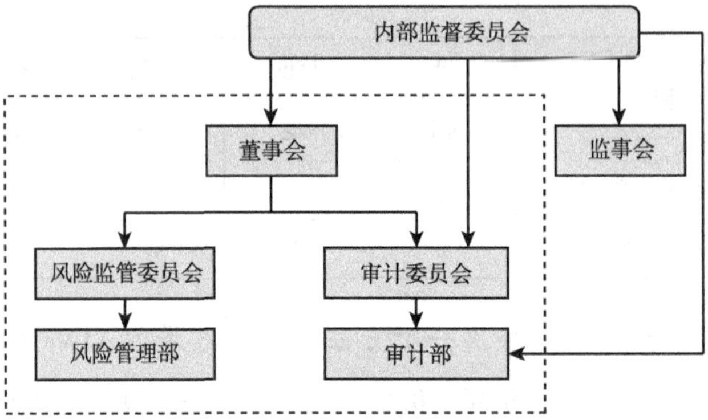

图5-1　新增组织架构设想图

5.1.2　承担社会责任，严守食品安全

俗话说“民以食为天，食以安为先”，既然身处“休闲零食界”，食品安全问题就是重中之重。然而近年来，层出不穷的食品安全事故并未使Y公司引起重视，体现出公司社会责任意识的淡薄。为此，Y公司需要完善全生命周期质量安全管理系统，在产品生产整个流程中，设立好相应的制度保障措施，确保前端原材料的质量稳定，并对生产过程实施严格的过程监督、巡视检查和数据分析，强化提前预防管理手段。在销售过程中还要对产品储存、搬运、装卸和运输产品进行详细规定，建立完整的物流分销质量管理体系，设置专职经理，为产品在物流过程中的质量安全保驾护航。

5.1.3　引进专业人才，辅助技术革新

随着“大智云物移”时代的到来，许多新型财务职位应运而生。企业要想顺利完成财务战略数字化转型，不仅要在技术上发力，大力引进新兴技术，还要同步引进高端技术型人才与技能型人才，如财务BP、企业数据架构师、数据库管理员、业务流程专家、用户体验专家和云计算架构师等。

5.1.4　转变发展战略，布局成长赛道

基于Y公司当前状况，“促进电商业务，统一数据管理”，“业务数智转型，创新商业模式”或许可助Y公司完成稳中求进目标的发展战略。对发展战略进

行再细分，可分成四个部分：第一，促进电商业务，扩大营销渠道；第二，统一消费者数据管理，提高消费者生命周期价值；第三，打造专属APP，转变固化思维；第四，建立考核标准，使MAU成为“引流”指标。最终，构建CDP（消费者数据平台），实现全域消费者数字化运营闭环的目标（见图5-2）。

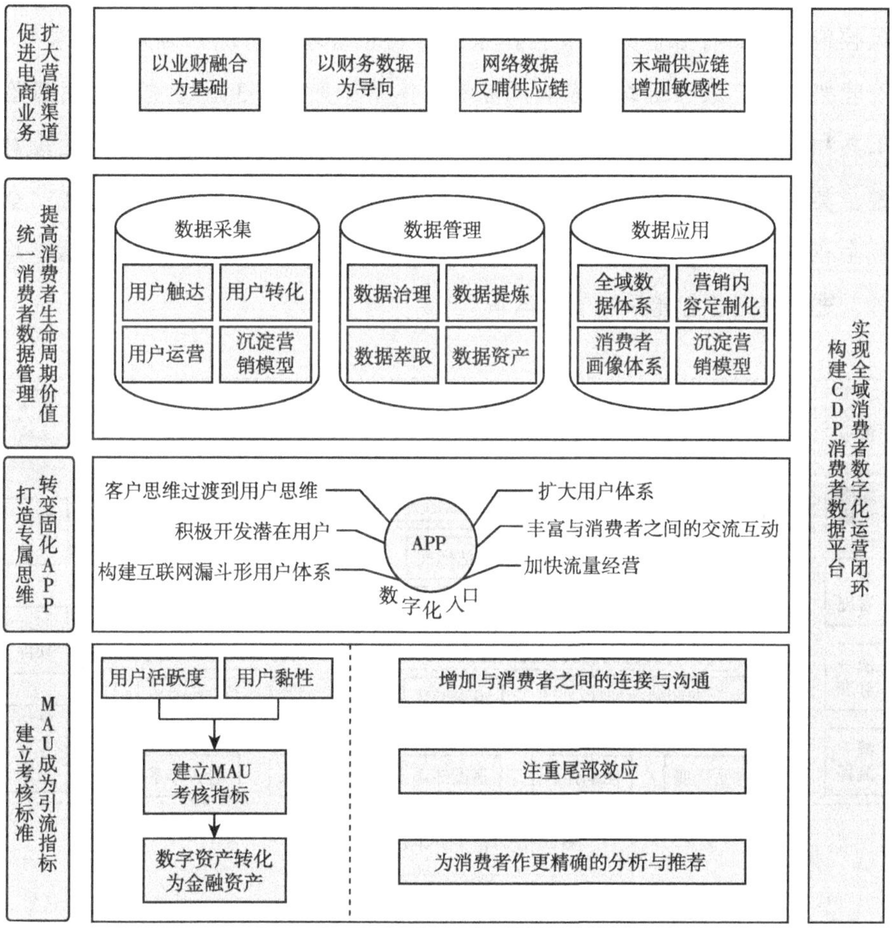

图5-2　发展战略规划

5.2　风险评估数字化

Y公司可以在金蝶云·星空平台的基础上，对平台系统进行功能性挖掘与模块整合，以产业链数据、全面预算、资金计划和税务管理四个模块为核心，对经营过程进行优化，对内部控制管理进行辅助；运用可视化分析软件，建立统一的数据中台——管理驾驶舱，促进企业向自动化、模块化发展。以共享平台为基础，以大数据分析为抓手，以管理驾驶舱为载体，提升业财融合的深度、广度，实现企业生产经营活动和管理效能信息化、数字化、智能化和可视化，为管理者提供决策支持。

在业财融合的基础上，Y公司要借助信息化手段，分析平台数据，打造智能风控能力，实行智能风险管控体系的结构化管理。系统分为风险预警体系、风险管控体系、风险组织体系和风险制度体系（见图5-3）。首先，运用风险管理工具和全面风险信息管理进行针对会计风险的收集与评估，实现风险应对与规避；其次，实行风险监控，追踪风险信息；最后，完成四大风险报告，全面分析企业各类风险，监督记录风险处置全过程，实施风险管理绩效评估，总结经验，进一步完善智能风险管控体系。

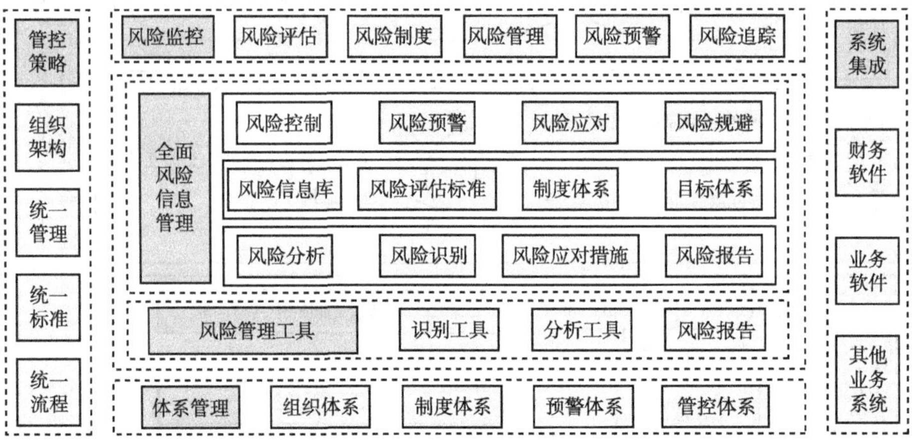

图5-3 智能风险管理框架

5.3 信息与沟通流畅化

5.3.1 优化访问传输，防范数据泄露

对供应链数据仓库的各类数据进行比较分析，针对访问与传输的异常进行监测。从系统后台导出的结构化数据和从爬虫、图像识别技术收集的非结构化数据中提取出Y公司和合作公司的业务、财务、用户、后台和舞弊与腐败举报

的五类数据，运用分布式数据采集将其导入“数据仓库”存储，并且在云计算平台Hadoop的基础上，利用HDFS与HBase技术建立云存储模型。对指定资料加密，防止数据被复制或泄露。此外，升级储存服务加密性能，以避免被非法篡改或泄露。

（1）优化数据访问控制机制

在数据访问的控制上，Y公司的员工可以使用一个标准的应用界面登录公司数据云储存系统，储存相应的资料。登录时，需要对所有使用者进行身份验证，以避免未经许可的访问。由于大数据技术在整个监督流程中的应用，所有登录信息会形成后台日志数据实时记录，在存储平台的存储层中，也会有相应的后台数据，这部分的数据也会进行传输，同时进入“数据仓库”进行存储。

（2）优化数据传输监测机制

对比分析数据，对后台日志中登录系统异常的数据访问、数据操作和外部接口接入监测。出现异常情况，如登录第三方网站的数据传输或者另外接入其他接口保存等行为，要进行数据对比与挖掘，匹配登录时间、登录IP、访问内容与操作员信息，形成异常信息，在风险预警平台进行数据可视化，通过数字画像以及动态报表等方式呈现泄露的内容、路径和可能泄露人，最终形成风险报告，随后由相关人员结合专业知识及职业判断再次进行风险确认，以确认数据是否被泄露。

5.3.2 完善控制应急，防范数据篡改

在大数据技术的背景下，Y公司可以运用大数据风险控制平台来实时监控数据篡改的情况，特别是在数据处理、数据管控和风险预警等方面，对平台性能进行了优化，为数据安全管理提供了新途径，将数据篡改风险降至可接受范围内。

（1）优化数据篡改应急管理机制

针对数据被非法入侵篡改等突发事件，优化Y公司大数据风险控制平台的升级维护模块，并建立完整的评估和响应机制，成立应急处置中心防范风险。一旦发生数据篡改等数据安全事件，平台会自动向相关网络管理部门和网站数据维护

人员发出风险警报，随后相关应急人员立即响应，启动应急预案并恢复数据。

触发数据安全应急管理机制后，重点在于迅速追踪和恢复被篡改数据以降低企业损失，Y公司可利用数据水印与追溯技术，构建动态追踪模型。数据水印是在不影响数据使用的前提下，通过伪行、伪列或标记等方式对数据进行水印处理，一旦数据泄漏，能及时提取水印信息，实现对泄露的全程溯源，便于追踪分布式环境下被篡改的数据和篡改者。数据溯源技术则能记录数据来源、传播及计算过程，如射频识别技术（RFID）能双向追溯商品的入库和出库（见图5-4）。

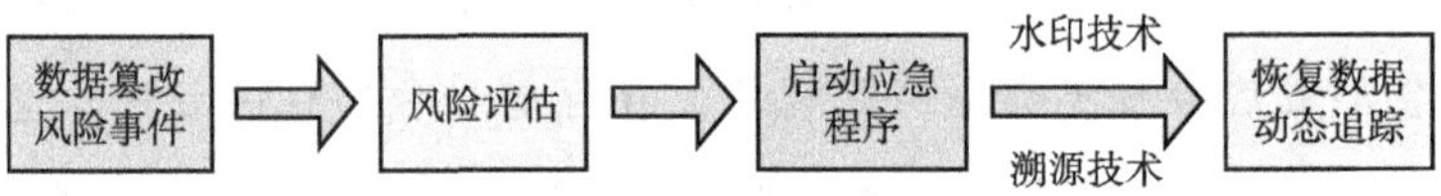

图5-4　数据篡改动态追踪模型

（2）提升实时风险预警能力

对Y公司大数据风险控制平台的整个流程进行梳理和优化，运用云存储、云计算、ETL技术和数据挖掘等多种技术优化数据处理效率，结合云计算监控系统，快速准确地识别公司中异常的数据或者操作行为，智能化追溯分析该异常现象背后的原因，之后再以可视化风险的形式通知相关人员，及时找出和制止风险行为，降低数据篡改风险。

同时，平台可运用机器学习以及神经网络等技术分析数据篡改事件的历史数据，并以此为基础优化数据篡改舞弊和腐败行为的风险预警模型，不断提升模型风险预警能力，逐步实现预警信号"前移"，从而为Y公司降低数据篡改风险。

5.3.3　建立沟通平台，加强信息共享

建立内部信息沟通平台，涵盖上下级的垂直沟通，部门以及同级别的水平沟通，员工跨部门的倾斜沟通，消除因企业组织结构复杂和运营管理复杂所导致的信息壁垒，解决各单位及各部门间的信息孤岛问题，加强数据共享。业财融合实现实时动态监测，有效解决因财务信息分散而导致的财务管控能力弱化的问题，使Y公司对总体财务状况和经营成果进行实时透视和监控，降低整体运营风险。

5.4　控制活动精细化

5.4.1　开启数字模式，助力供应链融资

供应链金融数字化模式与传统信贷模式不同，商业银行不再对单个企业进行信用评估，而是以像Y公司这样供应链中核心企业的信誉条件为基础，以真实交易为前提，收集交易数据并分析，利用互联网技术、大数据和云计算等手段，加上对整个供应链进行综合信用评级，依据诸如购货合同，物流单和应收票据等电子凭证，对中小供应商放款，不仅能解决数量众多的中小型供应商资金难问题，还可以延长Y公司的付款期限，进一步带动上游供应商的协同发展。

由于Y公司与金蝶公司有长期合作，基于金蝶云·星空平台，Y公司具备完善的供应链管理系统，可及时记录与供应商交易的信息。大部分食品原料采用统一集中采购模式，有利于资金监管，且总部统一配送，能够全面掌握物流信息，这正满足了供应链金融对“信息流、资金流、物流”的要求。基于核心企业对其上游供应商的影响力及上游企业对核心企业的黏性，一方面，Y公司可将与供应商的交易数据共享到数字化平台，便于银行控制风险，开展批量营销；另一方面，银行通过对有融资需求的企业进行大数据分析，加强贸易环节与资金环节的控制，弱化担保要求，化解信用条件较差、获得银行信贷难等供应商资金不足的问题。

考虑到Y公司的经营模式，选取与Y公司合作关系稳定且自身经营状况良好的供应商，采用应收账款类质押融资模式，具体运作模式如下：

①Y公司通过供应链管理系统下单；

②供应商发货并收到应收账款电子单据；

③供应商通过供应链金融数字化平台向银行申请贷款；

④银行审核供应商的申请、授信、放款；

⑤Y公司在与供应商签订的账期内将资金直接汇入银行。

首先，确定目标客户，银行统计Y公司长期合作的原料供应商，并根据年销售收入、企业规模、固定资产，对Y公司年供应量等进行分级，再选取其中年收入稳定、企业规模较小、固定资产较少且对Y公司依附性最强的供应商作

为首批授信客户，综合考虑供应商的行业从业经历、年收入额及Y公司年供应量三个因素将供应商分为A、B、C三个级别分别开展批量授信（见表5-1）。

表5-1　批量受信标准

分类	标准
A级供应商	（1）从业经历：高管拥有不低于5年的行业从业经验 （2）年收入额：年销售额在5 000万元以上 （3）年供应量：对Y公司年供应额不低于1 500万元
B级供应商	（1）从业经历：高管拥有不低于5年的行业从业经验 （2）年收入额：年销售额在2 500万元以上 （3）年供应量：对Y公司年供应额不低于500万元
C级供应商	（1）从业经历：高管拥有不低于3年的行业从业经验 （2）年收入额：年销售额在1 000万元以上 （3）年供应量：对Y公司年供应额不低于300万元

其次，供应链金融数字化平台具体运作模式（见图5-5）：Y公司和供应商在供应链管理系统上处理交易信息、货物管理和资金流转，银行利用互联网技术将现金管理系统连接到Y公司的供应链管理系统，介入其与供应商的交易过程，实行一体化管理。通过数字化技术，银行可实时获取授信对象的现金流、物流和信息流，并基于大数据分析和云计算技术对供应商的交易数据和资金流转情况分析统计，动态调整供应商授信额度，识别风险，为其提供金融服务。

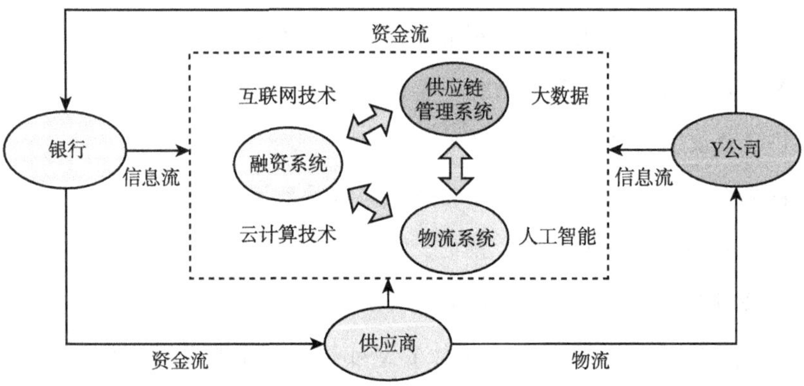

图5-5　供应链金融数字化模式运作图

最后，进行风险控制，由于Y公司从下单、配货、结算全部为线上操作的运营模式，所以Y公司与供应商的交易数据可查、可溯，应收账款单据全部为电子化单据，不可轻易篡改，大大降低了信息不对称带来的风险。

5.4.2　优化资本结构，增加融资渠道

此外，还应优化融资结构，增加融资渠道，利用合理搭配的融资组合降低融资成本，例如通过融资租赁获取所需的大型生产设备，既能提高Y公司的融资效益，又能满足企业转型所需的设备需要，提高公司技术水平，从而推动战略转型升级。Y公司应当设置合理的融资方案，以免资金来源单一。具体而言，首先，Y公司要在保证公司经营不受影响的前提下，适度提高股权融资比重，减少对银行借款的依赖，分散筹资风险。其次，Y公司应当开发使用非公开发行股票、可转换债券以及发行企业债券等筹资方式，丰富筹资来源，分散筹资风险。

5.4.3　平台助力研发，提高创新能力

Y公司近年来对新产品的研发投入虽然在增加，但新产品问世后，其销量未达预期。除推广不足外，更大的可能性是新品口味与大部分消费者口味不符。所以，在研发投资前，要充分准备并进行调研。

在信息收集环节，可以“两步走”。首先，Y公司可以与社交平台合作，收集分析有关话题的信息；其次，与电商平台合作，收集有关的交易数据、评价信息、客服数据，再对此进行分析。通过信息收集“两步走”，时下热点、现有产品缺陷、产品场景化需求、未来消费风向和竞品信息等，Y公司都能一手掌握。通过对这些信息的分析，既能了解研发情况，又能发掘空白市场。以此为基础，Y公司的产品构想能够更完善和准确，然后在对产品概念进行筛选时，可以提高精准性。在产品研发环节，借助数字化平台，如SaaS洞察工具——个灯数盘，精确圈选消费人群、增加线上问卷调查和加深消费者参与程度，提高产品测试效率。同时，对潜在消费者的获取，Y公司可邀请美食博主、网红等，参与产品研发到营销的全过程，通过产品共创，获得消费者的情感认同，提高其主动分享传播的可能性，达到新产品快速打入市场的目标。

5.4.4 加强存货管理，提高资产效率

存货管理应当精准把握存量指标，控制好单次进货量，提高企业营运资金的使用效率。Y公司应当联合金蝶，在ERP系统内增设内部运营管理模块，使管理层、财务人员以及供应链环节涉及的各部门形成联动机制，库存管理自动对接各部门，强化日常统筹工作，有利于各部门员工了解库存实际消耗情况，而非以往只根据下发的固定任务指标进行运转，进而工作流程中出现的问题能够得到及时反馈，避免库存商品积压或物料不足等情况的出现，减少不必要的流动资金占用，进而直接降低企业营运周转能力。

此外，针对食品加工行业的环境变化，为避免出现类似存货大量积压的情况，Y公司需要设置一个生产与销售变化量模型。该模型可以时刻显示库房存货量的阈值，超过设定的标准值时会有警示作用，对今后的存放量也有预测功能，从而减少库存积压，强化库存管理。

5.4.5 全渠道一盘货，供应链一体化

现今，大部分的品牌商供应链的整合暂未完成，其线下和线上销售渠道对应的供应链体系是完全不同的，既有面向传统线下端的仓配体系及服务人员，又有面向消费者端的网购仓，虽然仓内90%的存货相同，但是从内部组织架构到外部的经销商以及仓储物流，都是完全独立的。

供应链系统的不协调会导致三个问题：第一，各仓库之间不能相互连接，不但占用了大量存货，还会影响货物流通效率；第二，品牌商不能在邻近地区进行货物的调配和配送，造成总体运输成本偏高；第三，随着数字化进程的不断推进，新的商业模式不断涌现，原有的供应链系统将很难支持新模式的发展。

为统一供应链体系，Y公司应当打造全渠道“一盘货”，通过构建一套仓网体系，统一存储商品，从而实现对各渠道存货的快速、高频率补充。建立“一盘货”体系的关键在于实现订单流和货物流的分离，打通各个渠道的库存体系，通过ERP达到对库存的动态控制，进而实现库存在线、共享和配送，从而支持商品的有效调拨和在线交易，提高库存管理效率，降低物流成本。

5.5　内部监督流程化

在内部监督环节，Y公司可根据智能风控平台的评估结果，建立风险导向的内部监督模式，明确各风险点的归属（见图5-6）。通过这种方式，可以及时获得风险评价所形成的风险清单，进行风险排序，从而明确监督重点，将监督资源分配至各风险点的控制活动，并将监督重点放在具有重大风险点的控制活动上。

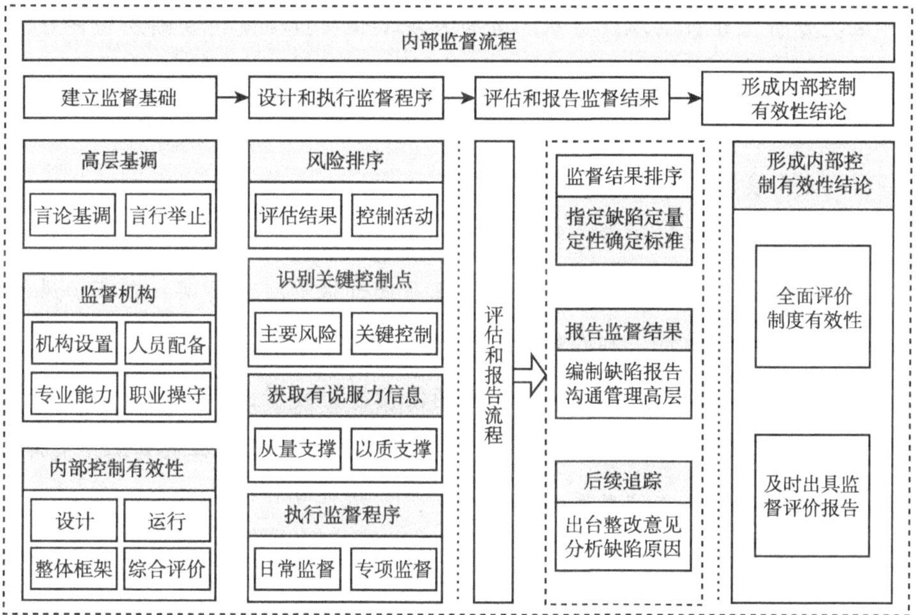

图5-6　内部监督流程

具体措施为：首先以内部监督委员会为主，建立高层基调，在此基础上，监督职能则依托于监督机构和监督人员。将监督资源进行合理分配，对日常生产活动，除选派监督人员外，还可以借助于数字化手段，如利用APP的月活跃用户数量（MAU），以数字化实时反馈来监督员工业绩；对于企业重大项目，可选派专职监督人员，参与项目的整个流程，以此对项目进行监督。除此之外，还可建立反舞弊机制，从制度的角度来保障Y公司的内部监督效果。

第6章　结论与启示

Y公司凭借“商超中岛”模式，在休闲食品行业占据一席之地，由于转型费用投入和原材料涨价，加之疫情影响导致线下客流量剧减。2021年以来，被誉为“休闲零食自主制造第一股”的Y公司出现了增收不增利的情况。因此提出了“直营商超树标杆，经销商全面拓展、渠道下沉，电商、零食渠道等新兴渠道积极突破”的经营目标。基于此目标为导向，本文通过财务战略矩阵模型分析Y公司现行的财务战略，从市场风险、财务风险、经营风险以及信息系统风险四个方面对Y公司的关键风险点进行了分析，并采用多层次模糊综合评价法和层次分析法评价其风险等级。分析发现Y公司虽在疫情初期发展良好，市值一度逼近200亿元，但最近一年Y公司略显疲态。在2021年第二季度，甚至出现了上市以来的第一次亏损，其关键风险点在于市场竞争激烈、研发不足、商超模式走向衰落以及数据泄露。

在公司目标实现过程中，需对公司存在的关键风险点进行识别与分析，从而能够保证战略目标、经营目标以及信息系统升级的准确落实。在市场风险方面，因进入市场门槛低、利润较高，导致行业内竞争越发激烈；在财务风险方面，Y公司为自主生产型企业，因此短期偿债能力较弱，存货积压过多；在经营风险方面，因疫情影响，生鲜电商、社区团购等新型零售模式对其造成冲击，商超模式逐渐衰败；在信息系统风险方面，其信息共享中心平台存在数据泄露及数据篡改的风险。

为了扭转当前衰落局势，Y公司急需对以上风险点进行优化整改，因此需借助数字化助推企业风险管理与财务战略转型。为达到财务战略转型的目标，从内部控制视角出发，在控制环境层面，对组织架构、社会责任、人力资源和发展战略提出建议；在风险评估层面，提出搭建智能风险管理框架；在信息沟通层面，提出防范数据泄露和篡改，并搭建信息沟通平台；在控制活动层面，提出开启数字化金融模式、优化资本结构、平台助力产品研发、加强存货管理和供应链一体化；在内部监督层面，提出完善监督流程。

Y公司通过16年的发展，成为“中国零食自主制造第一股”的传统食品公司。现今，Y公司需秉持自身的专业性与创新性，根据“十四五”时期加快会计数字化转型，支撑会计职能拓展的要求，以数智化赋能公司转型，增强公司抵御风险的能力，从而实现财务战略转型目标，助力企业可持续发展，打造“百年老店”。当代企业应立足当下，洞察未来，牢牢把握数字革命机遇，加快智慧共享财务管理体系建设，聚焦于业务数字化、流程效率化、管理精益化和平台智能化，以实践推动财务数字化转型，助力企业经营活动效率和效益的双重提高，为企业创造更大的价值。

案例参考文献

［1］樊行健，肖光红.关于企业内部控制本质与概念的理论反思［J］.会计研究，2014（2）：4–11，94.

［2］李万福，赵青扬，张怀，谢勇.内部控制与异质机构持股的治理效应［J］.金融研究，2020（2）：188–206.

［3］Jankensgård H.A Theory of Enterprise Risk Management［J］.Corporate Governance：the International Journal of Business in Society，2019.

［4］Hoyt R E，Liebenberg A P.The value of enterprise risk management［J］.Journal of Risk and Insurance，2011，78（4）：795–822.

［5］Anton S G，Nucu A E A.Enterprise risk management：a literature review and agenda for future research［J］.Journal of Risk and Financial Management，2020，13（11）：281.

［6］王卫星.基于多学科视角的企业财务管理拓展与创新探讨［J］.会计研究，2016（11）：30–37，95.

［7］Gomez–Trujillo A M，Gonzalez–Perez M A.Digital transformation as a strategy to reach sustainability［J］.Smart and Sustainable Built Environment，2021.

［8］Korachi Z，Bounabat B.General approach for formulating a digital transformation strategy［J］.J.Comput.Sci，2020，16：493–507.

［9］戚聿东，肖旭.数字经济时代的企业管理变革［J］.管理世界，2020，36（6）：135–152，250.

［10］蔡春花，刘伟，江积海.商业模式场景化对价值创造的影响——天虹股份2007—2018年数字化转型纵向案例研究［J］.南开管理评论，2020，23（3）：98–108.

［11］单宇，许晖，周连喜，周琪.数智赋能：危机情境下组织韧性如何形成？——基于林清轩转危为机的探索性案例研究［J］.管理世界，2021，37（3）：84–104，7.

［12］吴非，胡慧芷，林慧妍，任晓怡.企业数字化转型与资本市场表现——来自股票流动性的经验证据［J］.管理世界，2021，37（7）：130–144，10.

［13］刘淑春，闫津臣，张思雪，林汉川.企业管理数字化变革能提升投入产出效率吗［J］.管理世界，2021，37（5）：170–190，13.

［14］陈关亭，黄小琳，章甜.基于企业风险管理框架的内部控制评价模型及应用［J］.审计研究，2013（6）：93–101.

［15］黄新飞，陈思宇，李腾.我国零售商品价格行为研究——来自长三角15个市超市的微观证据［J］.管理世界，2014（1）：8–15，187.

［16］宋丙涛，潘美薇.文明测度、治理绩效与公共经济的共享特征——兼论西方量化史学的逻辑缺陷［J］.经济研究，2019，54（11）：21–36.

［17］Tsou H T，Chen J S.How does digital technology usage benefit firm performance? Digital transformation strategy and organisational innovation as mediators［J］.Technology Analysis & Strategic Management，2021：1–14.

［18］李晓慧，张明祥.会计监管的演进与发展研究［J］.会计研究，2019（2）：42–48.

启示思考题

1.在本案例中，Y公司坚持以科学精神为导向实现企业价值创造，具体体现在哪些方面？

2.结合案例分析，是什么促使Y公司践行社会责任，遵守社会公德？

3.为什么Y公司前期转型会以失败告终？这一事件对于公司所有者、经营者等利益相关者有何启示？

4.转型失败是否与会计专业人员缺乏职业素养导致研判失误有关？如何通过加强会计人员职业素养与职业道德提升企业风险管理水平？

5.通过阅读本案例，分析Y公司是如何通过多维度开展企业风险管理与财务战略转型的？在后疫情时代，这一数字化转型模式能否助力传统零售行业企业“重回生机”？

附录：调研记录表

时间	2022年6月15日	**单位名称**	Y公司
姓名/职务	S先生/质量负责人	**姓名/职务**	X先生/经理
主要内容	Y公司数字化运用、风险管理与财务战略转型		

Q1：贵公司自上市开启数字化转型后，有遇到什么困难吗？

主要困难在于规范标准的建立与人员培训。如人员学历不够、操作与传统方式不同、不习惯。

Q2：贵公司对自身食品安全问题，有什么看法？企业标准制定对于产品质量提升和市场竞争有哪些促进作用？您认为做好质量管控的关键点是什么？

食品行业风险主要有几大块，农产品原辅料的风险、企业人员素质的风险、加工过程卫生控制的风险等。

标准制定的原则分为国家标准、地方标准和企业标准。在我国如果有国家标准，一般采用国家标准。但国家鼓励企业制定优于国家的标准。企业标准的制定，肯定是严于国家标准才能存在的，对企业是更高的挑战和要求。消费者的认知和认可肯定能提升企业的竞争力。但我国目前高端食品的市场似乎不是很大。质量控制的关键点，我个人认为是源头把控、过程监管，确保出厂质量。质量发展经历了几个阶段，质量是检验出来的，质量是生产出来的，质量是设计出来的。目前TQM全面质量管理，包括追求的零质量缺陷。企业都在推行TQM。质量要有远景目标，企业为之而不断努力。

Q3：贵公司在产品品质管理方面秉承什么样的理念？贵公司对于产品的质量保证有什么独到之处吗？

质量管理秉承全面质量管理的理念。包括供应商质量管理、原料验收质量管理、仓库质量管理、生产过程工艺质量管理、生产管理环境卫生管理、研发质量管理、成品货架期质量管理，对全链条、全生命周期进行质量安全审核和产品环境检测和监控。

目前几乎所有的食品企业，都有自己的质量管理体系。质量体系的运行，都是基于确保食品安全进行的。食品安全是食品企业的生存之本。公司具有较多的SKU，并且大部分是自主生产，其中涉及很多单元，主要是以原物料的源头控制为主，尤其是农产品加工的品类，会对农产品的种植土壤等进行食品安全相关指标的检测。公司有自己的研发团队进行配方实验，有自己的检测实验室（通过了CMA认证），能确保生产过程指标检测的准确性和权威性。

专题二

乡约相守：“草根‘团购’”的精准营销之路

案例名称	乡约相守："草根'团购'"的精准营销之路
创作团队	舒波、李若鑫、杨菲
指导团队	孙艳华、杨亦民、周宇飞、王继红、谢宜章
思政元素	社会责任、社会公德、职业道德、价值创造等

一、案例简介

小农户与大市场衔接一直是困扰中国农业现代化进程的重要桎梏。湖南乡约菜菜股份有限责任公司（以下简称"乡约菜菜"）为了更好地对接农户和城市消费者，以"蔬菜"为突破口，合理选择目标市场，发挥"草根'团购'"优势，成功实现了两次商业模式创新。本案例围绕乡约菜菜如何找到小农户与大市场衔接的市场定位，以及如何创立电商平台，进行市场细分，进而选择目标市场，针对目标市场上的产品、价格、渠道、促销等实施精准营销和差异化战略，并有效整合乡村农产品和旅游产品、乡村经纪人和小区团长等优势资源，遵循"做窄区域做宽品类、慢铺点快复制"的营销理念，将沿江村农产品成功对接到城市社区，实现了"草根'团购'"逆袭，成为社区团购大战中的"黑马"。希望通过本案例介绍，启发读者深入理解营销定位、精准营销、差异化战略与商业模式之间的关系，帮助读者正确理解从营销定位、精准营销与差异化战略实施以及商业模式创新、价值创造之间的联系。

本案例课程思政主要表现在四个方面：一是明确企业践行社会责任，遵守社会公德，是可持续发展和不断壮大的重要源泉；二是以数字营销为导向，让学生领悟精准营销和商业模式创新对提升企业市场竞争力的重要性；三是培养学生的"三农"意识和农业情怀，坚守营销职业道德，努力服务经济社会发展、为促进农业农村现代化贡献力量的爱国情怀；四是加强数字营销管理，推动企业价值创造，助力提升核心竞争力。

二、案例创作思路

乡约相守："草根'团购'"的精准营销之路案例创作思路如下图所示：

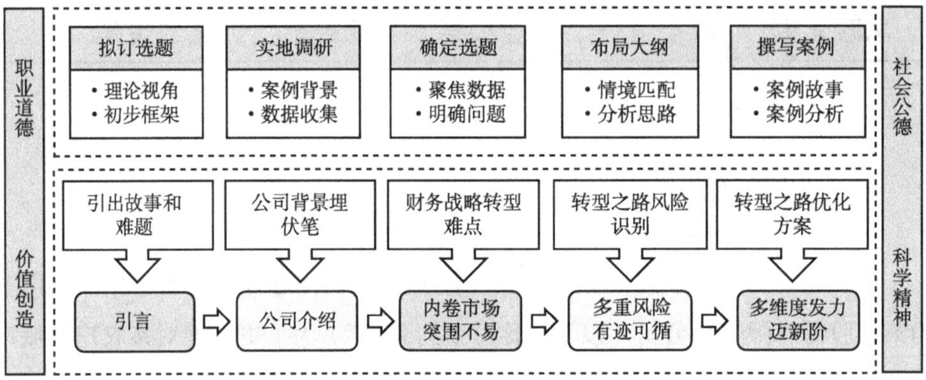

案例创作思路图

三、案例应用

适用范围：

本案例主要适用于市场营销学、商业伦理与创新创业等课程。

应用目标：

第一，挖掘知识，传授深度。在互联网高度发展的情境下，把企业社会责任与企业价值创造相结合，深度介绍企业利用电商平台进行精准营销的相关知识，将各科课程与思政课程同向而行，形成协同效应。

第二，拓展能力，培养广度。学习企业管理者对营销商业模式的探索与创新精神，培养学生的创新意识。将理论知识应用于实践，提升学生的学习能力和塑造思维结构，启迪学生理论与实践相结合的思维惯性，培养科学能够改造客观世界情怀。

第三，价值构造，提升素质。湖南乡约菜菜股份有限公司因自身浓厚的"三农"情怀与强大的社会责任意识，依托绿色安全蔬菜产品架起了小农户与城市社区居民之间的桥梁，实现了小农户增收，也增加了城市居民的生活幸福感，实现了企业可持续发展和供应链的价值创造。案例学习帮助学生厚植"三农"情怀，尽早树立职业道德观，强化社会公德心，将思政教育内化于心、外化于行。

思政元素：

当前，我国小农户增收与农业绿色转型升级迫在眉睫，农业生产经营企业在激烈的市场竞争中履行社会责任和寻找差异化竞争非常重要。案例真实情景的呈现，能引导学生关注农业、农村和农民问题，帮助学生认识到精准营销和社会责任对于企业价值创造的重要性，强调理论与实践的结合，提升创新性营销思维，为将来的工作累积经验，培养基本职业道德。引导学生把深厚的"三农"情怀与爱国情、强国志、报国行自觉融入中国农业农村现代化进程中去。

四、学生撰写案例感受

舒波：参与本次案例撰写，让我们真正接触了中国"三农"的实际情况。与湖南乡约菜菜股份有限公司负责人的多次访谈以及老师的指导，使我们学会将所学的理论知识嫁接到实际案例分析中去，通过不断提炼总结公司的发展，慢慢形成了"小农户与大市场衔接的市场定位——精准营销与差异化战略实施——营销商业模式迭代创新"的分析主线与分析思路。我明白了营销定位与精准营销对于商业模式创新的重要意义，以及营销理论知识学习的重要性，也明白了理论只有在实践中运用才能发挥其价值，进一步增强了我对于市场营销理论知识学习的信心。

李若鑫：参与本次案例撰写于我个人来说是一段丰富的经历，贴近现实，感悟理论。通过此次案例分析，我意识到数字化时代平台经济的重要性与巨大的发展前景。利用平台经济实现数字赋能对于中国乡村振兴战略的实现具有十分重要的作用，尤其是对于小农户与大市场的衔接具有十分现实的意义。这不仅让我思考，作为一名营销和电商专业的学生，只有掌握扎实的理论知识和具备专业的能力素养才能为社会创造更多的价值。

杨菲： 通过参加这次案例撰写，我不仅收获了营销理论知识，更收获了实践感悟。虽然整个案例的撰写进程很漫长，修改讨论无数次，但每一次讨论、每一次修改，都会有惊奇的收获，案例日臻完善并越来越经得起检验。在此过程中，我们付出了艰辛，也收获了创造的甜蜜与被认可的幸福。此次案例撰写也让我更深刻地感受到了企业履行社会责任的必需，以及将社会责任成功转化成企业核心竞争力的必然。当前，企业社会责任对于企业营销来说越来越重要，未来社会责任将成为企业可持续发展与竞争的一个重要内容。

五、完整案例文本

乡约相守："草根'团购'"的精准营销之路

摘要： 新冠疫情让传统零售行业在历经"黄金十年"的快速发展之后，被按下了"慢速键"，"关店潮""价格战"现象频出。传统零售行业的日渐式微并非偶然，正值垂直电商、新零售和社交电商相继崛起之际，线下零售险象环生。随着数字化时代的到来，疫情之下的传统零售行业"危"中有"机"。《"十四五"数字经济发展规划》提出要加快会计数字化转型，打造数字中国。全面拥抱数字化，借助数字化助推企业风险管理与财务战略转型，对企业未来发展具有重要意义。

Y公司是一家被誉为"中国零食自主制造第一股"的传统食品公司。新零售风口下，数字化的普及让Y公司欲应时而变、革故鼎新，希望借助数字化扫除企业转型中的桎梏，实现转型目标。基于此，本文以Y公司为调研对象，通过对其关键风险点与财务战略现状的分析，借助数字化技术为Y公司提供财务战略转型方案，助力其风险管理。

引　言

鸡鸣声起，露水清晨。在近70岁的村民彭爱兰家院子中，沿江村部分村民忙得热火朝天。他们正按照沿江村乡村经纪人严航兴分配的订单在菜园里进行采摘、包装和贴标签等劳作。

"彭娭毑，你们家的菜又受到市民好评了哦！"严航兴对正在分拣蔬菜的彭娭毑说。"哈哈哈，还是你兴娃子有办法，跟着做什么'乡约菜菜'，把吃不完的菜卖到城里去了，增加了我们不少收入！"彭娭毑开心地笑着。

此时，乡约菜菜创始人张维也站在庭院中，他听在耳里，乐在心间。十年前，同样也在这里，张维看到父老乡亲自己种出来的农家蔬菜因吃不完而不得不喂猪或者任其烂在地里时，心疼不已。当时他就想，如果能够搭建城市与乡村生鲜农产品的销售通道，那么既可以解决市民的食品安全问题，也能帮助村民增加收入。彼时张维实际上已经关注到有越来越多的城市市民想买新鲜安全的蔬菜却买不到，而村民自己家屋前屋后种植的绿色、新鲜、安全、无农药残留的蔬菜又卖不出去的现象。那么究竟怎么做才能搭建小农户与大市场的桥梁呢？怎样才能将小农户的蔬菜卖到城市里去呢？

第1章　理论基础：学海无涯探求真知

1.1　SWOT战略与STP战略

SWOT战略是美国旧金山大学管理学教授海因茨·韦里克于20世纪80年代初提出来的一种战略分析法，可以客观、准确地分析一个单位的实际情况，是战略研究管理和企业竞争情报分析的重要工具之一。

SWOT也是"市场营销"课程的主要战略分析方法之一。SWOT分别代表：Strengths（优势）、Weaknesses（劣势）、Opportunities（机遇）、Threats（挑战）。通过分析被研究对象组织内部的资源优势与劣势、外部环境面临的机会和挑战，从而在营销战略与营销战术两个层面，制定营销战略、调整营销方法和协调分配资源，以保障达成被分析对象营销的目标。

STP战略中的S、T、P三个字母分别是Segmenting、Targeting、Positioning三个英文单词的缩写，即市场细分、目标市场和市场定位的意思。STP营销是现代市场营销战略的核心。

第一步，市场细分，根据购买者对产品或营销组合的不同需要，将市场分为若干不同的顾客群体，并勾勒出细分市场的轮廓。市场细分，主要是指企业通过市场调研，根据消费者的需求和欲望、购买行为以及购买习惯等差异，把整体市场划分为若干消费群的一个市场分类过程。市场细分的方法并不唯一，市场营销者必须单独或综合运用多种细分变量，以便找出考察市场结构的最佳方法，细分消费者市场的主要变量包括地理、人口、心理和行为四类。

第二步，确定目标市场，选择要进入的一个或多个细分市场。在市场细分的基础上，企业必须评价各个细分市场并决定自己能够最恰当地服务于哪些细分市场。评价细分市场时，企业必须考虑三类因素：细分市场的规模和增长力、细分市场的结构和吸引力，以及企业的目标和资源。对各个细分市场评估之后，企业根据自身战略定位和产品情况，选择出一个有良好发展前景且符合公司的目标和实力的细分市场作为企业的目标市场。

第三步，定位，在目标市场顾客群中形成一个印象，这个印象即为定位。除了决定要进入哪一个细分市场，公司还必须确定一种价值主张——如何为目标市场创造差异化的价值，以及通过一系列营销活动向目标用户传达企业的产品或服务，勾画企业产品、品牌在目标市场即目标顾客心目中的形象，使企业所提供的产品具有一定特色，适应顾客的偏好和需要，保留在顾客心目中的深刻印象和独特位置，从而取得竞争优势。

1.2 4P营销理论、精准营销和差异化战略

4P营销理论被归结为四个基本策略的组合，即产品（Product）、价格（Price）、促销（Promotion）、渠道（Place），由于这四个词的英文字头都是P，所以合称为“4P理论”。

产品策略：注重开发产品的功能，要求产品有独特的卖点，把产品的功能诉求放在第一位。

价格策略：根据不同的市场定位，制定不同的价格策略，产品的定价依据是企业的品牌战略，注重品牌的含金量。

促销策略：应当是包括品牌宣传（广告）、公共关系、营业推广和人员促销等一系列的营销行为。

渠道策略：企业并不直接面对消费者，而是注重经销商的培育和销售网络

的建立，企业与消费者的联系是通过分销商来进行的。

精准营销是在精准定位的基础上，依托现代信息技术手段建立个性化的顾客沟通服务体系，实现企业可度量的低成本扩张之路，公司需要更精准、可衡量和高投资回报的营销沟通，需要更注重结果和行动的营销传播计划，以及越来越注重对直接销售沟通的投资。

精准营销的三层含义：一是精准营销思想，即营销的终极目标是无营销的营销，到达终极思想的过渡就是逐步精准；二是实施精准的体系保证和手段，且这种手段是可衡量的；三是达到低成本可持续发展的企业目标。

1.3　资源整合和商业模式

资源整合是指企业获得所需资源后，将其进行绑聚而形成实力的过程。企业通过整合特定的资源形成某种特殊的能力，即在资源整合过程中企业采取具体行为（如营销，研发等）为顾客创造价值。企业的资源整合归纳为3种方式，具体为稳定调整的资源整合方式、丰富细化的资源整合方式和开拓创造的资源整合方式。

商业模式被定义为企业实现价值创造和价值获取的活动设计系统。本案例采用Osterwalder和Pigneur（2005）提出的九要素商业模式进行具体分析（见图1-1）。

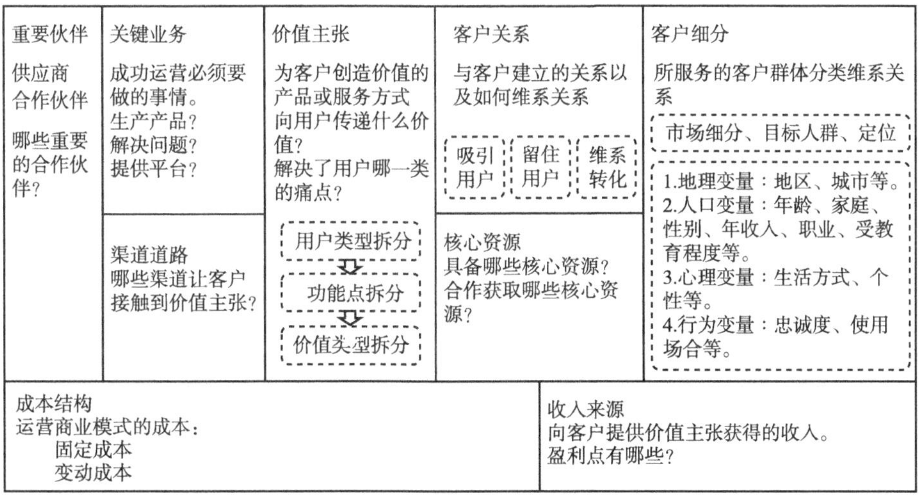

图1-1　九要素商业模式

第2章　案例背景：数字背景下社区团购千团大战

2.1　观环境，消费环境变化

首先，食品安全一直是社会高度关注的话题。尤其进入自媒体时代，食品安全信息不再仅仅由“权威”自上而下发布、解读或灌输。借助微信、微博等自媒体，对各类食品安全事件或问题食品的记录、转发和评论，无疑让大众对食品安全问题更加关注、更为敏感。自媒体时代改变了人们的生活方式，也影响了大众对食品安全问题的主观感知和理解，大众对食品安全问题的感知甚至高于实际的风险水平，易产生恐慌心理。如何买到“吃得放心”的农产品已然成为最担忧的话题。企业有责任也有义务借助自媒体向大众传播绿色农产品有益健康、有益环境的信息，促使大众对绿色农产品感知诉求日益强烈。

其次，在中国人均年收入不断增长的背景下，消费者对新鲜、安全、有机、绿色农产品的需求逐渐增加，而在市场上，安全、绿色、有机农产品稀缺。因此，小农户屋前屋后种植、自家吃不完的绿色有机蔬菜成为有巨大市场需求潜力的农产品。

最后，乡村振兴和精准扶贫已经列入中国重大发展战略，一系列惠农政策将用于扶持和推动小农户与大市场衔接。

2.2　看技术，数字化快速发展

随着互联网经济的快速发展，2015年拼多多首次出现，一线城市社区平台初具规模，如虫妈邻里等，2016年社区团购平台逐渐兴起，2017年取得快速发展，2018年开始火爆，2019年市场重新洗牌，2020年重获新生。可知，社区团购自2015年起就进入了资本的视野，群雄着陆，各大互联网巨头砸入巨额资金，抢占市场（见图2–1）。

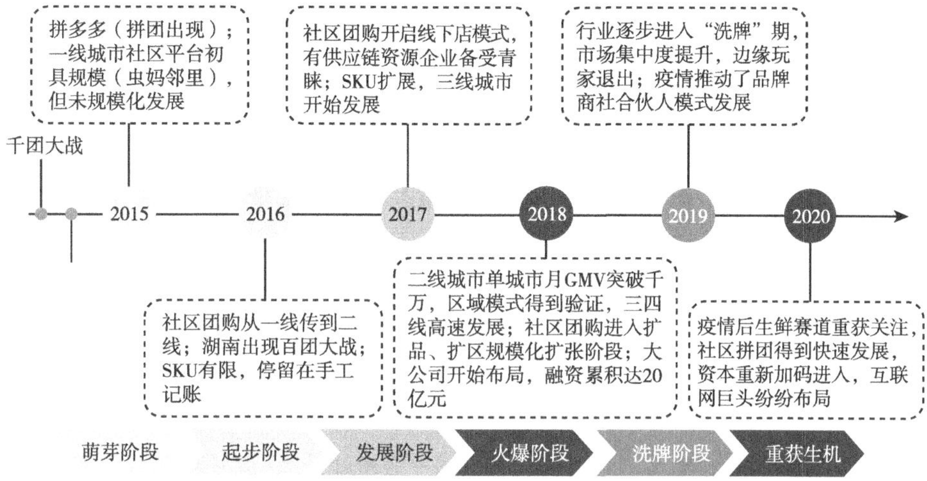

图2-1　数字化发展历程

第3章　小平台初探大市场

3.1　扬长避短解难题

带着以上疑问，张维在城市上班，但心系家乡，特别关注市场发展和政策动态。2014年长沙进行区划调整，原属长沙县的暮云镇南托镇即将划入天心区。张维觉得时机成熟，决定返回家乡创业。随着互联网经济的快速发展，2015年拼多多拼团首次出现，一线城市社区平台初具规模，如虫妈邻里等，2016年社区团购平台逐渐兴起，张维敏锐地意识到这种团购模式或许能够解决他一直苦苦思索的小农户与大市场衔接问题。

张维仔细思考与总结现有社区团购的优势与劣势，认为如果能够省去社区团购的前置仓储备环节，或许能够搭建起小农户与大市场衔接的通道。即城市市民下单购买蔬菜后，张维组织小农户当天采摘统一配送，这样既能保证蔬菜新鲜、安全，无积压和损坏风险，也能省下仓储租赁成本。但这个衔接到底如何才能落地实施呢？

正在张维冥思苦想之际，一位农户向张维提出一个办法："只要市民信任我们的蔬菜并提前预订，我们就可以找一个负责人收集农户的蔬菜，再统一配送给城市市民。"这句话点醒了张维，如果建立了一个互信关系的平台对接城市市民，就能帮助小农户改变自家蔬菜难卖的现状，问题就迎刃而解了。

3.2 乡约菜菜现雏形

说干就干，2015年张维开始他的蔬菜配送服务。张维是沿江村的村民，村里人对他都很熟悉。因为具备良好的村民信任基础，张维很快就挑选了七八个小农户进行试点合作。当晚，张维创建了“绿心共享村”公众号，在其中发布第一则蔬菜配送软文《沿江蔬菜品质好，配送到家不用愁》并发送至沿江村村民群，号召大家积极转发朋友圈，有购买需求的市民可以直接扫描文中二维码，添加张维，由张维组建市民购买微信群。每天市民可以在群里以消息接龙的形式下单，即市民直接输入“姓名+联系方式+精确地址”，就可以完成下单。

当时张维只推送158元/月的蔬菜固定配送套餐，每周一和周六配送2次，每月共配送8次，每次随机搭配5个品种菜，适当配送点葱和蒜，承诺当天采摘，不喷水、不泡水、不隔夜，市民可以选择早晨或者中午作为配送时间。市民需要提前联系张维下单，以便他及时安排合作的农户采摘蔬菜。

此外，张维经常拍摄一些沿江村辛勤耕种的村民照片和农家菜地的图片，并整理成微信软文，在街道业主微信群转发、推广和介绍，通过口碑传播慢慢积累了一定的知名度。这也给了张维极大的信心，更加坚定了他做好小农户与大市场衔接的信心。

“维哥，你什么时候也给我们社区送点蔬菜吃吃哈，你这蔬菜稀罕得很，我们想吃还买不着呢！”这是一位城市朋友发给张维的微信语音消息。“你想吃还不容易，马上就给你送过来！”张维一边回着消息，一边继续思考自己的蔬菜配送事业。

之前试点想看看到底能不能将小农户与大市场衔接方案落地实施，而现在城市市民对农户自家种的蔬菜需求量越来越大，但受人手和配送路线的限制，只能配送与沿江村临近的几条街道。路途远的，一律不配送。可是如果想帮助更多沿江村村民把蔬菜卖到城里去，仅仅对接邻近的这几个社区街道，不能将市场做大。是否需要扩大规模以更好地满足城市市民对安全、新鲜蔬菜的需求呢？是否需要配置专门的人员来监督蔬菜品质呢？是否配置专门人员来负责蔬菜配送呢？究竟如何才能在保证品质、节约成本的基础上将小农户自家的蔬菜市场做大呢？

第4章　窄区域延伸宽品类

4.1　前期调研奠基础

2017年社区团购发展进入白热化阶段，看到市面上不断涌现的大大小小团购平台，张维有些着急。"社区团购进入门槛很低，都在拼价格，我们作为社区团购的供应商没有任何优势：一来城郊蔬菜本身就比较贵；二来现在的种植户，如果我们去统一收购他们的蔬菜，价格根本没有竞争力，甚至不如他们直接去批发市场卖。"

另外，微信群接龙的方式，随着每日订单量的增加，蔬菜统计量难度增大，出错概率也在扩大。这迫使张维开始思考新的发展方向，力求找到更好的方法衔接小农户与大市场。

一天，几个年轻人找到张维，说想跟着张维做点事。

几天下来，张维发现他们的配送井井有条，没有一单投诉。他们介绍道："这条街道我们都很熟悉，市民家在哪，哪条路最近，怎么避免堵车，我们都了然于心。再者，就算蔬菜配送出错，我们也能够立即联系补偿他们，取得原谅，这样就不会投诉到维哥你这来了。"这话点燃了张维思想，如果配送员专门配送一条街道，这样他们既熟悉市民方便处理售后，又可以减少不熟悉线路耽搁的时间。

"你们的蔬菜配送到市民家吗？如果他们不在家你们怎么处理的？"张维追问。"如果他们不在家是比较麻烦，我们会把蔬菜放在社区商店，但有些商店不让放，说会耽误他们做生意，我们就只能等他们到家了再送过去。"

"是否可以找一个社区负责人呢？我们把蔬菜送到指定负责人那里，让市民自己来取。"一个想法从张维脑中蹦了出来。张维立即到社区调研。

在问了大概有六七个门店及约20个市民后，他了解到，小区居民觉得如果蔬菜可以直接从农村配送到社区，一定很新鲜，再加上是小农户自家的农家菜，那就更有市场了。但他同时也注意到由于存在利益冲突，很多门店对张维的生鲜配送并不十分感兴趣，反倒是一些宝妈积极又热情。张维认为，可以通过类似于微商的形式开展，只要宝妈有提货地点，通过建立社区微信群进行营销卖货，就可以做团长。于是，张维心中萌生了“一村一街点对点”商业模式的想法。

4.2 创立公司定流程

经过多番考虑，2018年1月，在沿江村村委会的支持下，张维注册成立了湖南省菜菜网络科技有限公司（即乡约菜菜），希望通过乡约菜菜平台更好地对接生产者与市民。

“一村一街点对点”的商业模式，将张维所在地天心区的每一个村与离该村最近的一个街道结成“对子”，每个村在对应街道开设一个社区门店或与现存的生鲜门店合作，销售乡村当季新鲜、安全的农产品。张维希望乡约菜菜平台能够以“点对点”的商业模式搭建小农户与大市场之间的交易“桥梁”，让小农户真正融入大市场。

张维在总结前期自己生鲜配送经验的基础上，确定公司的具体运营流程如下：

第一，在供给端，乡约菜菜平台负责寻找农民专业合作社、农村集体经济合作社或者优秀的农民个体担任乡村经纪人，负责农产品的平台上新、包装、质量监督、及时配送以及售后服务。具体内容如下：

一是上传信息。乡村经纪人每天负责收集与平台合作的小农户、家庭农场等的蔬菜供应种类和数量信息，并上传至乡约菜菜平台，供市民选择。

二是蔬菜包装，质量监督。市民在乡约菜菜平台下单后，平台将信息及时推送给乡村经纪人，次日由乡村经纪人指导其管辖的小农户、家庭农场等采摘、包装、检测质量，确保蔬菜新鲜、安全。

三是蔬菜配送。将打包好的蔬菜及时点对点地配送至各社区自提点，以高效快速的配送来保证蔬菜新鲜度和完好度，减少蔬菜磨损与腐坏。

四是售后处理。若平台收到市民投诉，则会通知乡村经纪人处理投诉，无条件重新配送蔬菜，以减少市民的不满；若乡村经纪人处理不好，则平台介入。

第二，在需求端，乡约菜菜筛选出值得信赖、理念一致的宝妈担任团长，并就佣金分成达成协议，要求社区团长积极发挥生鲜农产品终端营销的核心作用，及时、有效地转发平台信息，提高平台用户使用量。具体内容如下：

一是信息推送。社区团长每天在微信群转发乡约菜菜平台信息，如"张大爷的萝卜熟了""王奶奶的小白菜可以摘了"等，提高市民对平台的熟悉度。

二是用户下单。社区用户在平台选购蔬菜、确定农户信息和社区自提点并支付费用后，平台及时安排乡村经纪人接单并进行后续配送服务。

三是分发货品。乡村经纪人配送到自提点后，由社区团长负责货品提取并做好备案登记。市民检查产品品质，再确认签收。

四是售后评价。若市民认为蔬菜质量存在问题，可及时向平台进行投诉，由社区团长协助对应的乡村经纪人进行售后服务，直至市民满意；当市民满意时，就会形成消费强化，不仅增加其下次的购买率，也会提升乡约菜菜的美誉度。

乡约菜菜"一村一街点对点"的配送模式简图见图4-1。

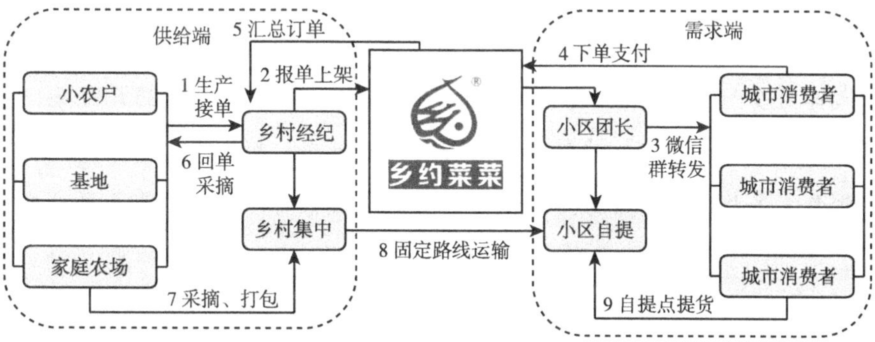

图4-1　乡约菜菜"一村一街点对点"的配送模式简图

4.3 精准营销促发展

4.3.1 区域精准

"做蔬菜配送，我认为最重要的是相对集中。我之前的蔬菜配送，多数是靠来这里消费的市民以及朋友介绍，虽然说配送区域已经过筛选，距离不是太远，但终究还是有点分散，不利于节省成本，且扩张的可能性不大。所以，一直不温不火。"

“只要我们做好蔬菜，就可以吸引一大部分人群，我们集中优势兵力，逐个攻破。可以把城市划分成一个一个网格，一个城郊乡村对应一个网格，配送时就相当集中了，在每个村找一个负责人（或者农民专业合作社、村集体经济合作社），直接对应那个网格内的社区，这样配送不仅可以省时间和距离，而且和他们建立关系之后，也可以卖村里其他农产品。”

张维判断得非常正确。天心区有10个村，有10个城区街道，如果每个村都想着把东西卖给10个城区街道，不仅会增加成本，还会形成恶性竞争，这样反而不利于节约社会资源，如果一个村就对应一个城区街道，和市民建立一种深度互信关系，那效果就不一样了。

采取“一村一街点对点”的商业模式，两个点代表两个区域：一个区域是城市街道内约40个社区，另一个区域是数百户村民所在的乡村。区域精准能够最大限度地集聚乡村经纪人的精力，更精准、更高效地为指定区域做好优质服务。

“乡约菜菜商业模式成功的关键，是乡村经纪人在没有任何补贴的前提下，能够很好地存活下去”。按照张维所说，一个街道区域范围内约有40个社区，一辆面包车最少可以装1 000斤蔬菜，均摊到每个社区只要销售25斤蔬菜，乡村经纪人就可以轻松生存。当然，这里还没有包括鸡、鸭、鱼、肉等其他农副产品的销售。另外，乡约菜菜对农产品区域配送流程有严格的规范与要求（见图4–2）。

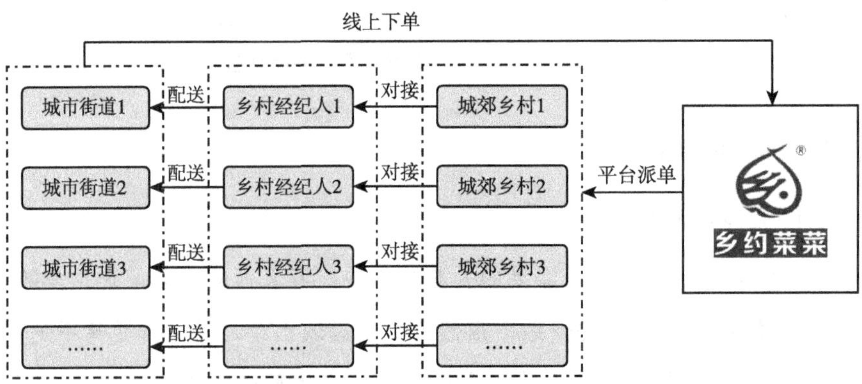

图4–2　乡约菜菜农产品区域配送体系图

区域精准，即"固定区域、固定人员、固定线路"的方式，不仅提高了乡村经纪人配送熟练程度，降低配送成本，也避免了城市街道之间的恶性竞争。

4.3.2 服务精准

"不要认为哪个社区富人多，就刻意去开一个团；也不要认为哪个社区穷人多，就不去开团。我们的目标是精准对接，精准服务，地毯式营销，因为我们不是做高价农产品，而是做平价农产品。我认为，销售业绩理想是乡村经纪人对市民好、用心服务的结果。"

每天，乡约菜菜平台都会把各村的销售量发送到乡村经纪人沟通交流群里。每隔一段时间，乡约菜菜平台就会邀请销售量最高的乡村经纪人与其他乡村经纪人分享经验、方法与技巧，让其他人从中学习、更好地改进其服务效率，促进村与村之间的"合作与共赢"。显然，这是"点对点"精准服务的结果。

在该模式下，农产品在乡村田间地头已经完成打包贴标流程，通过分拣分装成各社区大包，配送至社区团长门店时已经贴好市民个人信息标签，门店只需要腾出一部分空间出来存放，不需要花费很多时间和精力去分拣和整理。这有别于现有的社区团购模式，更容易获得团长的认可，加上有10%的销售提成，团长也更愿意与乡约菜菜合作并努力为市民提供优质服务。

为了解决售后问题，乡约菜菜平台要求各乡村经纪人加入其负责配送的社区微信群。只要市民提出异议，乡村经纪人须第一时间做出回应，追根溯源，查找原因，及时给市民反馈。该退款的退款，该改进的改进。当然，乡约菜菜的监督服务电话也会写在每一包蔬菜上面，只要市民投诉，乡村经纪人就会迅速处理。如果处理结果不理想，乡约菜菜平台则会按商品销售款的10倍对乡村经纪人进行罚款，以挽回市民的损失，提升平台的信誉。

这种机制有利于促使乡村经纪人积极主动地承担售后服务，降低平台的售后服务成本。当然，对于屡次提出无理要求或者经常投诉的市民，要么是市民要求高难以服务到位，要么是市民素质低故意为难，乡村经纪人有权根据实际情况把他们直接拉入不服务对象名单。

服务精准，源于"一村一街点对点"的配送方式，有效避免了乡村经纪人因抢占市场而出现“竞争乱象”，让乡村经纪人腾出更多时间“精耕细作”其配送的社区，提升服务水平。尤其是主动售后服务，更有利于获得市民认同，促进乡村农产品销售更顺畅。同时，这种方式也有效地促进了各村供给端的良性发展，使各乡村经纪人之间互相学习先进、优秀的方法与技巧，形成“优良集聚、共创共享”效应。

4.3.3 产品精准

“虽然乡约菜菜也是一个电商平台，但与其他电商平台不同的是，其他电商平台可以让很多人在平台上开店，什么都可以卖，产品五花八门。而我们是要每个村的农民能够在这个平台上卖东西，只卖当地当季最新鲜、安全的农产品。蔬菜这个东西是一个必需品，从我调研的结果来看，市民对于高品质蔬菜有需求，尤其是那些“80后”的年轻人，他们希望吃好一些。我们卖的农产品要确保品质好，蔬菜不隔夜、不碰水，这就是我们的核心竞争力！”张维笑着说，“但是与分散的农户合作，确保产品的品质，真正做到产品精准，也实属不易。”

于是，张维让乡村经纪人收集了每位村民的个人信息，生成一个专属二维码，直接贴在蔬菜包装上面，一是明确责任，二是让市民更放心。扫描二维码就能知道农产品出自哪里，再附上一些村民的日常生活照片，比如在田间地头劳作的照片，背景是菜地或者自家房子、庭院。这就相当于蔬菜有了身份证，在让市民放心购买的同时，也能够更好地监督农户（见图4–3）。

图4–3 农产品溯源码展示图

此外，在张维看来，城郊乡村的蔬菜配送是乡约菜菜平台整个网络体系构建的起点。因为蔬菜具有单价低、复购性强的特征，便于和市民建立一种强联系。乡村几乎每家每户都种植蔬菜，意味着乡村经纪人和村民也能建立起联系，这为城乡之间形成"互通、互信、互融"提供了良好的基础与条件。

按照张维的设想，乡约菜菜除了销售城郊乡村的生鲜蔬菜以及其他农产品之外，为了更好地满足城市居民，还会根据季节变化定期销售湖南省地理标志农产品，比如靖州杨梅、炎陵黄桃等。

图4–4　乡约菜菜配送湖南省地理标志农产品

如图4–4所示，当越来越多的城郊乡村与城市街道形成"点对点"的供应关系时，乡约菜菜平台就会联系湖南省具有地理名称保护标志的农产品基地，要求各基地农产品供应商将农产品的生产过程全程记录，形成视频资料。乡约菜菜平台将这些文字和视频资料发送至各个社区团购群，使该地理标志农产品在社区的微信群里进行酝酿与发酵，潜移默化中增强社区市民对该地理标志农产品的认知，待农产品成熟前半个月，平台会以直播、预售等多种方式提醒社区市民下单预定，实现资金回笼，降低农产品成熟之后的滞销风险。

产品精准，不仅让乡约菜菜成为单一蔬菜产品的销售平台，而且通过信任关系的建立，带动乡村其他农产品以及湖南省乃至中国许多地理标志农产品进入乡约菜菜平台，实现农产品销售品类几何级数增长。更为重要的是，乡约菜菜平台按照不同季节，将地理标志农产品信息不断推送至社区群，让市民熟悉并形成记忆，为其他地理标志农产品成功预售做好铺垫。

区域精准、服务精准、产品精准，从单个利益主体（即乡村经纪人）看来，是在相对较窄的市场范围内，促使其不断地做深市场；而从乡约菜菜整个平台来看，却是通过这种精准营销，不断地把产品品类做宽、把市场流量做大。

4.4 疫情突发显身手

2020年新冠疫情突然暴发，蔬菜批发市场临时关闭，市民冰箱里储存的新鲜蔬菜很少，有些市民几天没有吃过青菜。张维一直待在家中，但是源源不断的微信消息问他是否有蔬菜配送。

这一天，员工严航兴对张维说，“维哥，现在可是蔬菜配送的好时候啊！市民到处需要蔬菜，而蔬菜基地又有蔬菜，你门路广，可以试着发送一些微信，肯定能够卖出不少。”

因为种植基地蔬菜的几乎都是外地人，张维原本想着年后再去拜访更多的蔬菜基地种植户。

“这个你可以放心，只要有人买，我可以去和种植户联系，我还可以负责配送。”严航兴拍着胸脯说，他和老婆在沿江村经营着一家果园，果园周边有很多蔬菜基地，他们很熟悉。

于是，张维和他的团队紧急出动，通过发布了一段“减少外出，全城团购，共抗疫情，烦请爱心转发”的文章。文章提到为了解决市民蔬菜短缺问题，张维和他的团队特地推出“疫情套餐”20元一袋，每袋包括五个蔬菜品种（品种随机），总重量不低于5斤，适当配点大蒜和葱，为了提高配送效率，10份起送。“爱心转发”链接发出后，不到三天时间，链接点击量2.5万，被分享427次，三天累计配送蔬菜6 000多斤，涉及100多个社区。随后，定菜的微信越来越多，一天接700单，每天配送约4 000斤蔬菜。

“请问你是沿江村菜配送的负责人吗？”第三天，张维接到一个电话。“是啊！请问您要订购蔬菜吗？”张维问道。

“我是湖南卫视快乐购公司农产品事业部负责人，从朋友那知道你们的蔬菜配送很火，解决了市民当前的一些紧急需求，接到上级领导指示，我们希望能够和你们合作。”对方开门见山。

“合作，我们怎么合作哦？”张维一下子没有反应过来，湖南卫视快乐购公司可是湖南省广电集团的全资公司。很快湖南卫视快乐购公司派人与张维协商。双方想法一致最后达成合作，快乐购公司利用平台影响力做现场直播、负责宣传和推广，同时他们有自己的会员系统，也可以直接销售蔬菜，乡约菜菜负责蔬菜采摘和配送工作，订单由10袋/单改成2袋/单，价格由20块钱/袋调整为25块钱/袋，每单50元。

张维也主动参与直播活动，当起临时主播。"各位朋友，现在是冬天，冬天主要是叶类菜，大家看看这些蔬菜，基本都是叶子菜，有冬克菜、白萝卜、卷心菜、红萝卜、菠菜……我们的菜都是当天上午采摘，不送隔夜菜，不泡水，绝对保证品质。"疫情结束后，张维被人们亲切地称呼为"蔬菜哥"。

随着疫情逐渐被控制，市民有了更多选择，乡约菜菜平台的销售量也在渐渐下降。张维复盘了整个疫情期间的蔬菜配送工作，发现市民选择乡约菜菜的原因还是新鲜和安全，于是他决定未来仍坚持以"新鲜安全"为乡约菜菜本质特色。

张维找严航兴商量，让他开一家乡约菜菜线下实体店，乡约菜菜出资50%，严航兴个人出资50%，按照9∶1比例做利润分红，即90%的利润给严航兴，目的是更好地调动他的积极性。这样做也是尝试让乡约菜菜能够直接对接社区市民。

2020年11月9日，乡约菜菜第一家线下实体店顺利开业，该店离沿江村不到半小时车程。承诺只卖当季老百姓自己生产的生鲜农产品和自己家里做的干菜之类的初级农产品，且全部可溯源。不久，村里老百姓自己生产的贴有二维溯源码的坛子菜、腊制品以及其他农产品（鸡、鸭、鱼、肉）都在该实体店销售。店面虽然只有60m^2，产品种类却达到了200个。

第5章　"慢铺点"促就"快复制"

5.1　乡村旅游进生机

"亲爱的社区朋友们，我是乡约菜菜创始人张维，这是我的搭档严航兴，感谢大家对乡约菜菜的厚爱和支持，相信大家已经吃过我们的蔬菜了，现在，我给大家简单介绍一下乡约菜菜……"时不时，张维会和严航兴搭档开一场直播，要么宣传乡村的蔬菜和其他农产品，要么宣传新上的地标产品。

通过不断与市民接触，张维发现市民不仅关心农产品的新鲜与安全，也非常关注周边有哪些好玩的地方。张维想，"我只想到把农产品卖城里去，怎么不想着把市民拉到农村来瞧瞧呢？"于是萌生了在乡约菜菜平台上加一个乡村旅游资源搜索板块的想法，"通过这种方式搜索到乡村旅游资源，不仅为市民周末出行提供指引，对老百姓的增收也是大有好处。”想到这里张维略微有些激动。

目前，张维正在努力创新“区域生鲜农产品配送+乡村全域旅游搜索”的商业模式，对平台上绿心共享村微信公众号的内容进行了梳理，增加开设了“靓丽庭院”板块，并上传了沿江村所有旅游资源信息，一片荷花池、一个废旧的池塘、一片油菜花，几乎都可以成为旅游景点。

事实上，很多村民家的房子比较宽敞，如果每家每户都可以根据自身特色来做一桌饭菜，每家每户都打扫好自己的庭院，这样靓丽庭院项目对市民就有了吸引力。

市民通过搜索“乡约菜菜”小程序关键词，就可以找到最近旅游目的地，比如，搜索“草莓”，小程序界面就会出现一列草莓采摘园，按照位置远近进行排列，点击相应的草莓园，可以一键导航至目的地。

“邻居们，我们能不能组团去沿江村考察考察啊！我看到里面有个乡村旅游搜索。进去看了一下，吃喝玩乐都有。”一位居民在群里发起了邀约。

后期，张维想在更大程度上整合乡村资源，逐步带动湖南省内地理标志产品和合作村所有旅游小资源走合作共赢、共同发展的道路。

在张维看来，蔬菜只是“小农户与大市场衔接”的一个突破口，只要通过“蔬菜”建立起“市民与小农户”的信任关系，将推动乡约菜菜朝商业生态系统方向转变（见图 5-1），那时乡村农产品及其延伸品等所有资源都可以通过平台实现价值再创。

5.2 前途坚定有希望

提起乡约菜菜，张维眼里充满着希望。他语气坚定地说：“乡约菜菜像我的孩子一样，看着他不断成长，受各方关注，我很欣慰。乡约菜菜不仅是一个简单的互联网平台，更是基于中国国情考量、承载着一定社会公益的商业生态系统，他的成长壮大需要时间来磨合，需要不断总结经验和试错。我也不知道什么时候能够全面推广乡村全域旅游搜索，可能是1年，可能是5年，也可能是10年，但我始终相信可以实现。是不是我来实现并不重要，重要的是这种方式能够创造社会价值、解决社会问题、承担社会责任。”

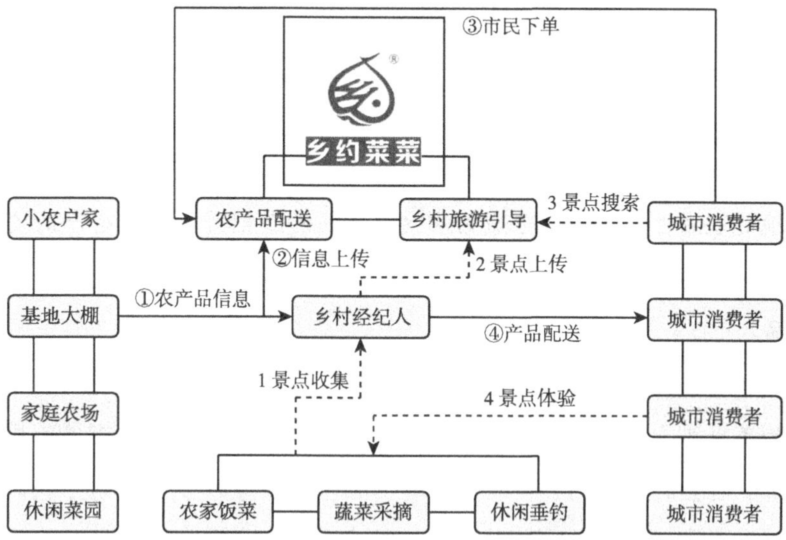

图5-1 乡约菜菜"区域农产品配送+乡村全域旅游搜索"简图

"比起其他社区团购平台，他们需要到处开店建仓，而我们的'仓'就建在城郊乡村老百姓的家里；他们卖的是产品，我们卖的是信任……"

从各项商业指标来衡量，乡约菜菜还只是一个非常稚嫩的商业生态系统。然而，从政策导向和社会价值角度来看，它却是一个值得尊敬和支持、具有极高社会价值的商业综合体。与高手对招，常一步失策，满盘皆输；但是高手下棋，眼见的残局，却可能峰回路转，起死回生。张维立场坚定，步步为营地进行着他的棋局，注定会在夜空找到一颗星星，即使点亮不了整个夜空，但也充满着热忱，照亮着需要的人。

第6章 结论与启示

首先，乡约菜菜通过其敏锐的市场洞察能力识别与发现了差异化的细分市场——小农户自家生产吃不完的蔬菜，本质上是绿色、新鲜、安全的蔬菜。凭着这一独特的市场定位，在食品安全问题仍然较为普遍且消费者对健康、高品质食品需求的社会情境下取得了很好的市场反响，让其在激烈的社区团购之战中找到了自己的一席之地。

其次，乡约菜菜通过其独创的商业模式和精准营销策略，很好地实现了乡村生产者和城市居民的完美链接。即“一村一街点对点”，这种商业模式能够在很大程度上减少物流成本、库存成本、降低损耗，保障农产品新鲜、安全。与其他社区团购形成了许多差异化的竞争优势，使得其规模逐渐扩大。当小农户生产的蔬菜不能完全满足城市的需求时，乡村菜菜增加了与其他蔬菜及农产品生产基地的联系，这使产品分成两种定位：一种仍然是小农户生产的安全不打农药、化肥的蔬菜；另一种是安全、不打水、不隔夜的新鲜蔬菜以及其他安全的农产品。

再次，安全、新鲜的蔬菜是乡约菜菜链接农村与城市的桥梁，以此为突破口，乡约菜菜扩大了农产品品种与品类，从本村的农产品到湖南省优质地理标志农产品，再延伸到民俗、乡村旅游等，初步形成了以乡约菜菜为载体的乡村商业生态综合体。在推动乡约菜菜商业模式发展迭代的过程中，数字技术起到了关键的作用。乡约材料建立了数字化平台，即小程序，开发了一套完善的线上下单、线上结算、线上挑选、结算、交流等功能，非常便利地让城市消费者使用。同时，也借助数字平台，乡约菜菜很好地进行了宣传、扩大了影响，为其整合各种资源奠定了扎实的可行基础。

案例参考文献

［1］周开国，杨梅生，伍颖华．食品安全监管机制研究——媒体、资本市场与政府协同治理，经济研究，2016年第9期。

［2］郭斌，甄静，谭敏．城市居民绿色农产品消费行为及其影响因素分析，华中农业大学学报（社会科学版），2014年第3期。

［3］卢素兰，刘伟平．自媒体时代：健康信念与绿色农产品消费行为研究，福建论坛·人文社会科学版，2017年第2期。

［4］刘晓敏，刘其智．整合的资源能力观——资源的战略管理，科学学与科学技术管理，2006年第6期。

［5］March，J.G．Exploration and Exploitation in Organizational Learning．Organization Science，1991（1）：71–87．

［6］Rousseau，D．M．，Sitkin，S．B．，BurtR．S．& Camerer，C．Not So

Different after All：A Cross Discipline View of Trust. Academy Management Review，1998，23（3）：393–404.

［7］郑也夫（2003）. 中国社会中的信任. 北京：中国城市出版社.

［8］王烽权，江积海. 跨越鸿沟：新经济创业企业商业模式闭环的构建机理——价值创造和价值捕获协同演化视角的多案例研究，南开经济评论，2021年第10期。

［9］Adner，R. Ecosystem as Structure：An Actionable Construct for Strategy，Journal of Management，2017，43（1）：39–58.

［10］Adner，R. Innovation Beyond Ideas：Expectations in Managing Technology，In Dickson T.（Ed.），Mastering Strategy：The Complete MBA Companion in Strategy，London：Financial Times/Prentice Hall，2000.

［11］Adner，R. Match Your Innovation Strategy to Your Innovation Ecosystem，Harvard Business Review，2006，84（4）：98–107.

［12］韩炜，杨俊，等. 商业模式创新如何塑造商业生态系统属性差异？——基于两家新创企业的跨案例纵向研究与理论模型构建，管理世界，2021年第1期.

［13］Morris，M.，Schindehutte，M.，Allen，J. The entrepreneur's business model：Toward a unified perspective.Journal of Business Research，2005，58（6）：726–735.

启发思考题

1.请结合 SWOT 理论，分析张维创立的乡约菜菜有哪些优势和劣势？

2.请结合 STP理论和目标市场策略分析乡约菜菜如何确定其目标客户的？

3.请结合 4P 理论分析乡约菜菜如何针对目标市场设计产品和服务营销活动的？

4.请运用迈克尔·波特理论分析乡约菜菜的精准营销符合哪种竞争战略，并分析乡约菜菜如何设计"一村一街点对点"的商业模式？

5.请结合案例分析乡约菜菜如何整合资源促进商业模式创新迭代的？

附录：湖南乡约菜菜科技有限公司发展历程

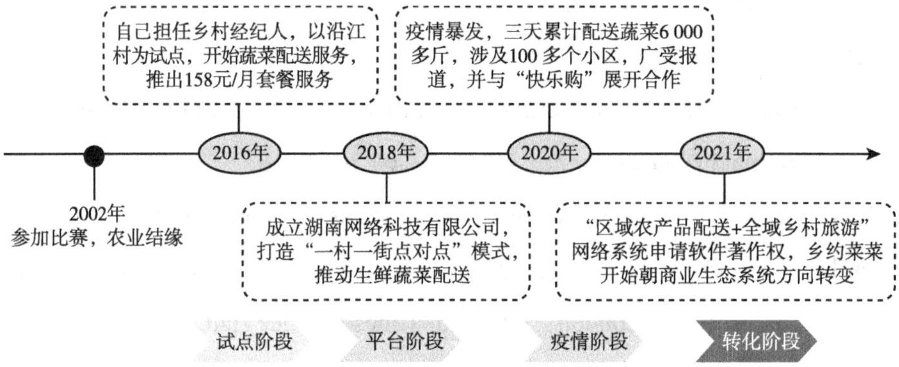

专题三

龙头战疫显韧性，数字布局焕新机
——基于H公司的案例分析

案例名称	龙头战疫显韧性，数字布局焕新机——基于H公司的案例分析
创作团队	侯文菁、吴菁琳、王蜀湘、彭雅惠、张世豪、宁翔
指导团队	刘文丽、谢宜章、杨亦民
思政元素	爱岗敬业、改革创新、自救精神、开拓进取等

一、案例简介

H公司成立于1994年，主要经营川味火锅，但又融合了各地火锅特色。纵观公司发展，其在各个时期都进行了相应的战略调整和自我革新，进而实现了企业的蓬勃发展。新冠疫情的暴发，给餐饮行业带来了巨大的冲击，拥有坚定的信念和勇于自我革新是企业转危为机的关键之匙。H公司作为餐饮火锅业的领军者，在疫情期初期曾因对形势的错判及公司经营业绩不佳饱受质疑，但公司在面对危机时开拓进取、敢为人先、攻坚克难。企业进行了全方位的自我革新，疫情期间加强数字化布局，推进企业的转型升级，在危机中锻造了韧性。

从理论层面，本文利用文献研究法与案例分析法对H公司进行了分析，进一步丰富了大数据助推疫情背景下风险管理与财务战略转型在餐饮行业的理论研究。从现实层面，本文识别且分析了H公司面临的内/外部风险，并制定了相应的优化方案。企业若想继续往前走，一定需要更健康的产品、更好的服务和更好的体验。对H公司来说，要在适应时代变化发展的同时坚守本心，弘扬以改革创新为核心的时代精神，同时结合中国传统文化实现餐饮优化，从而保持顽强生命力。H公司作为火锅行业的明星企业，其风险管理及财务战略转型将为同行业其他企业提供一定的借鉴及参考意义。

二、案例创作思路及内容

H企业的案例分析思路见下图。

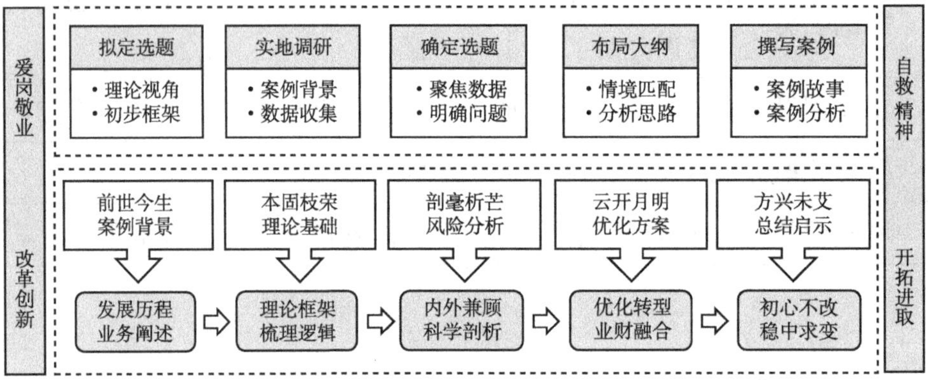

案例创作思路图

新冠疫情的反复给我国餐饮业发展带来空前压力。重压之下，H公司不断谋求突围，试图转危机为新机，进一步扩张门店，实施扩张战略。但在疫情和扩张战略的双重压力下，H公司业绩表现并不如预期，甚至出现下滑。2020年，H公司敢于直面自身发展存在的问题，改革公司管理体制，并开始实施啄木鸟计划，关闭一部分效益较低的门店，减缓企业成本端压力。

本文以H公司的风险管理和财务战略为研究对象，运用定性和定量双管齐下的方式找出H公司存在的风险管理和财务战略问题，H公司扩张的大方向是可行的，但扩张战略的具体实施方式有待商榷。本文结合H公司存在的问题提出优化措施，其优化措施也可为大型餐饮公司提供重要借鉴意义。全文共分为五个部分，以疫情为背景基于大数据的发展，对H公司的财务战略与风险管理进行评析。

第1章为背景篇，主要包括公司概况、商业模式画布、供应链分析以及财务战略分析，运用图表对公司发展历程和业务模式等进行了详细的阐述。

第2章为理论篇，阐述了大数据、风险管理以及财务战略转型的理论及框架，构建了理论间的逻辑关系，以及其在文章中的主要应用和价值。

第3章为分析篇，首先运用PEST分析和波特五力模型对企业发展的大环境以及所处行业的竞争状况进行分析。其次，运用杜邦分析体系和Z值模型识别企业面临的财务风险。最后进行实地调研和文献整理，总结出企业目前主要存在的运营优势及风险。

第4章为优化篇，从问题出发，根据模型分析和数据解读，提出了企业应进行财务战略转型，实施科学合理的扩张战略及多元化经营策略，深化企业的业财融合程度，以期推动企业发展，为壮大提供借鉴思路。

第5章为总结篇，期待企业能积极改变扩张战略，奔向更光明的前程。

三、案例应用

适用范围：

本案例主要适用于财务会计理论与实务、内部控制与风险管理、商业伦理与会计道德等课程。

应用目标：

第一，提高专业素质，拓展知识应用场景。结合疫情背景和企业数字化转型的案例，深入学习财务会计的理论与实务，培养学生应对多变商业环境的学习能力和战略意识。加强与自然学科和思政课程的交叉学习，丰富大数据、内部控制与风险管理知识，培养学生爱岗敬业精神。

第二，提高人文素质，挖掘实践精神价值。学习案例中的开拓进取和改革创新精神，提升学生的人文与科学素养。感知企业文化，培养职业精神，形成良好的道德修养和社会责任感，构筑自身理想信念。培养理论联系实际、分析和解决问题的创新精神与实践能力。

第三，素质连接价值，构建新时代职业观。通过疫情背景下H公司财务战略转型与数字化升级的现实案例，培养学生新时代职业观，使财务贴近业务，以自身素质连接价值创造，与中国特色社会主义新时代发展并进。

思政元素：

在新一轮的消费升级和“双循环”发展背景下，餐饮行业迎来了新一轮的变革机遇期，而数字化转型是企业危机中孕育新机的重要动能。结合真实的案例分析，在时代发展的大背景下，洞察数字和信息背后的故事，帮助学生提高运用所学专业知识为企业的决策和风险管理作出科学判断和合理建议的能力，提升管理素质，树立正确的职业发展观，为将来的工作和学习打好基础。鼓励学生加强知识学习、优化知识结构，担负时代赋予重任，弘扬以改革创新为核心的时代精神，努力成为学有所长、业有所专、技有所精的栋梁之才。

四、学生撰写案例感受

案例撰写经历了筛选案例、实地调研、搭建思路、确定框架、撰写内容、设计美工和贯穿全过程的不断修订。写作上，在用词上逐渐专业学术，内容更加简明扼要，能够清楚地表达意思。思维上，学会了从多角度看待问题，无论是站在企业角度、消费者角度，还是站在行业和社会的角度都有了更深层的分析。本案例以问题为导向开展研究，分析矛盾点并且解决问题。专业上，写作案例的过程将理论知识和实践调研的结果融合在一起，学生能更加贴合实际情况去思考专业问题，并能给予一些落地的建议。案例把专业中许多知识内容都综合在一起，对学生专业综合水平有了更高的要求。协作上，撰写案例需要团队合作，团队之间要和谐，各自发挥优势才能让文章整体效果达到最佳；相互之间的沟通也需要技巧，有效沟通能提高成文效率。

五、完整案例文本

海底可捞月，且待万木春——基于H公司的案例分析

本次MPAcc案例大赛主题是数字化助推疫情背景下的企业风险管理与财务战略转型。为深入分析此次主题，本团队进行了如下工作：

（1）搜索、阅读相关文献，确定数字化、风险管理、财务战略转型的定义与发展历程。

（2）确定目标企业，对其财务报告、审计报告、内控报告进行了分析，并在国家统计局、公司公告、新浪财经等网站搜集数据。

（3）确定研究方法，采用了案例研究法、实地调研法等方法，并基于

Z–Score模型进行财务分析，最终给出解决方案。

摘要：H公司是火锅行业中的领先企业，发展迅速，但在疫情和扩张战略的双重压力下，近年来发展停滞不前，甚至出现下滑。2020年在国家政策的支持和全行业竞争十分激烈的背景下，公司开始实施啄木鸟计划，关闭了一部分效益较低的门店，以减缓企业成本端压力。本文以H公司的风险管理和财务战略为研究对象，运用定性和定量双管齐下的方式找出H公司存在的风险管理和财务战略问题。H公司的扩张战略大方向是可行的，但扩张战略的具体实施方式有待商榷，本文提出了优化措施。这些优化措施也可为其他大型餐饮公司提供重要的借鉴。

H公司案例框架见图0–1。

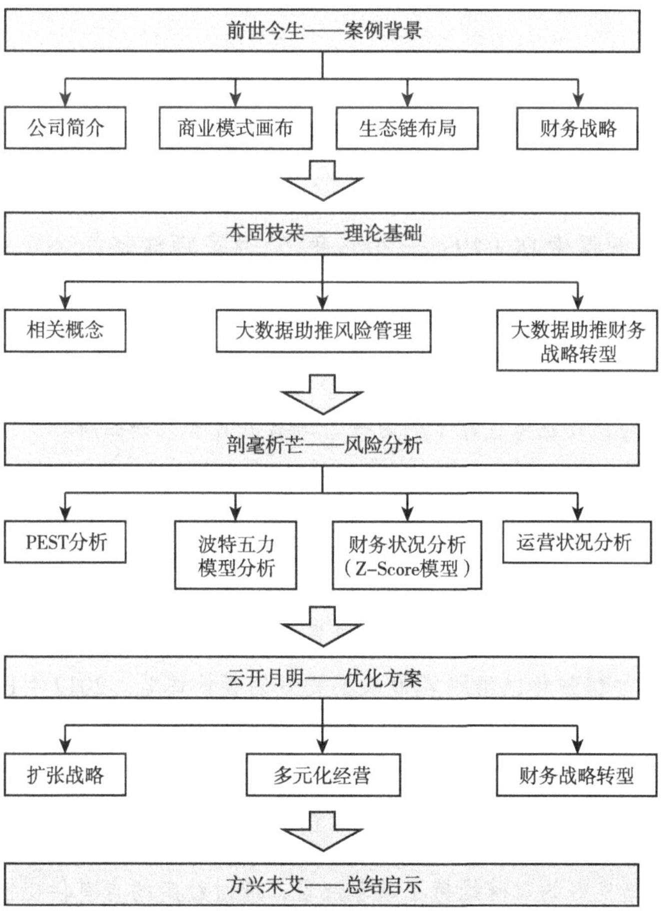

图0–1　H公司案例框架

第1章　前世今生——案例背景

H公司成立于1994年，主要经营川味火锅，但又融合了各地火锅特色。疫情之下H公司妄图“抄底”，依旧大规模进行扩店，但不及预期的经营表现迫使H公司在2021年末踩下了“刹车”，关停门店300余家，创始人也在投资交流会中承认了对趋势的错判。

研究H公司的财务战略以及存在的风险，对其他餐饮企业具有一定的借鉴意义。

1.1　公司简介

1.1.1　初始创业期（1994—1999年）：服务辟蹊径

1994，年第一家H公司在四川简阳成立，创始人张勇意识到川味火锅在口味上区分不大，而且市场同质化严重、竞争激烈，想要靠产品取胜很难。于是另辟蹊径，凭借优质的服务在本地市场上拥有了大量顾客和较好的口碑。

1.1.2　经营探索期（1999—2005年）：立足师徒制

1999年，H公司开始在外地拓展业务，通过师徒制度和轮岗制度培养了大批人才，开设了更多门店。先是在北京、天津、上海等城市开设门店，拥有较好的反馈和收益，H公司致力于成为一个跨省的直营火锅品牌。

1.1.3　精细化运营期（2005—2019年）：布局产业链

2005年开始，H公司陆续成立分公司，布局餐饮全产业链，包括颐海国际、蜀海供应链、蜀韵东方、海晟通、微海咨询等。产业链的打造使H公司经营管理更加标准化和精细化，给顾客带来了更好的餐饮体验。2012年H公司正式走向国际市场，在新加坡开设第一家海外门店，2018年宣布在港交所正式上市。

1.1.4　规模扩张期（2019—2021年）：下沉市场

H公司凭借良好的口碑维持了顾客流量，通过稳定的自有供应链确保了食品的安全和口味的标准化，同时师徒制和轮岗制培养了更多人才和有能力的店长，为H公司的大规模扩张提供了助力。门店多开设在城市的繁华商圈，逐渐从一线城市下沉至二三线城市，截至2021年H公司全球门店数量已超过1 500家。

1.1.5 战略转型期（2021年至今）：啄木鸟计划

随着新冠疫情的暴发，市场消费水平下降，H公司的扩张战略遭受冲击。2021年H公司宣布实施“啄木鸟计划”，近300家经营绩效不佳的门店被永久关停，同时停业修整部分门店。H公司开始调整组织架构，更换管理层，强化部分职能部门，恢复大区管理体系。

1.2 商业模式画布

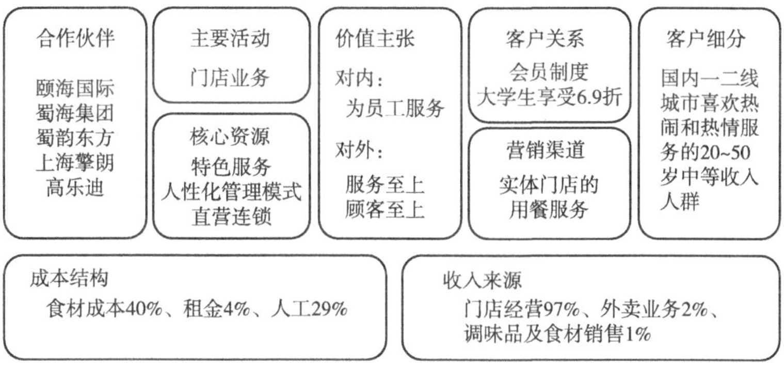

图1–1 H公司商业模式画布

如图1–1所示，商业画布以价值主张为中轴，左边四要素关注H公司内部的管理效率，右边四要素关注客户价值的提升。从H公司商业画布各要素分析可见：内部管理效率方面，H公司主要的合作伙伴都是自身的关联企业，保障了供应链的稳定性。通过直营连锁门店，给予顾客特色服务，对员工的管理充满人性化，使得企业价值主张更加鲜明。顾客价值提升方面，H公司的主要消费群体是一二线城市的年轻人和收入不错的中年人。企业注重与客户的关系，采用会员制度加强顾客的忠诚度，且对于大学生给予折扣关怀。

H公司经营的收入和成本结构中，食材和人工成本过高，合计约70%，而收入主要来源于门店的经营，对抗疫情带来风险能力较小，其他业务贡献率不理想。

1.3 生态链布局

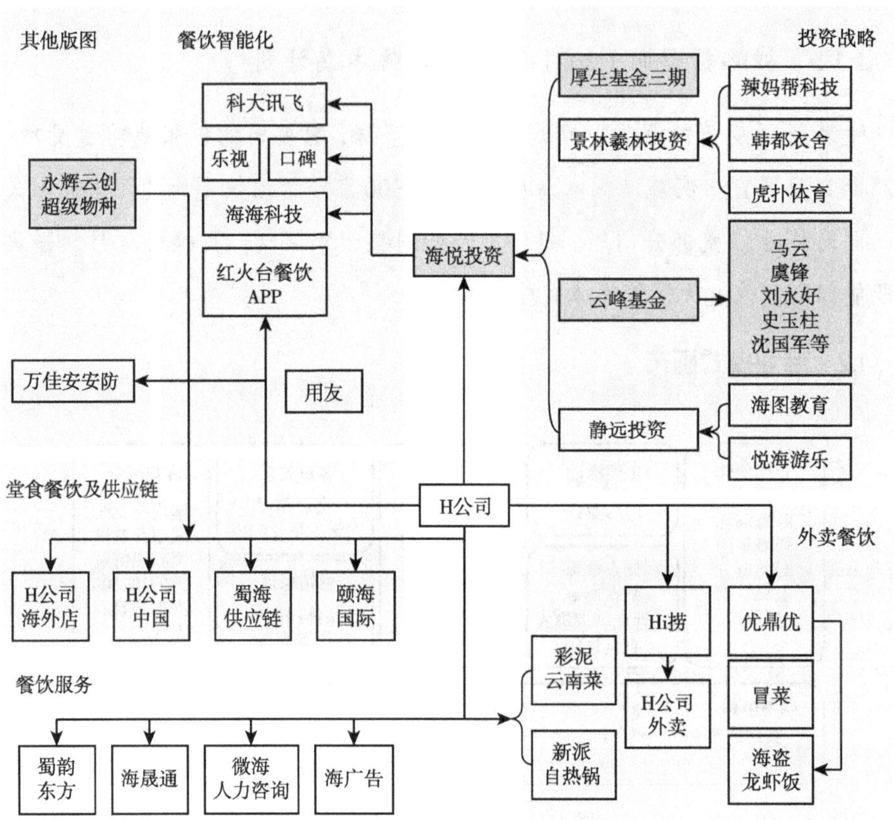

图1-2 H公司生态链布局

图1-2中，从纵向看，H公司形成了较全面的生态链布局，包括底料供应、原材料采购、仓储物流、大数据平台及人力资源管理、广告营销设计等各个业务板块，初步完成了战略布局。而多品牌、多品类、多场景、多业态布局则是其横向发展的战略，具体的举措则可参照图1-2中投资的虎扑体育、韩都衣舍、海图教育等非餐饮品牌以及收购“优鼎优”“海盗龙虾饭”等餐饮品牌。

在餐饮领域，H公司投资的副线品牌发展并不顺畅，比如“优鼎优”不但没有盈利，反而有亏损幅度加大的趋势。除此之外，H公司投资非餐饮品牌业绩也不乐观，比如韩都衣舍面临退市风险，盲目横向扩张可能会拖累主营产业，导致资源分流。

1.4　财务战略

H公司总财务战略见图1–3。

图1–3　H公司财务战略

1.4.1　筹资战略

H公司出于战略发展的需要，采取了灵活多元的融资方式为企业筹集资金，其中银行存款是其主要融资渠道。其与Z银行深化了合作，Z银行旗下分公司为H公司共计提供了达21亿元的授信额度。除银行存款的融资渠道外，H公司还以债券融资为渠道获取了共计数百万美元。企业目前各项借款均有增长，企业的所得净额也都用于企业的主营业务经营。

1.4.2　投资战略

H公司疫情期间的新增投资主要集中在租房押金支出上，2020年H公司的租房押金就达到1.11亿元，相较于上一年度增加了近70%；固定资产的支出达到60余亿元，增长率达到25%。而除此以外的使用权资产新增了近30亿元，增长率达60%。可以看出疫情期间的扩张投资战略主要集中于门店扩张，而由于绩效不佳，企业在后疫情时期实施了啄木鸟计划，开始减少门店投资。除在门店的投资扩张外，公司还进行了品牌扩展投资，以期收购优质资源，丰富盈利渠道，减少对主营业务的依赖，增强企业市场地位形成竞争优势。

1.4.3 运营战略

（1）推进业务融合：线下服务业在疫情下受到冲击较大，H公司在疫情期间积极拓展业务销售渠道，线上线下相融合，寻求新的利益增长点，与外卖的平台合作，打通了线上购餐销售渠道，降低了疫情带来的风险。公司疫情期间的财报显示，公司的外卖订单量激增，外卖收入同比超一倍为超4亿元，总收入同比也得到了相应增加。

（2）加速新零售转型：伴随互联网技术和供应链的快速发展，线下零售数智化转型升级的需求越发强烈。部分参与转型企业的确面临着风险，如何成功实现数字化转型是当前普遍面临的难题。H公司开发了包括H公司“自热火锅”等零售产品，深受年轻一辈的喜爱，销售量呈爆发趋势，企业还研发了除自热火锅以外的便利产品，包括拌饭、面食等，形成了“零售+餐饮”的双轮模式。然而，部分企业对数字化转型仍旧持观望态度。

（3）提升门店智能化：H公司是首家推出智慧餐厅的企业，其一直在加速智能生产、运营、服务，加速智能化赋能，为消费者带来全新的体验，这也为企业带来了成本的降低，打破了众多传统餐饮行业的困局，提高了服务水平，为企业打造了高品质餐饮，也适应了时代的发展。

1.4.4 股利分配战略

收益分配战略的制定和实际分配需要管理者对企业当前的经营成果有着科学系统的认知，同时还要考虑到公司未来的发展需求、筹资战略和投资战略变动等多方面的因素。

从往年数据来看，H公司一直奉行正常股利的政策，同时在高盈利时期会进行额外的股利分配，为股权拥有者提供股利分成。这使企业在进行产业扩张时拥有足够的资金进行业务拓展，同时低股利分配也保证了企业的股价保持了合理水准，有助于提高投资者的信心。

第2章 本固枝荣——理论基础

2.1 相关概念

2.1.1 大数据

大数据技术是新时代的产物，是体积大、数据全的资料库，全自动化地抓取和处理信息，使流程更加高效、便捷、多样、流畅，具有体量大、类别全、处理速度快以及价值密度低的特点，大数据能够为集团公司提供更精准的投资、风险及细化管理。

2.1.2 风险管理

风险管理最早起源于美国，目的是规避企业在经营过程中存在的潜在风险，确保能顺利实现企业预期的发展目标。风险管理的基本环节见图2-1。

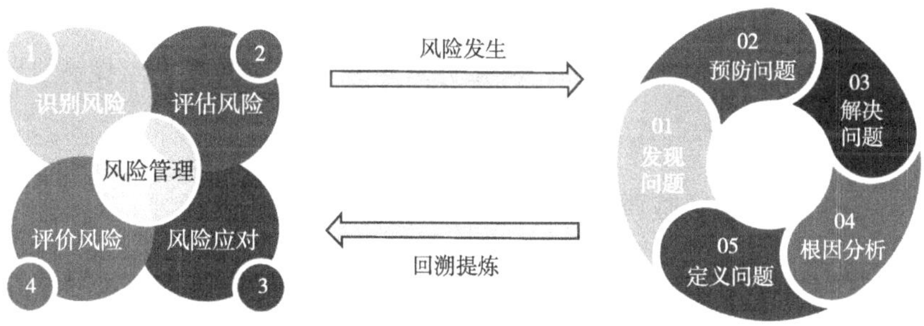

图2-1 风险管理流程

第一，要能识别潜在风险，对其加以判断、归类整理，为评估环节提供可靠依据。第二，在辨别风险时要根据风险发生的可能性及影响程度，进行风险级别确认。第三，对所识别出的各类风险，采取分散、对冲和补偿等措施，展开有效的管控。第四，根据风险评估结果和风险管理委员会综合考量，提出且实施风险管理解决方案，对其结果进行考察，并对存在的缺陷采取优化手段。

2.1.3 财务战略转型

财务战略关注的焦点是企业资金流动，目标是确保企业资金均衡有效流动而最终实现企业总体战略。财务战略转型有以下几个特征：

（1）财务走向业务。财务工作与业务脱节、不适配会给企业经营带来不利影响，因此财务管理应贯穿于业务流程、运营管控、组织运作、制度政策与系统数据等各个层面，为业务发展与管理决策提供有业务深度的洞察与分析。

（2）会计走向管理。企业的战略运营与绩效实现已成为实现企业发展和业务转型的重点，这要求会计做好信息记录、报告和合规管控，并将会计角色深化应用于管理之中。

（3）数据走向价值。财务将逐渐成为未来企业数据的生产者、管理者与应用者。未来财务需要通过将企业的价值实现（收入）与资源消耗（成本）以及相应的业务运作信息匹配起来，实现财务对业务的有力影响与支撑。

（4）规范走向智能。数字化建设逐渐在企业中普及，企业在规范化和标准化基础上也已开始通过应用RPA、流程引擎等自动化工具进一步提高自动化处理能力，迎来智能化的时代。

2.2 大数据助推风险管理

大数据时代的到来，信息和数据在企业实现了整合和联通，“信息孤岛”的状态已成过去时，企业对大数据价值的挖掘与管理不再有障碍。打破传统企业风险管理信息的边界是当前企业风险管理的变革趋势。

重塑风险管理理念。大数据分析技术提高了企业各项资源的整合能力，弥补了传统风险管理理念注重应对措施的制定而欠缺预防的不足。

变革风险管理体制。大数据技术对信息进行了收集，通过专业的分工分类方法能充分围绕危机事件形成数据流，有效提高团队人员以及整个机构的运转能力，以及风险处理的应对效能。

分享系统数据。大数据从多个层面实现了信息及资源的共享，减少了部门间因信息不对称造成的隔阂，政府也可以形成大数据管理信息系统，实现服务于数据管理网络的建设。

2.3　大数据助推财务战略转型

企业的财务数字化转型包括管理模式、业务模式以及IT模式的重构，帮助企业实现管控升级、业财税一体化以及智能提效。

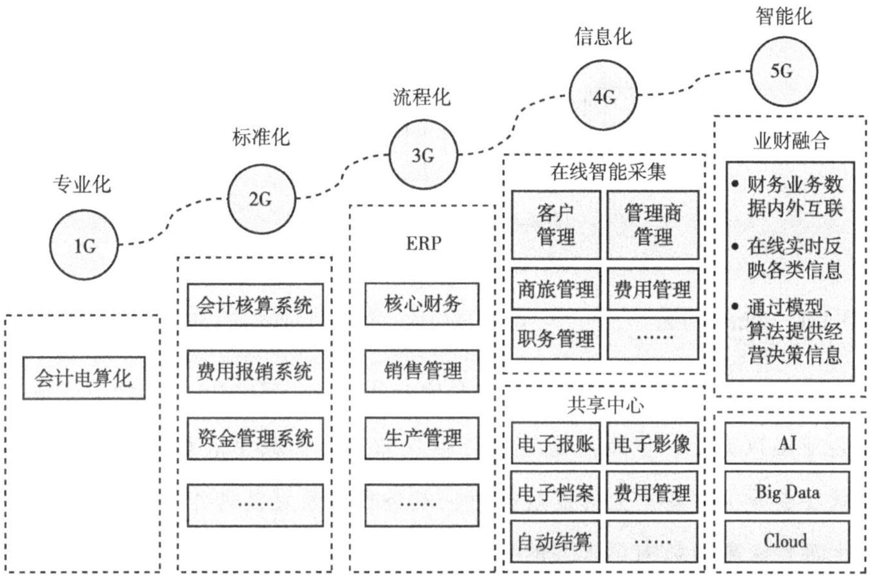

图2–2　财务战略转型

在现阶段大数据背景下，财务人员不但可以收集到海量数据，更能运用大数据思维，使企业向数据化、科学化、合规化发展。财务流程的优化，有助于企业经济效益最大化，有助于提高企业的核心竞争力，使企业的财务战略和经营战略相适配。

第3章　剖毫析芒——风险分析

随着餐饮行业规模不断扩大，H公司的发展已经有了一席之地，但通过对H公司的外部环境和内部经营现状进行分析，识别出目前企业经营及财务存在的风险点。

3.1　PEST分析

H公司PEST分析框架图见图3–1。

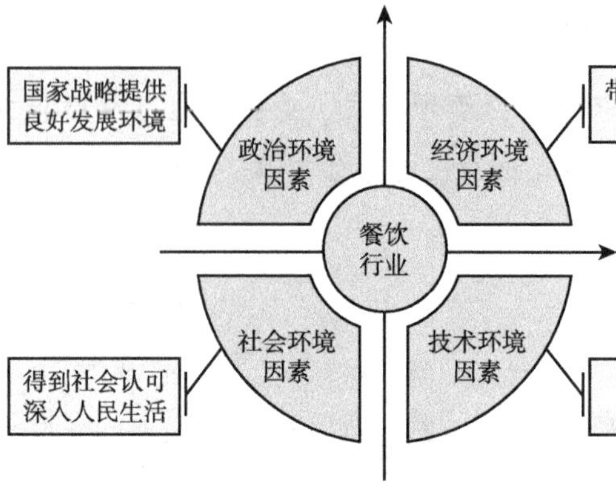

图3-1　H公司PEST分析

3.1.1　政治因素

我国政治环境较为稳定，有利于餐饮业的发展。虽在2020年初因疫情影响，部分企业难以为继，但政府通过出台各项政策（如减免房租、缓交社会保险、发放就餐券等）为餐饮业的发展提供便利条件。新冠疫情作为典型的传染性公共卫生事件深刻地影响了人们的正常经营活动，同时也影响了餐饮企业的正常运营，火锅行业整体市场规模出现明显下降。随着疫情逐渐好转，餐饮业也开始恢复正常经营。

3.1.2　经济因素

2020—2021年，我国经济先后经历了大幅下调、政策带动、稳步增长几个阶段。总体来看，我国经济逐步克服疫情的不利影响，呈现恢复势头。国际环境整体比较复杂，外部不确定性增大。国内经济恢复仍然是初步的，主要指标增速还处于低位，恢复基础还需要巩固。国内餐饮行业的未来发展依然面临很大的挑战，但同时也是一次难得的发展契机。因此，餐饮业依然要对未来的市场环境抱有充足的信心，狠练内功，适时调整策略，未来发展可期。

3.1.3　社会文化因素

火锅作为中国特色食物，一直备受大众的喜爱，更是形成了一种餐饮文化。

中国人餐饮讲究热闹，而火锅恰恰满足了多人就餐的社交属性。人们更多地选择外出就餐来适应日渐加快的生活节奏。随着餐饮需求的不断增强，企业经营呈现出多元化的特点，各色外卖、快餐、超市食品、小吃等的市场越来越大，而这样的变化，可以增加众多大型连锁餐饮企业（如H公司）的发展机会。

3.1.4 技术因素

从科技角度看，随着各国多家大型餐饮企业进军中国市场，集中餐饮配送的应用逐渐普及，营销体系不断完善，现代物流系统和互联网通信技术使食材可以在保证新鲜的前提下进行运输。而餐饮原料行业的规范化、规模化、工厂化、流程化的加速，解决了H公司等大型餐饮企业的后顾之忧，逐渐形成“餐饮企业完善供应链，供应链反哺餐饮企业”的良性循环。与此同时，5G时代、VR体验、人工智能、物联网、大数据等新技术正在逐步改变人们的生活。餐饮业也更加注重新媒体营销，启动和完善自己的公众号、抖音账号、快手视频号，打造网红效应，吸引顾客。面对“互联网+”的新发展时代，餐饮企业正在悄然完成市场整合与重组，部分餐饮企业形成社会动能和引领效应。后疫情时代，餐饮企业攻坚克难，积极探索破困之路，已经取得了一定的成效，科技与餐饮行业业务的深度融合，为餐饮行业发展带来了新的发展动能。

3.2 波特五力模型分析

H公司波特五力分析框架见图3-2。

图3-2 H公司波特五力模型分析

3.2.1 供应商议价能力低

首先，火锅主料市场基本可以等同为完全竞争市场，如瓜果、肉类、餐具、饮料和农副产品原材料等；其次，H公司布局全产业链，上游材料集中采购，原料价格、交易成本等相对较低。因此，H公司在设备和原材料供应方面都能有效降低成本，供应商议价能力弱。

3.2.2 购买者的议价能力低

火锅种类繁多、食用方便，深受各类消费人群的喜爱，H公司购买者数量庞大，排队等位现象常见。近年来，火锅企业相当火爆，更多的火锅企业已进入百强餐厅行列，H公司主动适应消费者需求，以其独具特色的优质服务在各大竞争市场内都取得了良好的经营业绩，获得了消费者较高的忠诚度。综上所述，消费者的议价能力较低。

3.2.3 新进入者的威胁大

对于新进入火锅行业的竞争者，一是由于火锅行业产品同质化严重，进入门槛低，退出成本低；二是餐饮行业发展多元化，还有广大的空间可以供新进者发展，除火锅行业外，新进入者可选择其他餐饮赛道竞争；三是随着人们生活水平的提高，外出就餐变多，餐饮行业的消费市场越来越大，所以H公司也要重视竞争者所带来的风险。

3.2.4 替代品的威胁大

中国餐饮行业呈现多元化趋势，消费者对于饮食需求越发多样，特色餐饮发展迅速，其他类别的餐饮（如快餐、西餐以及其他类型的中餐）与H公司的竞争也在加剧。如表3-1所示与H公司竞争餐饮品牌力的主要是百胜集团旗下必胜客、肯德基、麦当劳等品牌，这些竞品知名程度高，连锁率程度强，给H企业带来了一定的竞争压力。同时，火锅行业进入门槛低，所需的技术含量和创新性不足，产品的差异化不足，导致行业内的竞争激烈，虽然根据收集的资料显示，火锅仍是消费者心中的重要就餐选择，但如果不能对餐饮进行持续的创新，避免同质化竞争，企业仍将面临较大的替代品压力。

表3-1 2020年餐饮企业百强TOP10

排名	2020年品牌力
1	肯德基、必胜客
2	H公司
3	麦当劳

续表

排名	2020年品牌力
4	千喜鹤
5	德克士
6	杨国福
7	品尚豆捞
8	朝天门
9	中快餐饮（团餐）
10	西贝莜面村

资料来源：中国烹饪协会，平安证券研究所，红餐品牌研究院

3.2.5　同业竞争激烈

根据表3-2中的营业收入、品牌力和市场份额等指标体系的评估，H公司在火锅行业占据第一，但行业其他企业带来的竞争风险却不可忽视。对于同为龙头企业的竞争者，如小龙坎、巴奴毛肚火锅等品牌，虽然与H公司在商业模式和企业供应链上存在差异，但由于火锅市场趋于成熟，产品需求增长缓慢，特别是川式火锅已占所有火锅种类的64.86%，竞争者可能提供几乎相同的产品或服务，很容易抢占H公司的市场。同时，市场上并非只有川味火锅，还有北方火锅、粤系火锅等，消费者可能因为自身偏好、地域差异等选择其他火锅，同行业竞争激烈。

表3-2　　2020年各大火锅企业收入及市场份额情况

排名	公司	品牌描述	2020年收入（10亿元）	2020年市场份额
1	H公司	1994年成立的香港上市餐厅品牌 总部位于北京 专注于提供四川火锅	25.4	5.8%
2	集团A	1998年成立的香港上市餐厅品牌 总部位于北京 专注于提供迷你火锅和四川火锅	5.1	1.2%
3	集团B	2006年成立的非上市非传统火锅餐厅品牌 总部位于江苏省苏州	1.5	0.3%

续表

排名	公司	品牌描述	2020年收入（10亿元）	2020年市场份额
4	集团C	2010年成立的粤式火锅连锁餐厅 总部位于上海	1.1	0.3%
5	集团D	2001年成立的非上市餐厅品牌 总部位于河南省郑州 专注于提供四川火锅	1.1	0.3%
CR5				7.9%

资料来源：平安证券研所（注：收入指以上各集团于中国的所有自营餐厅收入）

3.3 财务状况分析

3.3.1 偿债能力

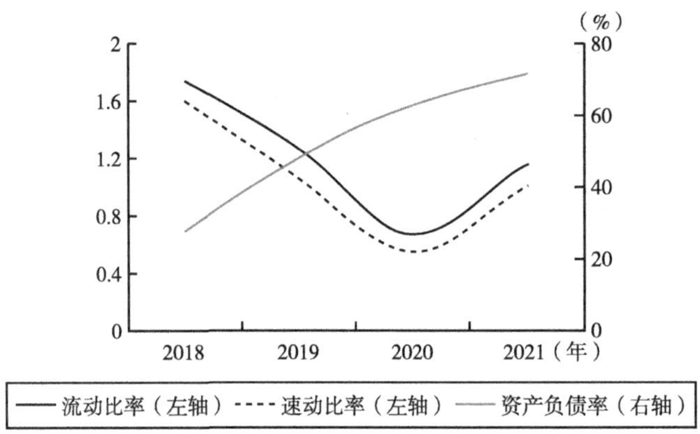

图3-3　H公司偿债能力指标

资料来源：同花顺、东方财富

短期偿债能力：H公司的流动比率和速动比率在2020年明显出现异常，图3-3显现深V端，而正常企业的流动比率为1.5~2，速动比率则为1，未在正常波动范围内。疫情期间H公司的门店数量持续增加，固定资产项目耗费的资金短期内无法收回，加之门店无法正常营业，H公司的存货积压，进一步挤占利润空间，流动资产和速动资产也大幅下降，短期偿债能力表现不佳。2021年疫情得到控制后，H公司也逐渐恢复运转，偿债能力回升。

长期偿债能力：H公司近年因为扩张战略，大量举债，近四年的资产负债率在不断上升，2021年突破70%大关，长期债务风险增加。

3.3.2　营运能力

H公司的流动资产周转率一直保持相对平稳的状态，但固定资产周转率有明显下降趋势。2019年的门店扩张战略使得公司的固定资产大幅增加，但由于疫情影响，客流量减少，营业收入的增长滞后于固定资产的增长，导致固定资产周转率有所下降。2021年疫情好转后其营运指标能力逐渐提升。

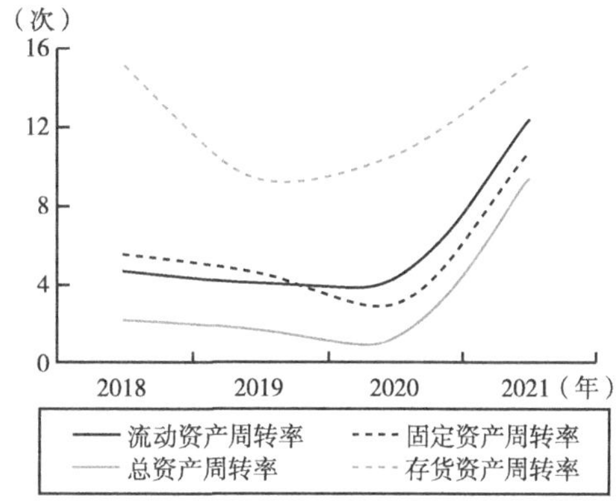

图3-4　H公司营运能力指标

资料来源：同花顺、东方财富

H公司的存货周转率在2019年和2020年呈下降趋势，2021年稍有好转。近四年公司的存货账面价值上升，但疫情导致存货堆积，无法及时消耗，使存货周转率降低（见图3-4）。

3.3.3　盈利能力

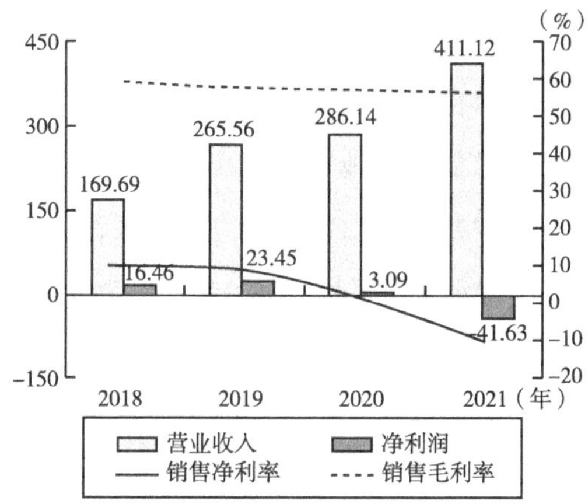

图3-5　H公司盈利能力指标

资料来源：同花顺、东方财富

虽然H公司的营业收入持续增加，但是净利润一直在下降甚至出现负值，出现了“增收不增利”的情况。随着啄木鸟计划的实行，H公司开始关停门店，但并未进行裁员，员工平均薪酬远高于同行，2021年至2022年员工成本占收入比重从33.8%增长到36.2%。同时为了改善客户体验，H公司优化菜品，2021年原材料及易耗品成本的费用率高达43.7%。受疫情影响，H公司暂缓扩张，2021年关闭门店260多家，一次性计提巨额的资产减值损失，使净利润大幅下降。

3.3.4 成长能力

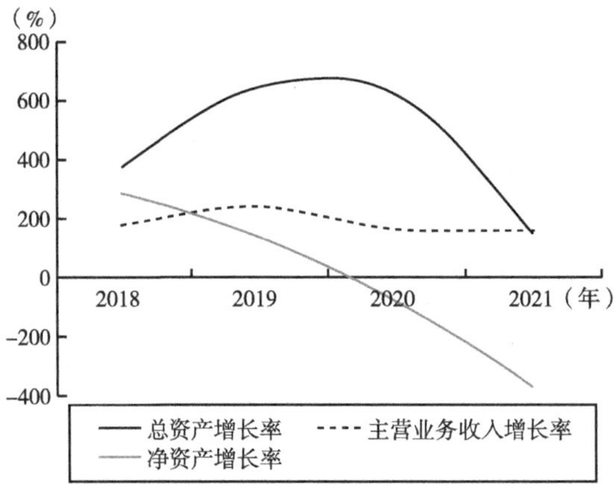

图3-6 H公司成长能力指标

资料来源：同花顺、东方财富

H公司的成长能力指标在2020—2021年主要呈下降趋势，疫情和门店扩张带来的冲突，导致H公司只能适时地采取闭店手段，企业的成本和费用却一直居高不下。H公司为了增加在市场上的竞争力，一直致力于门店的优化，探索新发展之路，为此投入大量资金。市场对H公司的未来发展仍持乐观态度。

3.3.5 财务风险评估

本文运用后期修正后的Z-Score模型度量H公司财务风险，模型如下所示：

$$Z = 6.56X_1 + 3.26X_2 + 6.72X_3 + 1.05X_4$$

各变量含义见表3-3。

表3-3　　修正的Z-Score模型中各指标含义

指标	计算公式	含义
X_1	营运资本/总资产=（流动资产-流动负债）/总资产	对企业资产的流动性、规模及短期偿债能力进行量化评估
X_2	留存收益/总资产=（股东权益合计-股本）/总资产	对企业经营成果进行量化评估
X_3	息税前收益/总资产=（利润总额+财务费用）/总资产	排除债务利息预计税务的影响，对企业盈利能力以及资产使用效率进行量化评估
X_4	所有者权益/总负债	对企业的资本结构进行量化评估

Z值的高低代表着企业所面临的财务风险系数的大小，具体如下：

当$Z \leqslant 1.23$时，表示企业面临着极大的财务风险，存在破产风险。

当$1.23 < Z < 2.9$时，表示企业目前财务状况缺乏稳健性，处于“灰色地带”。

当$Z \geqslant 2.9$时，表示企业经营状况良好，无破产风险。

结合上文的指标分别计算出了X_1、X_2、X_3、X_4的值，并利用修正的Z-Score模型的表达式计算出Z值（见表3-4）。

表3-4　　2018—2021年H公司Z值

变量	2021年	2020年	2019年	2018年
X_1	0.054 230 991	-0.118 962 105	0.074 523 385	0.203 438 311
X_2	0.282 941 516	0.371 890 487	0.515 469 732	0.722 447 963
X_3	-0.118 891 121	0.042 892 245	0.169 012 637	0.191 974 009
X_4	0.394 599 087	0.592 095 171	1.063 890 714	2.603 118 17
Z值	0.89	1.34	4.42	7.71

H公司近四年的Z值最高为7.71，最低为0.89，特别是2020年疫情后出现断崖式的下降。2020年前的财务状况表现优异，Z值高于2.9，整体经营状况良好，财务状况比较稳定。但是疫情后企业收益能力不强，在2020年财务状况进入“灰色地带”，面临一定的财务风险，企业的稳健性有待提高。但2021年H企业的Z值跌破1.23，存在一定的破产风险。财务风险的剧增与疫情时企业激进的

扩张战略息息相关。H企业可以通过调整扩张战略、多元化经营、财务战略转型等措施进行风险管理，控制成本，寻求新的利润增长点，进而优化整个企业的发展策略。

3.4 运营状况分析

3.4.1 “极致的服务”形成独特品牌印象

国内餐饮竞争激烈，口味多样化，而火锅半自助式的食用方式使其口味受厨师影响小，消费者往往难以明显感受到不同店铺口味的明显差异，所以在地点、价格、环境差异性不大的情况下，服务质量成为顾客就餐选择的评判标准。因此H公司选择以“极致的服务”这一差异化为切入点，在四川简阳四知街火锅城的厮杀中形成雏形。在后来的发展中，H公司也没有选择四川、重庆这些火锅市场竞争最为激烈的城市，而是在西安、郑州等地，针对北方市场服务相对南方较弱这一特点突出自身优势，同时改良火锅口味，使其接受程度更广。服务逐渐成为H公司的名片，给顾客留下深刻印象。

H公司为顾客提供全方位细致周到的服务：

图3-7　H公司特色服务

（1）等位期间：在就餐等位区均配备免费的桌游、水果、小吃等，同时等候区提供免费美甲及擦鞋等服务。

（2）个体差异化服务：在客人就座时提供细致入微的服务，包括但不限于为怀抱婴儿的顾客提供婴儿床服务，为长发客人提供发带及为佩戴眼镜的顾客提供眼镜布等。

（3）用餐期间服务：发放围裙及手机套，提供现场捞面和京剧表演等。极致的服务使H公司在顾客心中留下深刻印象，形成自己的独特“名片”（见图3–7）。

3.4.2　“连住利益”激发员工积极性

H公司的员工薪酬福利水平高于同行，截至2021年末，H公司共有约14.66万名员工，2021年人均年薪约为10.1万元，远高于同处火锅行业呷哺呷哺的6.4万元，从以往数据来看，H公司薪资也高于私营单位就业人员平均工资。尽管受关店不裁员及人力成本普遍上涨影响，H公司2021年人工成本大幅提高，但2021年H公司人均创收28万元，也高于同处火锅行业呷哺呷哺的21.5万元（见图3–8）。

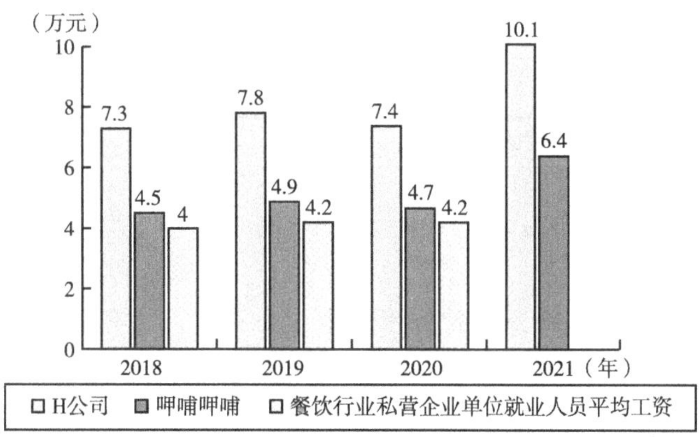

图3–8　H公司人均薪资对比

资料来源：各公司公告，国家统计局，平安证券研究所

除薪资外，H公司还提供人性化关怀，完善福利制度，包含为员工提供好的宿舍环境、员工保险、为员工父母发补助、为员工的子女提供教育资源等，

提升员工的幸福感。一线员工是提供服务的基础，足够的物质回报有利于激发员工积极性，成为H公司实施服务策略的关键之一。

3.4.3 门店运营绩效不佳

翻台率是餐饮行业运营绩效的主要体现，疫情期间H公司的大规模扩张致使翻台率指标下滑严重，远不及预期。2020年新开门店的翻台率仅达2.8次/天，2021年上半年H公司平均翻台率更是跌至3次/天，新开餐厅的翻台率低至2.3次/天。从表3-5可以看出，一线城市和二线城市的翻台率下降最为明显。扩张战略下的翻台率呈断崖式下跌，对H公司的后续经营造成了极大的负担，也对其品牌竞争力造成了负面影响。

表3-5　　H公司2018—2020年翻台率

项目	2021年上半年	2020年	2019年	2018年	2017年
翻台率（次/天）	3.0	3.5	4.8	5.0	5.0
其中：一线城市	3.0	3.4	4.7	5.1	4.8
二线城市	3.1	3.6	4.9	5.3	5.2
三线及以下城市	2.9	3.6	4.7	4.8	4.7
新开餐厅	2.3	2.8	4.1	4.5	4.6
现有餐厅	3.1	3.7	4.9	5.2	5.1

资料来源：H公司公告、平安证券研究所

3.4.4 产品同质化严重

据统计，2021年火锅企业排行榜前十的企业中，就有8家为川渝火锅，而川渝火锅主打的牛油麻辣火锅整体的差异化不足，H公司的菜品及锅底与其他川渝火锅基本重合，产品的多样化上缺乏有效的竞争力（见表3-6）。H公司通过多年运营已形成初具规模的成本和规模优势，但如何避免同质化的恶性竞争，进行合理调整，占据更大市场和形成优势的竞争地位，值得进一步关注。

表3-6　　　　2021年火锅企业排行前十

排名	企业名称	所属类型	主打锅底及推荐前十以内菜品（来自点餐APP）
1	四川H公司餐饮股份有限公司	四川火锅	麻辣锅底、番茄锅底、菌菇锅底、猪肚鸡锅底/虾滑、肥牛、毛肚、酥肉、捞面、鱼籽福袋
2	呷哺呷哺餐饮管理有限公司	台式火锅	番茄锅、麻辣锅底/虾滑、牛腩、毛肚
3	四川至膳品牌管理有限公司	四川火锅	鸭血火锅底/鸭血、酥肉、虾滑等
4	成都小龙坎餐饮管理有限公司	四川火锅	红白鸳鸯锅、番茄锅底/毛肚、霸王牛肉
5	重庆德庄饮食连锁有限公司	重庆火锅	特色三味火锅/毛肚、肥牛、鸭肠
6	重庆刘一手实业有限公司	重庆火锅	菌汤鸳鸯、番茄锅底/虾滑、鱼籽福袋、毛肚
7	巴奴毛肚火锅有限公司	重庆火锅	三味火锅/菌汤、毛肚、巴奴捞面、雪花牛肉
8	重庆朝天门餐饮控股集团有限公司	重庆火锅	九宫格火锅/毛肚、小酥肉、冒火牛肉
9	上海左庭右院企业管理有限公司	潮汕火锅	牛肉火锅、牛腩鸳鸯火锅/吊龙、鲜牛肉
10	成都蜀大侠餐饮管理有限公司	四川火锅	鸳鸯锅/锦鲤鸭血、牛肉、毛肚、小酥肉

资料来源：平安证券研究所

第4章　云开月明——优化方案

以上对H公司的风险分析发现，H公司实施的扩张战略并不符合新冠疫情下的企业发展要求。H公司未来要想进一步发展，在火锅行业甚至餐饮行业拔得头筹，扩张是不可避免的，但具体该以什么方式扩张，才能帮助H公司在稳定复苏的餐饮市场中实现高质量、可持续的发展呢？本文针对H公司的营销模式与海外扩张需求，提出了以下优化方案。

4.1　扩张战略

4.1.1　国内扩张战略

自2019年以来，H公司开始采取高速扩张战略，在新冠疫情的大背景下逆行前进。但在疫情防控要求下，国内多地区域无法店内就餐，使H公司的扩张战略受阻，受到广泛质疑。随着疫情逐渐好转，H公司各项指标开始向好，经营收入和净利润等都呈现正增长，可以看出扩张与盈利本身并不矛盾，关键是要找到适合企业本身的扩张策略。因此，本文认为H公司的国内扩张战略可以进行以下三点优化：

（1）合理规划门店物理距离，降低开店成本。根据净利润与营业收入的增长率的分析，虽然2019年企业营收上涨56.5%，但H公司门店单店盈利能力不升反降。因此，需要合理规划餐厅物理距离，在不影响门店品质情况下降低开店成本。其次，近年来原材料成本上涨，要想降低企业的营业成本，间接费用的控制也尤为重要。因此餐厅门店必须在保持一定销售规模的基础上，加强间接费用的控制。

（2）合理规划新增门店面积，降低投资运营成本。根据H公司的翻台率统计，受快速扩张影响，翻台率出现明显承压。H公司过去通过优质服务提升客户就餐体验、增加顾客等候意愿等，使其早期翻台率处于5次/天左右，远高于同行业水平（疫情前行业翻台率水平为3~4次/天），2020年以来公司快速拓店导致客流分流，管理体系难以快速适应快速扩张的门店网络，叠加疫情反复致使翻台率承压明显。2015—2019年，H公司整体翻台率分别为4、4.5、5、5、4.8次/天，2020年下降至3.5次/天，2021年进一步下降至3次/天。在翻台率下降的情况下，H公司门店普遍面积偏大是否合适？H公司可以通过降低部分门店的面积、台数以及门店员工数量。

（3）开发智能机器人和新技术餐厅，控制人力成本。新技术在火锅餐厅的应用在丰富顾客的就餐体验、提升企业口碑上发挥着重要作用。其中，H公司已经在多家门店试点运用机械臂自动上菜、中央厨房、智慧配锅机等，并取得了良好的效果。

传统门店受面积等客观条件限制无法复刻H公司智慧餐厅的模式、大幅降低人力成本，然而，智慧餐厅的硬件元素可以拆分应用在合适的传统门店，部分面积稍大的传统门店可以进一步数据化改造，提升工作效率，进行数据化经营。比如，自动配锅机、洗碗机等对后厨面积要求不高的全自动生产设备可以全面应用在所有传统门店，IKMS系统可以装在后厨面积稍大且设备可以联网的部分门店。通过对传统门店进行分类，在不同硬件条件的门店开展不同比例的智慧化改造，可以提高员工效率，优化员工体验，一定程度上为门店适应人工智能技术全面应用趋势打下基础。

4.1.2　海外扩张战略

国内市场逐渐趋于饱和，而海外市场尚有较大的扩张空间，截至2021年末，公司覆盖中国港澳台地区及新加坡、越南、马来西亚、印度尼西亚、韩国、日本、英国、美国、加拿大和澳大利亚等海外国家，门店数量达144家，并获得广泛好评。2021年海外市场贡献收入27.22亿元，占H公司餐厅总收入的比例为6.9%。虽然H公司在海外市场不断新增门店，其对企业收入贡献却相对较低。针对国内市场趋于饱和的情况，H公司可以加大海外门店的扩张。一方面，H公司在海外的客单价为国内2倍，火锅在海外也存在一定的吸引力和新颖性；另一方面，我国对疫情防控已经常态化，虽然大部分地区的疫情已经被有效控制，但少部分地区还是无法店内就餐，但海外地区一直未有此限制。针对海外实际情况，双循环的发展已经成为必然趋势，对此本文提出了以下五点海外扩张战略措施：

（1）合理把握员工服务热情度。H公司员工的真诚、热情的服务是取胜的利器，但是要考虑如何融合中国文化和当地文化。消费者的文化背景当然不同，但以诚待人，必然万无一失。在培训海外员工时，关键在于怎样掌握服务的积极性。例如，在新加坡门店，H公司可以增加一人一间的用餐空间，让服务员在服务完顾客后立即离去，同时又能随时了解顾客的需要，且及时提供服务。这样既能减轻客人用餐的负担，又能降低用人成本，能让一位服务员可以照顾多张用餐桌位。

（2）平衡服务营销与产品营销的比重。使用服务来满足客户，是无法衡量的，也没有标准。客户满意度有不同情形，如果实行差异化的服务，可能会有冒犯客户的危险。要想有效地掌握客户满意度，必须在现有的市场环境下，实现对服务和产品的双重营销。

（3）优化不同国家的定价策略。不同国家的消费水平有很大的差别，印度尼西亚的消费能力比较弱，H公司的人均GDP可以达到国内生产总值的半数以上，而马来西亚则有万分之十八。在新加坡，消费者在H公司的人均消费仅仅占其人均GDP的万分之五。这也就意味着，在比较发达的国家，消费者的消费潜力还很大，H公司可以根据区域差别，开发出自己的特色菜谱，从而提升顾客的消费水平，提升公司的营利能力。

（4）调整员工招聘政策。调整海外雇员的招聘策略，并积极增加当地雇员，不仅可以极大地增强公司在当地的稳定性，还能给门店带来一定的流量。

（5）建立相匹配的供应链。独立构建H公司海外供应链，降低供应商对海外门店的议价能力，降低食品原料成本，提高产品毛利。完善上游食材制造业、中游食材运输业和下游店铺销售业H公司未来整体营销至关重要。

4.2 多元化经营

4.2.1 产品多元化

（1）近年来，全民健身的风气已经风靡全国，大众对健康的认识上升到新的层面。H公司可以迎合大众喜爱，推出系列套餐，比如低卡套餐，标准计算菜品卡路里，在保证卡路里不超标的同时，保证菜品的新鲜度及口味的独特性，让有控制热量需求的消费者能够放心享受火锅套餐，把简单的火锅饮食特色化，改变“不健康”火锅的固有印象，那么消费频率也随之增高。

（2）随着消费者口味的多样化，H公司可以打造差异化产品。H公司目前鲜有具代表性的口碑菜，为避免同质竞争，一方面让口味形成辨识度和差异，另一方面也要打造爆品，营造记忆点和新鲜感。新的菜品可以在原材料涮品上做出特色，比如新疆牦牛肉、长沙臭豆腐、四川折耳根等；也可以是在火锅底料上求新，比如广西螺蛳粉火锅底料等是比较受年轻人喜爱的猎奇风味。

（3）周边产品的扩展是中国众多餐饮企业创收的一项手段，基于H公司品牌效应，发展非餐饮布局，推出系列周边产品，比如盲盒、服装、茶具，利用周边产品增加消费者与品牌黏性，为企业寻求新的营收增长点，巩固自身市场地位的市场潜力。

（4）在新冠疫情背景下，餐饮企业的营业收入受到了严重制约，连锁品牌为寻求营收通常会发展副线品牌，基于此，H公司可以从餐饮业务延伸至正餐、休闲餐饮、火锅外卖等领域，尝试开发多种锅底、菜式以及糕点类食品。

4.2.2　营销方式多元化

在互联网和各类短视频等应用软件的持续兴起下，H公司的渠道角度可以更加多元化，通过短视频、淘宝直播带货的方式增加H公司自热火锅、火锅底料、方便菜肴等半成品的销售，深度拓展线上渠道，增加线上营业收入。

（1）O2O立体营销。O2O立体营销是基于线上线下全媒体的深度整合营销，以提升品牌价值为目标，利用移动化的信息技术，构建全方位的立体营销网络。事实上，H公司在O2O的概念还未被定义时，已经开始将业务拓展到火锅外卖板块。在O2O模式下，H公司应该加大投入，完善网上订餐打印系统和官方网站，减少外卖超时的频率，建立独立的配送空间，实现一体化管理，将线上订餐、线下外送业务结合起来，提升客座率，同时利用O2O营销模式，提升H公司品牌价值（见图4-1）。

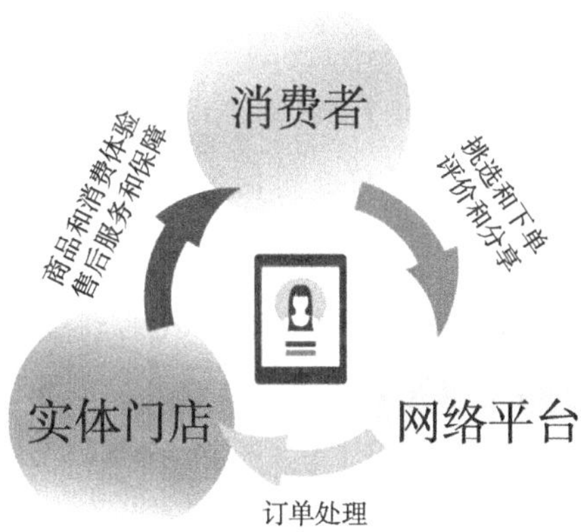

图4-1　O2O立体营销

（2）移动端推广：

①平台营销：借助抖音、小红书等具有极高传播能力的营销平台，吸引更多的消费者前来购买；同时，将餐饮广告营销手段进行创新化，捕捉顾客的猎奇欲。比如，在小红书上将呈现高颜值美食，吸引顾客前往门店打卡。

②直播带货：利用直播平台，与百万流量博主合作，让其为H公司直播带货，发展“直播+餐饮”新模式。直播不仅能促进套餐的销量，还能让商家在疫情过后，更好地恢复生产。这样既能取得营收，对品牌的宣传也极具价值。

③微信运营：把公域积攒的粉丝，引流到微信群或者个人微信。H公司可以通过在视频内容或者评论区或者在主页直接设置个人微信、微信群，引导粉丝添加。除此之外，朋友圈信息的阅读量是巨大的，将H公司的信息发到朋友圈，员工参与转载、评论，可以增强H公司的影响力，利用社交网络，可以起到广告媒体的作用，最终建立只属于H公司的私域流量池。

（3）体验式营销。体验式的微型市场营销是以用户体验为主导，通过APP作为主要的平台，与传统网络媒体和大众媒体相结合，通过线上线下的互动，增加顾客黏性。H公司可以利用SNS、微电影、微电子商务等新媒介，建立只属于H公司的美食论坛，让H公司的粉丝可以在论坛上自由表达自己的观点，同时也可以制作H公司特色的微电影，征集H公司粉丝以及吸引广大客户参与进来，共同记录与H公司成长的点点滴滴。通过体验式微型市场营销，捕捉顾客情感需求，给顾客提供更多情绪价值。

4.3 财务战略转型

基于上文的分析，本文分析了H公司的发展空间犹存，仍处于重要的发展期，适用于多元扩张的策略，财务战略也应注重与发展战略的耦合度，其未来优化应与多元化扩张的策略相配套。数智化时代的到来，也为H公司进一步完善财务系统、加速财务现代化转型提供了重要基础。

4.3.1 筹资战略调整及优化

筹资战略的分析中，H公司受疫情冲击，为了维持生产经营，大量借款，资本成本和财务风险相应提升，企业需对筹资战略进行相应调整，确保企业有足够的资本支持企业的发展战略，同时还应处于合理的财务风险区间，基于此应进行相应的调整和优化。

（1）全面预算管理体系：高负债会带来了极高的资本成本，不仅会约束企业对资金的调动与使用，更有甚者，还会影响企业生产经营乃至破产清算。为确保企业的经营活动，H公司应充分考虑财务风险因素，坚持可持续发展原则确定科学的战略目标与实现路径，通过全面预算管理体系来合理配置企业资源，为战略的执行保驾护航，考虑到市场价值是不断变化的，企业还应注重长期预算与短期预算相搭配，动态地实施战略管理。在减少财务风险方面，企业还应提前测算预计的债务到期日及利息金额，同时对资金进行专款专用，合理调度资金，同时对多个融资渠道的资本成本也进行有效评估，减少资本结构风险。

（2）多元融资渠道：H公司借助品牌知名度和多年积累的实力基础获得了大额银行存款，其新增借款高达42.20亿元，融资利息也同比增长515.79%。银行借款在融资方式中占据重要地位，稳定性高，但考虑到现有负债率和利息成本，在外部融资方面，企业应考虑提高股权、租赁、债券及应收账款融资的比例，同时继续深入与银行的合作；内部融资方面应减少股利分配，提高资金留存比例，保证企业有充分的流动资金。

4.3.2　投资战略调整及优化

通过前文分析可以看出企业面临着增收不增利的经营状况，究其原因主要是由于大规模闭店导致的大额一次性损失，而企业营收的大量增长，说明H公司仍处于行业赛道的领先位置，占据较大的市场份额，基于此本文提出以下投资建议。

（1）规模化投资战略：H公司近年来的新增投资主要集中于门店的扩张，而规模化的投资一定程度上能减少租金费用，因此企业应合理预估营业收入，测算成本，进行规模化投资，降低成本。在高翻台率、高附加值的地区和区域进行业务拓展，增加投资金额。除此之外，国内业务投资，应对不同体量的商铺进行投资测算，增加对中等体量店铺的投资；国外业务投资，则应注重品牌宣传效应，再保持高客单价，扩大投资规模。

（2）产业化投资战略：H公司现已形成较为成熟的商业模式，具有打造产业化优势的基础，企业应继续提高对于核心业务的投资，保持主营业务的营收水平，同时还应对于企业未来的投资方向与规模进行合理布局，这要求H企业在现有的生态链布局中，实行产业化投资，发展链条式产业，逐步形成自己的产业化优势，最终反哺企业核心业务，增强核心竞争力。

4.3.3　财务端前移，加强业财融合

从企业运营角度看，H公司的整体营收能力在回升，但距离疫情前的水准仍有一定差距，主要是原材料市场波动，价格上升，成本控制不足。因此需更细致地把控成本，“精打细算”成为必然的要求，这要求财务更加贴近企业的业务开展及产品的经营运作，业务也要更了解财务对业务的成本和营收预测，做到事前规划、事中控制、事后评估，形成一个管理的闭环，其中的关键在于把握业务流程的控制点，这也要求H公司应该加强对一线财务人员的培养，形成既懂财务又懂业务的“管理人才”，重视运营战略的财务转型。

针对H公司的业务端和财务端的实际情况，H公司财务部门应下沉到各个业务部门，深度挖掘业财融合方式，建立一条基于研发、原材料采购、生产制造、渠道管理、品牌运营、渠道管理、全渠道营销和客户的智能业财一体化的闭环封闭链，为企业数智运营打造坚实基础（见图4–2）。

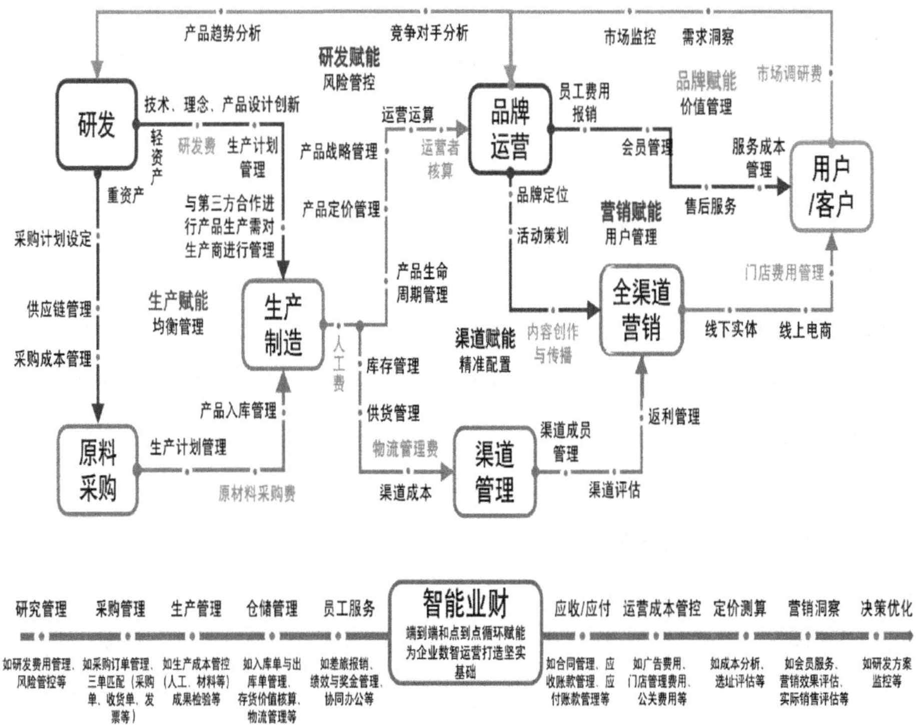

图4–2　业财融合

（1）在研发方面，研发部门应洞察客户需求，对市场进行监控，再结合竞争对手现有的产品情况和产品趋势分析，根据财务部门对公司整体资金情况的反馈作出最优研发报告。

（2）在原料采购和生产制造方面，制订合理的采购计划，实施供应链管理、采购成本管理、生产计划管理、产品入库管理，将原材料的采购成本控制在最佳范围内，让生产效率也大幅提升。

（3）在品牌运营方面，实施产品生命周期管理和产品战略管理，H公司财务部门再进行产品定价和运营者核算，让H公司的品牌运营能力持续上升。

（4）在渠道管理和全渠道营销方面，业财融合下财务方面的库存管理、供货管理和物流管理费都给渠道精准赋能，再加以渠道评估和渠道成员管理等的协同作用，让整个营销渠道更加畅通无阻。

总体来说，H公司目前要重视财务问题，加强财务战略的转型，做到开源节流，这就要求财务端前移，掌握业务活动的节奏，进行业财融合。业务部门及决策层根据对数据的预测和分析，实行更加科学的管理决策；在掌握业务流程的关键控制点和潜在风险点后对症下药，不断优化改进，以此降低企业的整体风险。

第5章　方兴未艾——总结启示

疫情常态化背景下，餐饮行业开始复苏，竞争越演越烈，餐饮企业想要脱颖而出获得消费者认可，需要提升自己，打造企业的特色。

本文以H公司作为研究对象，基于企业风险管理与财务战略转型的视角，采用Z模型分析H公司财务风险情况；运用PEST及波特五力模型，从技术环境、经济环境、政治环境、社会文化环境、供应商议价能力等方面进行了宏观分析，阐述了H公司面临的市场环境；利用财务分析和运营状况对H公司进行了微观分析。通过上述分析，得出H公司在疫情常态化背景下对扩张发展战略进行调整的必要性。本文最终提出了三个优化方案：第一，H公司可以采取双循环发展，国内、国外同时扩张，结合海外国家当地文化特色等开设门店，增加海外营业收入。第二，H公司可以增加其O2O立体营销，抖音千万博主宣传、直播带货等让营销方式多元化。第三，加强业财融合，财务端前移，进而降低企业运营成本，提高企业运营效率。帮助H企业在数字化的背景下制定正确的战略，为其能实现可持续发展提供建议。同时，通过观察H公司的方法和经验，为更多的大型餐饮企业扩张提供重要的借鉴和指导意义，让餐饮公司的管理者在国内业务扩张和全球化扩张中，结合本餐饮公司的实际经营情况做出最佳方案。

案例参考文献

［1］李飞，李达军，马燕.服务型品牌和服务定位点的形成机理——海底捞和胖东来的双案例研究［J］.管理案例研究与评论，2017，10（6）：594-605.

［2］杜艺珊，刘鹏，葛京.基于下属视角的领导距离形成研究——以海底捞火锅为案例［J］.软科学，2018，32（3）：97-101.

［3］王新新，高俊，冯林燕，汤筱晓.弱主动服务行为的概念、影响及机制研究［J］.管理世界，2021，37（1）：150-169，10.

［4］曹鑫，欧阳桃花，黄江明.智能互联产品重塑企业边界研究：小米案例［J］.管理世界，2022，38（4）：125-142.

［5］郜建豪，刘秀丽.数字化管理时代重构我国的财会管理——评《智能时代财务管理》［J］.管理世界，2020，36（10）：217.

［6］续慧泓，杨周南，周卫华，刘锋，刘薇.基于管理活动论的智能会计系统研究——从会计信息化到会计智能化［J］.会计研究，2021（3）：11-27.

［7］张凯.考虑产品质量的复合型电商平台二维定价模型［J］.南开管理评论，2022，25（2）：4-16.

［8］徐晨阳，王满，沙秀娟，马影，于增彪.财务共享、供应链管理与业财融合——中国会计学会管理会计专业委员会2017年度专题研讨会［J］.会计研究，2017（11）：93-95.

［9］柳东梅.O2O模式转型下的企业财务战略应对［J］.财务与会计，2015（17）：16-18.

［10］郑晓明，丁玲，欧阳桃花.双元能力促进企业服务敏捷性——海底捞发展历程案例研究［J］.管理世界，2012（2）：131–147，188.

［11］贾梦珠，钟远光，李斐，傅冬兰.大数据智能推荐技术应用下供应链决策优化研究［J］.科技管理研究，2022，42（9）：162–167.

［12］郝国强，黄颖佳."无差别"的社会空间：基于海底捞的消费文化研究［J］.湖北民族大学学报（哲学社会科学版），2021，39（5）：31–39.

［13］刘运国.将"不增值作业"转换为"增值作业"——来自海底捞的经验［J］.财务与会计，2015（10）：12–13.

［14］丁宁，郝明虹，陈慧，罗杰.从"海底捞"事件谈我国食品安全风险交流［J］.食品工业科技，2018，39（6）：350–352.

［15］程晏萍，黄千芷，董慈蔚.大数据在供应链管理中应用的研究现状——基于CiteSpace的知识图谱分析［J］.华中师范大学学报（自然科学版），2021，55（3）：453.

［16］葛顺奇，关乾伟，罗伟.供应链配置与企业绩效表现：效率与稳定［J］.世界经济研究，2022（4）：32–46，135–136.

［17］谭智佳，魏炜，朱武祥.商业生态系统的构建与价值创造——小米智能硬件生态链案例分析［J］.管理评论，2019，31（7）：172–185.

问题及讨论

1.如何评价H公司大数据助推财务战略转型的效果?

2.如何理解"内部控制"与"风险管理"?

3.财务战略中筹资战略、投资战略、运营战略与股利分配战略的内在逻辑是什么?

4.餐饮行业业财融合有什么特点?

5.企业如何进行数智化转型?

附录：调研记录表

时间	2022年6月15日	被访谈人	门店店长
单位名称	H公司		
主要内容	疫情背景下H公司风险管理和财务战略		

Q1：您能简要介绍一下H公司的发展历程吗？
从成长历程来说，H公司经历了几个阶段：1994—1999年为初始创业期；1999—2005年为经营探索期；2005—2019年为精细化运营期；2019—2021年为规模扩张期。

Q2：贵公司的GPO管理模式是什么？
首先是人性化的前厅管理，主要包括给予员工好的福利待遇，比如好的薪酬水平、好的住宿条件；独特的激励模式，考核指标集中在客户和员工满意度，而非单一的利润指标；工作的自主权，使其拥有客户服务的自主权利，如下放财务权限、服务员有免单权等。其次是标准化的硬件管理，H公司构建了一个高效的信息化平台来支撑企业的高速发展。从2006年开始分步实施ERP，建立并完善了涵盖企业“人、财、物、产、供、销”完整的管理体系。

Q3：H公司极致的服务主要体现在哪些方面？
（1）等位期间：在就餐等位区均配备免费的桌游、水果、小吃以及茶或饮料，等候区提供免费美甲及擦鞋等服务。
（2）个体差异化服务：在客人就座时留意其个性化需求，提供差异化并细致入微的服务，包括但不限于为怀抱婴儿的顾客提供婴儿床服务，为长发客人提供发带及为佩戴眼镜的顾客提供眼镜布等。
（3）用餐期间服务：发放围裙及手机套，提供现场捞面和京剧表演等。极致的服务使H公司在顾客心中留下深刻印象，形成自己的独特“名片”。

Q4：贵公司是如何选择供应链企业的？
H公司主要的合作伙伴都是自身的关联企业，保障了供应链的稳定性。

Q5：贵公司供应链的商业逻辑是什么样的？
H公司的商业模式是将成本尽量向供应链终端移动，实现规模化和效益化；将生产与服务剥离，分别实现标准化和人性化管理。

Q6：贵公司开展的智慧餐厅，会继续扩张门店吗？
传统门店受面积等客观条件限制无法复刻H公司智慧餐厅的模式、大幅降低人力成本。然而，智慧餐厅的硬件元素可以拆分应用在合适的传统门店，部分面积稍大的传统门店可以进一步进行数据化改造，起到提升工作效率、数据化经营的作用。

Q7：贵公司的海外门店经营状况如何？
截至2021年末，我们公司覆盖中国港澳台地区及新加坡、越南、马来西亚、印度尼西亚、韩国、日本、英国、美国、加拿大和澳大利亚等海外国家，海外门店数量达144家，并获得广泛好评。2021年海外市场贡献收入27.22亿元，占H公司餐厅总收入的比例为6.9%。

Q8：对于门店的选择，公司总部会给予帮助吗？
公司总部会提供客观选址标准，比如对人流量要求在周边3公里之内人口数量在20万以上，周边1~2公里之内有大型的品牌商业和购物中心，或者当地知名餐饮街和商业中心.

Q9：贵公司现在在一二线城市处于一个相对饱和的状态，企业的发展是否要寻找新的营收增长，未来是继续渠道下沉还是增加新的产业线？
目前餐饮业同质化严重，我们公司制定了多元化发展战略，比如研发了自热火锅、火锅底料等产品，市场反响不错，同时也收购了副线品牌优鼎优等。总地来说，H公司更倾向于多品牌化、多业态运营。

专题四

一村一街点对点

——小农户与现代农业有效衔接的新探索

案例名称	一村一街点对点——小农户与现代农业有效衔接的新探索
创作团队	童欣、刘美琪、谢雨柔
指导团队	易朝辉、石巧君
思政元素	社会创业、乡村振兴、“三农”情怀

一、案例简介

菜菜农业是一家依托于“互联网+农业+乡村旅游”而成立的公益型、服务型、社会型公司，是“区域农产品配送+乡村全域旅游”模式的践行者。菜菜农业的愿景是让每一位市民在乡村都拥有一片属于自己的菜园，在每一个城郊乡村成立或者依托一个农村合作社建立一个信任品牌，通过“一村一街点对点”方式，促进农民生产增收，带动农民致富，提升乡村农民幸福感，把乡村优质的农产品输送到城市消费者餐桌，让市民每天都能吃到安全、健康、绿色、新鲜的农产品，把健康和爱传递给每一个家庭。菜菜农业依托互联网平台等多种模式，宣传近郊乡村全域旅游，引流入乡村，助力乡村振兴。

二、案例创作思路

在乡村全面振兴背景下，如何促进小农户和现代农业发展有机衔接成为全社会关注的核心问题。乡村振兴是社会创业者通过赋能方式帮助村民发现乡村价值、实现价值共创和共享的过程。农村社会创业如何帮助小农户增加收入实现共同富裕？本案例从张维辞职返乡创业出发，分析张维的农村社会创业动机，并依据社会机会识别理论，探讨张维在社会创业动机驱使下如何识别创业机会；

其次，结合社会企业商业模式理论，分析菜菜农业如何设计“一村一街点对点”模式实现小农户与城市消费者之间的精准对接进而帮助小农户增收。依据农村社会拼凑理论，分析张维如何获取资源以支持菜菜农业商业模式设计与创新，进而实现社会价值、生态价值与经济价值。再次，通过与现有的社区团购相比较，归纳“菜菜农业”模式的独特之处。最后，依据资源依赖理论等，分析“菜菜农业”如何通过商业模式的复制促进其可持续发展，及其政府在此过程中应扮演何种创业角色。具体分析思路如下图所示。

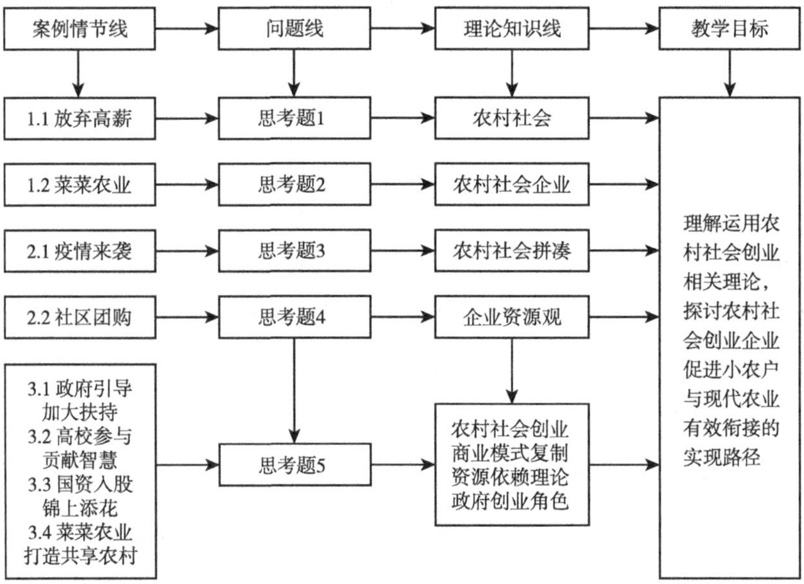

案例分析思路图

三、案例应用

本案例主要适用于社会创新与创业课程，也适用于农林院校的创业管理课程。本案例适用于有一定工作经验和管理阅历的 MBA 学员和农村管理者，同时也适用于工商管理、创新管理专业本科生与硕士研究生等。本案例通过案例分析和讨论帮助学生学习社会创业相关理论，并提高学生运用这些理论分析和解决问题的能力。本案例再现了张维通过创办“菜菜农业”公司构建“一村一街点对点”模式促进小农户与现代农业发展有效衔接的社会创业过程，通过对本案例的分析，旨在引导学生：

（1）学习与农村社会创业相关的理论知识点：农村社会创业的定义、农村社会创业动机、农村社会机会识别，掌握农村社会创业的一般过程。

（2）学习与农村社会创业商业模式及其创新的理论知识点，掌握农村社会创业过程中的资源拼凑策略以实现农村社会创业的商业模式创新。

（3）掌握农村社会创业企业获取和维持核心竞争力的主要途径。

（4）了解地方政府在农村社会创业过程中所扮演的角色。

思政元素：

近年来，随着“大众创业、万众创新”和“乡村全面振兴”等国家重大发展战略的实施，中国农村社会创业研究成为学术界的关注热点。社会创业是20世纪90年代在全球范围内兴起的一种新的解决社会问题的创业形式，特别关注于运用可持续、创新的方式探索和开发满足社会需求的机会以创造社会价值。在乡村振兴背景下，社会创业成为解决一系列农村社会问题的有效机制。因此，本案例的课程思政主要表现在三个方面：一是明确社会创业，承担社会责任，成为解决一系列农村社会问题的有效机制；二是以创新创业思维为导向，让学生领悟乡村振兴是新时代“三农”工作的总抓手，也是加快共同富裕的必经之路；三是厚植学生“三农”情怀，引导学生以强农兴农为己任，“懂农业、爱农村、爱农民”，增强学生服务农业农村现代化、服务乡村全面振兴的使命感和责任感。

四、学生撰写案例感受

童欣：通过参与本次案例撰写，我对乡村互联网企业有了新的认知。在乡村振兴的背景下，张总探索出一种全新的社区团购模式，实现了小农户与现代农业发展的有效衔接。我深刻了解到一名创业者，如何通过社会网络、先验知识以及创业者本身的创业警觉性来识别创业机会，从而带动农民增收致富，解决农村社会问题。此外，老师的指导加深了我对理论知识的理解，让我学会如何运用理论知识去解释社会现象，以理解其背后蕴藏的智慧。总之，这是一次收获满满的写作经历。

谢雨柔：参与本次案例撰写，让我收获颇丰。菜菜农业很好地展示了一种振兴乡村的思路，通过蔬菜售卖让碎片化资源得到合理利用的同时，依托互联网系统告知市民周末可以前往乡村旅游目的地，为全域乡村旅游省去大量推广费用，通过市场收入引导美丽乡村建设。我国正处于全面推进乡村振兴的重要时期，如何通过乡村企业家带动农民就业及致富就显得十分关键。为促进农业高质高效、乡村宜居宜业、农民富裕富足，希望多一些像张总一样有情怀的企业家能够加入乡村创业的大家庭。

刘美琪：本次菜菜农业的案例撰写，让我真正触摸到了农业与现代物流、网络结合的成果，了解了在乡村振兴背景下，像张总这样的有志之士是如何助力农民增收的。他出身农村，依旧心系农村，关注“三农”事业发展，时刻准备投身广阔田野。他洞察敏锐，积极把握政策方向，快速抓住发展机遇。他意志坚定，常遇困难，但从不气馁。他勇担时代重任，疫情来势汹汹，但仍愿积极组织力量，解决民生问题。这样的典型值得我们认真学习，并从中汲取前进的力量。

五、完整案例文本

一村一街点对点——小农户与现代农业有效衔接的新探索

摘要：在乡村全面振兴背景下，如何实现小农户与现代农业发展有效衔接增强其获得感、幸福感、安全感，已成为社会各界关注的焦点问题。“菜菜农业”探索出了一种新的社区团购模式——通过“一村一街点对点”助推小农户增收，诠释了“菜菜农业”公司促进城市需求与农村供给精准对接的新场景。本案例以张维创办“菜菜农业”公司的过程为主线，描述了他通过整合社会闲置资源、开发新型电商平台、疫情期间合作送菜、建立门店开发团长，对接小农户与城市消费者的经历。本案例重点阐述了农村社会创业的过程及其与小农户增收之间的关系，为社会各界提供了有益洞见和实践依据。

引　言

2021年4月初的一个清晨，张维领着来参观调研的老师和同学走进长沙天心区沿江村，四处呈现一片忙碌欢快的景象，这里的村民早已从疫情的阴霾里走出来了。

突然一阵焦急的声音传来："彭媄肔，你家的菜打包好了没有？我们送菜的车要出发啦！"正巧路上看见乡村经纪人严泽烽在忙里忙外，张维走过去，拍了拍他的肩膀："今天的菜准备得怎么样了？""已经准备好了，马上出发送菜。"说着话，严泽烽把车门一关，转过头对张维说，"好了，张哥，我出发了。"伴随一阵汽车发动的轰鸣，满载着新鲜蔬菜的汽车渐渐驶离。

张维快步领着老师和同学来到他的办公室。一落座，同学们的问题纷至沓来："张总，刚刚就是您公司的蔬菜配送车吗？""您为什么想回来做农业呀？""菜菜农业的乡约菜菜平台赚钱吗？"张维会心一笑，说道："我这'一把小菜'的故事始于七年前，刚辞职回来已经三十岁了，觉得应该去做一件自己想做的事情。我一直有个愿望，就是让市民吃到更新鲜、更健康的农产品，让村民多增加一点收入。当时想法其实很简单，青春不就是用来折腾的吗？"

第1章　志向农业新农民

1.1　放弃高薪返乡创业

张维是沿江村的本地人，也是一名从乡村里走出来的大学生。2005年，济南大学会计专业毕业后，他先后在会计师事务所、建筑公司、保险行业工作过，薪水挺不错，生活算得上安稳幸福。只是从农村出来的孩子心里总还是惦记着沿江村，看着老乡勉勉强强生活，看着村庄的日渐衰落，张维常常想着回乡，但苦于没有机会，一直没有采取行动。

直到2014年初，长沙即将进行区划调整，原属长沙县的暮云南托将划入天心区。张维觉得这是一个契机，如果基础设施跟得上，小村庄今后一定会有大发展。于是，2014年9月30日，张维力排众议，辞去前景良好的工作，带着知识与见识返乡创业。

可刚回来不久，现实就给了张维当头一棒。沿江村虽处城郊、交通便利，但村里土地大多都是基本农田，不能栽树，不能挖塘，更不能硬化，而且沿江村属于水源保护区，畜禽饲养这条路也走不通。因此，张维决定去走访村民和查阅相关政策，看看能不能受到些启发。结果发现，沿江村的发展受到严格限制，连农家乐和民宿的营业执照也难以办到，这让他再次陷入困境。

不过张维并没有放弃，他转念又想：在外工作的村民，谁不希望自己家乡发展得好呢？沿江村每年的大学毕业生比较多，如果可以和他们取得联系，也许能获得一些灵感。于是，张维向村委寻求帮助，却发现村委并没有统计过沿江村到底有多少大学毕业生，只能提供户籍册上村民的名单和出生年月。沿江村有30个村民小组，大概有5 000人，找出这些人中哪些是大学毕业生并不太难，因为乡村是一个熟人社会，谁家有几个小孩、是否上了大学、现在从事什么工作，村民小组内部基本都很清楚。

拿着村里提供的花名册，张维用了15天时间，找到村民小组组长、妇女组组长和党小组组长了解相关情况。在张维看来，这种方式不仅能够与村民建立良好关系，获取村民信任，也能够了解村民的一些想法。更重要的是，他可以找到那些在外打拼的高学历本村村民，让他们为本村发展贡献力量。

为了更好地交流想法，张维建了一个微信好友群，定期在微信群发布一些信息，包括沿江村发展动态、各级政府对于农业发展的文件。他也经常在自己朋友圈发一些关于沿江村发展的设想，平时总是会有人点赞或者留言，虽然彼此没有见过面，但大家都在为沿江村的发展出谋划策。

“老张，现在忙吗？”张维微信收到了一条信息。“您是王维平吧，找我有什么事吗？”张维根据微信备注回复道。“平时看您很关心村里的发展，所以想和您见面聊一聊。”“好啊，建群就是想要更多优秀的人参与进来，一起来商议村里的事，你们见多识广，肯定会有一些好的想法和建议。”张维很高兴，这半年来的努力似乎让他看到了成果。

张维初见王维平，便一见如故。他三十出头，中等个头，很有亲和力，再加上他学的是计算机，正好是村里紧缺的人才。

一见面，王维平便开门见山道：“我觉得沿江村最大的优势就是离城市近，除了地理优势，也没有其他优势了，想要发展乡村旅游，也没有特别明显的历史文化传承，而且人居环境虽有所改善，但仍达不到接待标准。”

“你提的这点我之前也想到过，虽然沿江村没有农产品地理标志，也没有地理标志保护农产品，但是村民自家菜园种的农家菜吃不完。我想利用互联网，建一个微信公众号宣传沿江村的农家菜，看看市民的反应。”张维一脸愁容，“不过建微信公众号我没有经验，还请多多帮忙。”王维平爽快地答应。

在王维平的帮助下，微信公众号运营了起来，村民积极将推文转发至朋友圈，一时间引得不少市民关注。有市民在评论区留言：你们这里自家种的蔬菜确实不错，不打农药化肥、新鲜健康，我们要是天天能吃到就好了，你们能不能定时给我们送菜呀？这条留言让张维想起彭爱兰娭毑曾经说过：“你也知道我儿女都在城里打工，日子过得并不宽裕。我现在虽说守着一亩三分地，可种出来的菜卖又卖不掉，吃又吃不完，看着好好的菜烂在地里，我是真心疼。”

慢慢地，一个想法在张维脑海中逐渐成形：把社会资源利用起来，搭建城市和农村之间的绿色桥梁。于是，张维说干就干。2015年刚开始的配送模式很简单，就是利用微信群和朋友圈提前联系好一些需要蔬菜的朋友，把沿江村农户家里的菜洗干净，按照超市包装的方法简单包装，然后拿出去卖。后来，慢慢通过朋友介绍，张维在天心区建了20多个配送点，每月送菜8次，每次能赚七八百元。

因为张维严把质量关，配送的蔬菜受到了市民的一致好评。然而，有些蔬菜能够从外观上判断是否有质量问题，有些却难以察觉。

有一天晚上7点，张维收到一条微信信息：你们配送的扁豆都烂了，我要退款，还配着一张扁豆长了白毛的照片。张维赶忙拨通了对方的电话，道歉说：“您好，实在对不起，这次您订的菜就免单了，我们再加送您一次，您看这样可以吗？”“那好吧，你们家的菜味道确实不错，但以后还出现这样的问题，我就不预定了。”对方勉强接受了张维的方案。

挂断电话后，张维立马找到配送的那位小农户。小农户羞愧地说：“真不好意思，其实那批扁豆是两天前采摘的，当天没有卖完，我怕浪费，今天就又送了过来，没想到出了这样的事。”

“扁豆事件”的教训让张维深刻认识到小农户还是少了点社会责任感，应该建立惩罚机制，责任到人。于是，他同王维平商议，为每位小农户建立数字信息档案，制成二维码，贴在每份蔬菜包装上，实现产品可溯源，质量有保障。之后，张维的配菜生意越做越好，农户也越来越认可。有一次，张翠兰大妈特意上门找到张维，迫不及待地开口：“你这小子可真有你的，现在我只需要在家把我种的菜打包，这菜就卖出去了，你可真帮我大忙了！”

两年来，蔬菜配送的口碑越来越好，想通过这种方式卖菜的小农户也越来越多，城里的家庭对这种蔬菜的需求也越来越大。人气的增长让张维坚定了扎根农村做小农户蔬菜配送的信心，成为一位名副其实的新农民。但这种模式小打小闹可以，如果想要惠及更多的小农户与市民，今后怎样做会更好呢？

1.2 菜菜农业独辟蹊径

张维想了很久，如何才能既扩大服务群体，又让下单方便快捷呢？

苦思无果，此时身为天心区政协委员的张维来到了湖南省农业农村厅产业发展处请教。“省厅重点扶持的是县乡农业产业，城郊乡村一般没有相关产业政策。”处长回答得直截了当，看到张维有些沮丧，便鼓励他说：“别泄气，我对你的蔬菜配送有所耳闻，思路很好但覆盖面不够，或许可以借力互联网东风。”处长的指点让张维茅塞顿开。

回村后，张维就在如何搭建互联网平台上下功夫，以扩大发展规模。通过一次偶然的机会，张维发现有人在做提前预订隔天配送的业务（也称社区团购），这迅速引起了他的关注，这不就是处长所说的“借力互联网”吗。第二天，张维就来到附近的小区一探究竟。

“您好，请问您知道社区团购吗？”张维向一位宝妈问道。宝妈回答说：“知道，他们卖的硬菜还可以，叶子菜就不太新鲜了。”张维直入主题：“我是附近村的农民，我们有本地蔬菜，当天采摘、当天送达，不隔夜、不泡水，很新鲜，要是也采取社区团购的方式售卖，你会接受吗？”“那倒是可以试试”，宝妈点头应允。

得到了宝妈的肯定后，在接下来的几天，张维一直在附近小区了解情况。他越发认为沿江村的新鲜蔬菜有足够的市场，可以成立一家公司开发自己的网络团购平台。但张维还拿不定主意，便把自己的想法一五一十地告诉了王维平。王维平听后激动地说："我们要做一个类似于淘宝那样的平台，构建"互联网+农业"模式，但我们只卖最新鲜的农产品。因为不是每个小农户都懂得网络销售，所以就在每个村找一到两个人来开店，帮所有的村民卖东西。"

"我们开发了这个平台，沿江村的村民可以在平台上卖菜，沿江村刚好可以成为试验点，做好了还可以推广到其他村。"张维兴奋地说，"之前配送的问题我也在不断总结，觉得蔬菜配送必须要集中：一个村对接一个街道，每个村成为一个信任品牌；而且，我们以前只收小农户的菜，品类没那么齐全，要想维持平台良好运转，肯定也需要家庭农场或者基地供菜。"王维平听完连连叫好："你这是一套完整的商业模式呀，把城里人和老乡的问题都很好地解决了，我看这公司的名字也有了，就叫'菜菜农业'吧！"

2018年1月30日，湖南菜菜网络科技有限公司（简称"菜菜农业"）正式成立，并注册了"乡约菜菜"微信小程序，引导小农户把自产的蔬菜"晒"到网上，市民"点菜"下单，蔬菜当天采摘、当天送达。这样的流程看似简单，却能有效保证蔬菜新鲜、品质可靠、运送及时等一系列要求。在长沙统战部"乡村互联网+三个一"的项目支持下，"菜菜农业"从最熟悉的天心区赤岭路街道（大概52个小区共约2万户）开始对接，经过一年的努力和改进，"菜菜农业""一村一街点对点"模式基本成型。

首先，在流程构建上，利用互联网平台对接城乡需求，每个村可依托一个农民专业合作社（或者益农信息社、村集体经济合作联社），建立一个信任品牌。通过"一村一街点对点"方式，将天心区境内每一个村与一个街道（30~50个小区）结成对。在供给端，每个村内的"乡村经纪人"负责信息收集、信息报送、订单安排、街区送货、用户反馈等一系列工作；在需求端，每个小区内的团长转发农产品信息、收集需求信息、指定提货点等一系列服务，解决每个家庭下单的后顾之忧。乡村经纪人定时整理第二天的用户订单，提前安排采摘计划，第二天一早小农户完成采摘任务，迅速包装并交给乡村经纪人；乡村经纪人在最短时间里将其所负责的一个街区所有提货点所需的蔬菜送达，这样就完成了一次配送任务。用户只需要提前一天在小程序上下单，第二天就可以在指定提货点拿到自己选购的新鲜蔬菜了。

其次，在物流配送上，采用“固定人员、固定区域、固定线路”的模式。物流配送工作基本都是由乡村经纪人来承担，人员是相对固定的；由于一个村只承担一个街道（30~50个小区）的配送任务，所以配送区域是相对固定的（即村与街道不能交叉配送）；每个小区内都只有一个固定的提货点，而且一般不会轻易变更，因此，从村庄到所有提货点的路线也是固定的。乡村经纪人每天就像公交车司机一样，重复固定的路线来送菜，这样大大提高对路线的熟悉程度和送货效率，而且也会摸索出最节约成本的运输路线。

最后，在顾客战略上，张维要“做窄市场、做深客户、做宽品类”。做窄市场意味着专注于“点对点”的思路，有限的村庄服务有限的顾客，不盲目“开疆拓土”；做深客户就是借助“熟人”的信任关系，实现乡村经纪人有效规范小农户行为，避免“以次充好”；同时，实现小区“团长”优质推荐，让城市家庭可以放心购买。此外，小小的二维码可探知每一把小菜的种植过程与小农户信息，隔空也建立了一种情感信任，然后利用这种深厚的情感基础，稳扎稳打锁住每一位顾客；拓宽品类就是发挥小农户种植的灵活性，鼓励小农户依据市场需求与种植条件，在不同时期变更种植品种，为每一个家庭提供多种时令蔬菜。

到了2019年，这种模式在互联网的助力之下得到了全面认可。一方面，附近越来越多的城市家庭有了属于自己的一片城郊小菜园，有的家庭周末还会到农户家里吃顿地道的农家饭，然后一起去田间散散步，一起去小菜园里亲手采摘蔬菜；另一方面，村民不仅得到了实实在在的经济收益，精神面貌也都焕然一新，居住环境也得到了极大的改善。张翠兰大妈就经常自豪地向其他人炫耀：“我有顾客去年一整年都是吃我家菜园种的菜，前不久他们一家三口还来我们这里乡村旅游了。要是我天天把菜放在网上卖，一个月两千块不成问题。”“吃不完的菜，通过‘乡约菜菜’平台，坐在家里就能卖钱。”宋炳坤大爷说。

初步统计，“菜菜农业”的长期固定订户已有数百个家庭，并在50个小区长期开展新鲜农产品团购，辐射家庭超过1万户；天心区城郊已有500多个小农户加入“菜菜农业”，每户平均每月可增收1 000元。自2019年2月以来，新闻媒体接踵而来。张维先后接受了《湖南日报》、湖南卫视、湖南经视采访，并作为创业青年在共青团区委组织的五四百年庆祝大会上进行“我的青春在奋斗”分享。2019年是张维的成长收获之年，但2020年还有更多的未知在等待着他……

第2章　菜菜农业显神通

2.1　疫情来袭，雪中送炭

2020年伊始，疫情突然来袭，冲淡了年味，也扰乱了生活。大多数人都响应政府号召，减少外出。张维原本也是“宅家一族”，但不久之后，身边很多家庭都面临一个很重要的问题：不出门，吃什么呢？

正巧，2月3日（正月初十）晚上，张维与兴农果园负责人严泽烽的一次偶然闲聊，正好谈到了这件事。严泽烽饶有兴致地问道：“现在疫情形势严峻，很多城里人都没有蔬菜吃，我们益农信息社给有需要的市民配送蔬菜，有没有想法加入我们？”张维沉思了一下，说：“恐怕大家不愿意去配送，而且菜源也是个问题，现在很多小农户没有返回基地，临时联系其他基地成本会变高；同时，市民出门不方便，没法自己领取，我们的配送成本也会变高。”实际上，张维担心的是：如果卖贵了，就有人说我们哄抬物价；如果太便宜，其他基地种植户和司机也不会愿意跟我们合作。

听到这里，严泽烽赶忙回答：“这没关系，只要你带头发起，我们益农信息社愿意联系周围的蔬菜基地农户。来之前我就和他们沟通过了，他们都觉得亏点没有关系，毕竟疫情期间大家都不容易，就算做公益了。”听了这一番话，张维也萌生了疫情期间送菜上门的念头，便应允道：“好，那我们就发起一个公益活动吧。只要有人买，我们就送。”

2月4日（正月十一），张维马上制作了一篇“全城团购蔬菜，减少交叉感染、共渡疫情难关，烦请公益转发”的推文，开始了疫情送菜的宣传。为了降低成本，他们决定以单位或者小区为基础进行蔬菜团购：一袋20元，5个品类（随机），不低于5斤，外加少量大蒜和葱，10份起送。原本以为这样的方式比较麻烦，需要小区业主自己找人凑成10份，或者自己购买10份，能够有一两个小区响应就算不错了。出乎意料的是，为了解决吃菜问题，很多市民主动在自己的朋友圈吆喝拼团，甚至还有一些政府工作人员、街道负责人、社区负责人、小区物业负责人，免费帮忙做宣传。短短三天，该链接点击量达到了2.5万次，被分享427次，三天累计配送蔬菜6 000多斤，涉及100多个小区。

在推文评论区，沿江村所在的天心区市民反响热烈，其他区的市民也强烈希望张维他们可以跨区送菜。比如有的评论道："很多团购平台都关了，即使开放，价格至少翻倍，而且只要一打开就马上抢购一空。"还有些市民说："小区被隔离了，附近的超市也不敢去，在家里吃萝卜吃了六七天了，荤菜有一些，但是新鲜蔬菜真没有，希望可以给其他区的市民也送菜。"市民强烈的呼声引起了湖南省广播电视台的关注。

2月13日上午，张维突然接到一个电话，对方开门见山："您好，我是湖南广电'快乐购'公司农产品事业部负责人，最近您的蔬菜配送很火，接上级领导指示，希望能与你们合作。"张维一下子没有反应过来："合作？怎么合作？""我们快乐购在沿江村做现场直播，你们来配送，帮助长沙市民都能吃到新鲜蔬菜。"广电负责人还补充道，"建议2份起送，每份外加10块运费。"

广电的热情加入，来自全市的订单应接不暇，虽然蔬菜可以满足市场需求，但配送问题很快就暴露出来了。"很多地方太难找了，我昨天在外面跑了一整天，都还没有完成全部订单。自己辛苦也就罢了，还收到顾客的投诉，真是费力不讨好。"送菜回来的司机抱怨。广电"快乐购"那边也打来电话质问张维："我们接到了很多投诉电话，说没有按时配送到位，严重损害了我们的形象。"

面对这样的情形，广电负责人决定将配送任务交给更专业的顺丰公司来做。但即使有了快递公司的加入，由于配送范围太大依然无法按时送达，仍有大量客户投诉蔬菜的品质问题。接二连三出现状况，让张维有些泄气。这时，严泽烽对他说道："老张，之前我们自己负责所有环节时，都不会出现状况，而为什么加入这些专业团队后，反而问题重重呢？"张维立刻召集团队成员进行了深入的探讨，最后结论是“菜菜农业”这种模式并不适合较大市场规模的统一配送。

一个月后，广电悄然退出，“菜菜农业”却用实际行动有效解决了疫情期间一部分市民吃不上菜的燃眉之急。“菜菜农业”也因为反应迅速，充分挖掘农村闲置资源，创造巨大社会价值而备受主流官方媒体的关注。2020年8月6日，新华社头版报道《500农户上“菜菜”，城乡互动热起来》，其中详细地介绍了“菜菜农业”的运作方式与社会价值；2020年8月20日，《人民日报》的一篇漫画报道就介绍了长沙“一村对一街点对点”蔬菜订购；2020年10月28日，中央电视台《新闻联播》在“畅通城乡循环，构架统一大市场”板块中，就介绍了一位普通市民利用“乡约菜菜”小程序下单农产品的过程。

在疫情背景下，互联网成了与世界交流的最好方式，“菜菜农业”正好以此为契机，再次扩大了自身的影响力，也给张维带来了很多关于发展“菜菜农业”的启发。但疫情之下，行业动荡在所难免，“菜菜农业”未来还会一帆风顺吗?

2.2 社区团购群雄角逐

2020年的疫情给很多领域带来了冲击，改变了人们的消费习惯，但也在无意间带火了很多行业，比如，社区团购一夜翻红。

社区团购最早兴起于2016年，其概念源于类似“菜菜农业”模式的雏形；2018年高速发展，出现了“兴盛优选”“十荟团”“同程生活”等众多社区团购；到2020年，迎来了社区团购的“融资热潮”，互联网巨头纷纷入局社区团购：6月，滴滴旗下社区团购品牌“橙心优选”上线；7月，美团成立“优选事业部”并推出“美团优选”业务；8月，拼多多推出“多多买菜”；盒马还成立盒马优选事业部。此外，阿里、腾讯、京东也积极参与投资社区团购。

互联网巨头的加入，打响了社区团购的激烈“价格战”。有很多人担心张维的“菜菜农业”还能不能坚持下去，张维坦然说道：“面对如火如荼的社区团购，我们不紧张而是欣喜若狂，因为它们为我们培养了客户网上购买新鲜农产品的消费习惯，还提高了团长的业务水平。我经常和朋友讲，我们不能满足所有客户的需求，也不能满足客户的所有需求，只需要一个乡村接着一个乡村做，一个街道顺着一个街道来，为市民提供最新鲜的农产品即可。与现行的互联网电商模式不同，我们不仅是改变一种销售渠道，更是在创造社会价值。”

看着众人困惑的眼神，他又补充说：“以淘宝为例，商家在淘宝开店，商品销往全国，商家与消费者之间缺乏信任感，特别是买到质量较差的产品之后，消费者因售后程序很麻烦，懒得处理，直接带来一种不好的消费体验。菜菜农业看起来也像是商家在平台上开店，不过这是个标准化的店：一个村对应一个街道，店长就是乡村经纪人，他们既要负责农产品信息的收集又要承担蔬菜的配送，所以平时与小农户和顾客接触都很多，出现问题也能尽快解决，这有利于建立信任关系。”

“信任问题是解决了，但是蔬菜都有保鲜期，万一送货不及时，会不会影响口碑呢？”其他人质疑道。“其实关于蔬菜仓储和运输的问题，可以看看京东。它最大的特点就是自建物流、送货及时。然而，随着仓储费用越来越高，仓储基地除了能够在现行金融体制下获得银行融资以外，将来很有可能成为京东的负担。而菜菜农业几乎没有仓储成本，蔬菜都是当天采摘、当天销售。”张维自信地说道，“当然，随着疫情形势转好，蔬菜批发市场、门店逐渐恢复营业，市民有了更多选择，蔬菜配送量自然会下降，因此我们正在筹划开设线下门店（体验店），来吸引并巩固一批周边客户，有沿江村（乡约菜菜）这个品牌作为支撑，我们的线下门店会更有公信力，相信一定会开得很好。”

建立线下门店的想法绝不是张维的心血来潮，而是深思熟虑后的结果。他首先找到村委商议：“疫情期间咱们的蔬菜配送得到了社会的认可，沿江村这个品牌也算是打响了，但疫情形势好转之后，市民的选择更多，我们的蔬菜订购量肯定会减少，要想把产业维持下去，还要村里出把力。”“小张，你为咱们村做的贡献，大家都有目共睹，有需要村委帮忙的，你就尽管开口，我们一定全力支持。”老支书点了点头。

得到村委的支持后，张维继续说道：“我觉得咱们村集体经济合作联社可以找个合作伙伴共同开一个生鲜门店，费用均摊，咱们提供沿江村的蔬菜，让对方负责经营。至于利润分红嘛，咱们可以让给对方多拿点，调动他们的积极性，毕竟开店的重点是完善线下渠道，让我们的品牌在疫情之后还能站得住脚，获得更长远的发展。”老支书连连认同：“就照你说的办，选合作伙伴的事就交给你了。”

张维立马想到了在疫情期间和自己配合默契的搭档严泽烽，想要他来做这个线下门店的店长（乡村经纪人）。于是他拨通了严泽烽的电话，郑重其事地阐述了自己的想法，严泽烽点头后又补充说：“要想形成一个产业，就必须有足够的门店数量，但开店成本很高，不如借鉴社区团购的模式，在一个小区开店，周边小区只找团长就可以了，这样遍地开花，既能降低开店风险，又能扩大市场份额，乡村经纪人只需根据各个社区团购所下的订单量负责配送就行了。”

“泽烽，你说得太对了。其实我们可以在门店周边开发40个团长，把他们都拉到一个群里，让你老婆负责管理，你就负责配送到店，这样你们还可以赚取配送差价和管理服务费。此外，还有用户反馈我们的蔬菜品类太单一，现在我们要把生鲜店开在小区里，沿江村的蔬菜品类远远不够，还要去找一些其他优质农产品来充实店铺，让市民能够一站式购齐。”张维兴奋起来。

2020年11月9日，严泽烽的生鲜店如期开业，店址离沿江村只有半小时车程，这个只有60平方米的店铺里，产品种类达到了200个，充分满足了市民的需求，小店很快火了起来。1个月后，突然有一天，一个穿着精致的年轻人拿着一本资料和一罐坛子菜来到生鲜店，很诚恳地说：“您好，我们是做坛子菜的，是村里老百姓纯手工做的，不加任何防腐剂和添加剂，而且每罐都有二维码可溯源。贵店能帮我们销售吗？”

开店以来，严泽烽一直在想调整店里的产品结构。他接过年轻人手中的资料翻了翻，顺手拿起手机一扫，果然就显示出了介绍坛子菜制作过程的文字和视频，心里暗自欢喜，试探性地问道：“你确实想放在我们店里卖吗？”“我留意贵店好些天了，发现店铺口碑很好，所以我可以先给您一批货放在店里销售，货卖完了您再联系我结账。”年轻人回答说。严泽烽一听，觉得这坛子菜既不用先付货款承担风险，又可以丰富门店品类，立马就答应了。

“坛子菜”上架后，陆续有一些厂家入驻生鲜店。小店越来越热闹，人气也越来越高。“你们卖的东西确实不错，而且还便宜。我是经邻居介绍才来的，现在有你们这个店，我就可以经常吃到乡里菜了！”市民高兴地说道。“您就放心在这里买吧，我们每一把菜都可溯源，出了问题可以追责到人，您可以提前一天在乡约菜菜小程序团购预定，我们会把菜送到您所在的小区，这样您就更方便了。”严泽烽告诉市民。

沿江村的生鲜店成为“菜菜农业”走进城市的第一个落脚点，深受附近居民喜爱。但两个月后，严泽烽渐渐发现生鲜店的覆盖范围很有限，于是找来张维共商对策。“老张，虽然附近几个小区内的居民很认可，但没办法惠及更多消费者。”严泽烽十分担忧。“疫情期间，广电直播卖菜的宣传效果很好，要不我们也试试？”张维突然想到。严泽烽问道：“这个建议倒是不错，成本也低，但具体怎么做呢？”“我有主意了。”话说完，张维就开始联系有意向的蔬菜基地和小农户，准备第二天直播内容，还在公众号、团长群等渠道发送直播的消息。

第二天早上7点，一切已准备就绪，第一次直播正式开始：“亲爱的朋友们，感谢大家对我们沿江村的支持与厚爱，相信大家已经尝过我们的蔬菜了，现在就通过镜头看一看从蔬菜采摘到配送的全过程……”这次张维亲自上阵，当起了网络主播，但半个小时过去了，观看人数还不到50人，这让张维很着急，他对着镜头说道：“看样子是我介绍得还不够好啊。”

“主播发红包！发红包！”直播间有市民调侃道。这一下子，点醒了张维，他赶忙要严泽烽在各团长群里发红包，吸引大家关注直播并在直播间放福利：“关注直播的朋友，明天都可以来生鲜店领取礼品一份。”“红包福利”果然奏效，观看人数骤然增多，第一次直播也在有惊无险中顺利结束。之后张维每天都定时直播，几乎“菜菜农业”的每个种植户都在直播间里出现过，线下门店突破了发展瓶颈，获得了更多居民们的认可。

自此，“菜菜农业”的线下门店日趋火爆，加盟挂牌的门店有五六个。但随着2021年社区团购行业的新一轮洗牌，“菜菜农业”若想可持续发展下去，或许还需更多“帮手”助力。

第3章　逐梦勇踏新征程

3.1　政府引导加大扶持

解决好“三农”问题一直是萦绕各级政府的心头大事，而“菜菜农业”的成功也让区政府看到了小农户致富的新希望。2021年7月27日，天心区专门召开了城郊乡村可持续发展模式探索座谈会，并邀请张维前来传经送宝。此次分享引得许多村支书想要尝试“一村一街点对点”模式来实现农民致富，众多街道书记也蠢蠢欲动。

“我们街道现在仍是以前的买菜方式，大家抱怨很多。群众嫌去超市买菜太远，团购又不新鲜。我们街道现有5 000多户，在座的村支部书记有没有愿意和我们街道对接的？”一位街道书记如是说，另一位村支部书记赶忙说：“我们村的小农户很多，菜的质量也很好，我们愿意和你们街道对接。”

会上大家讨论很激烈，有很多村和街道已经达成了初步对接意向。见此情景，区委书记提议：“看大家对张总（创办）的模式这么认可，建议由我们区委办牵头成立‘一村一街点对点’领导小组，引导咱们全区的村庄与街道一一对应。人社局和农业农村局也尽快着手制定专项扶持政策，让咱们区的市民都能吃上新鲜的农家菜，也让小农户富起来。”

3.2　高校参与贡献智慧

随着参与的小农户越来越多，不仅“菜菜农业”卖菜的模式受到欢迎，而且近郊农家乐也开始火了起来。更为可喜的是，在张维的示范带动下，近百名创业者来到天心区城郊，有的跟菜农合作开民宿，有的搞稻虾种养，有的做大农家乐……当地农村的闲置土地、闲置劳动力被激活，变成了创业乐土。

激动之余，诸多问题也随之而来。提供服务的小农户自身文化水平不高，厨艺大多是家常菜水平，根本不懂得怎么设计特色菜，也不会把自家美丽的农家景色和特色菜品拍出来，介绍给使用“乡约菜菜”小程序的顾客。然而，服务于小农户的乡村经纪人主要承担村内景点的收集任务，因为时间、精力都有限，根本没办法保障每个小农户都宣传到位。眼看着这么好的想法推广不出去可把张维愁坏了。

然而，在一次无意之间，张维突然翻到了之前大学期间参加“大学生志愿者暑期三下乡社会实践”活动的照片时才恍然大悟，我怎么不去联系一些学校来解决问题呀？想到这，张维马上和区里相关部门联系，拿到了长沙商贸旅游职业技术学院负责人的电话。双方通了电话后，张维得知该学校有一个湘菜学院，专门研究湘菜文化。第二天，张维就出现在了湘菜学院的办公室，学院书记热情地接待了他，说道："我们非常希望有这样的实践机会，既满足了学生的社会实践需求，也解决了村民们的问题。学生可以由老师带队，前往沿江村，根据小农户家庭情况来开发菜品。如果有鸡，就着重开发以鸡为原材料的特色菜，如果有鱼，就用鱼来开发。""那就太好了，希望我们的想法能尽快实施！"张维离开了院长办公室。

有了第一家高校的对接经验，张维还打算与长沙理工大学、中南林业科技大学等高校的设计艺术系展开合作，邀请他们帮助小农户完成照片的拍摄和宣传文字的撰写。相信不久之后，随着高校学生的加入，"乡约莱莱"小程序上不管是农户信息展示页面还是旅游目的地搜索页面都将增色不少，关注的人群也将骤然增多，但对于系统开发的要求也会越来越高，维护费用也越来越高。作为"乡约莱莱"品牌持有人和小程序系统开发者，张维感觉压力巨大。

3.3 国资入股锦上添花

对于一个初创的小公司而言，"莱莱农业"采取"一村一街点对点"模式、利用"乡约莱莱"小程序在解决国计民生方面取得不错的成绩，凸显了强大的公益性质，但是要在长沙大面积推广就需要建立一种标准化的操作流程，急需解决团队搭建和系统开发两大难题。为此，张维决定不能孤军奋战，应该把股份拿出来融资，携手志同道合之人共谋发展。其实，自上次座谈会以来，天心区政府就在思考如何推广"莱莱农业"模式实现城乡深度融合，从而带动小农户增收。

通过区政府的牵线搭桥，莱莱农业与天心国资农业发展投资集团进行了一次别开生面的洽谈会。简单的寒暄之后，张维正式介绍了莱莱农业模式："一村一街点对点模式具有很强的创新性，通过几年来的实践，我们基本形成了以城郊蔬菜为突破口增进互信、以村为集结点整合资源、以网络平台为导流器拓展产业的格局，下一步，我们将以城郊乡村为中转站统建物流。"国资集团董事长笑着打断了张维，很好奇地问道："张总，增进互信、整合资源、拓展产业、统建物流很有内涵，这些能否具体解释一下吗？”因为这次见面，张维可是做了不少工作，所以面对董事长的提问都能娓娓道来。

这次双方的交流互动很成功，张维的兴奋溢于言表。董事长做了总结性发言：“菜菜农业是一个极具成长空间的投资项目，也是非常符合当前国家的政策导向和发展趋势，关乎乡村全面振兴的实施。一村一街点对点模式很好，不仅可以解决市民对新鲜农家菜的需求问题，还能有效减少城郊土地抛荒现象。”最后，他要求集团网络项目部和农业项目部好好研究这个项目，争取早日达成合作意向，签订合作协议。有了国资集团的加入，“菜菜农业”的发展将蒸蒸日上。

3.4　菜菜农业打造共享农村

党的十九届五中全会提出强化以工代补农、以城带乡，推动形成工农互促、城乡互补、协调发展、共同繁荣的新型城乡关系。借着党的十九大的这股东风，“菜菜农业”大有作为，张维满怀期待更多懂农业、知农村、爱农民的年轻知识分子扎根乡村、共同搭建“区域农产品配送+全域乡村旅游”网络体系，实现真正的“共享农村”。

随着“菜菜农业”的不断发展，必将推动“一村一街点对点”城郊乡村运营模式的整体形成，意味着整个长沙市甚至整个湖南省将划成一块一块小区域，由城郊乡村一一对应，依托周边的蔬菜资源建立信任关系之后，通过互联网系统下单，实现城乡循环畅通、信息随时共享，构建城乡统一大市场，让城乡资源深度互动起来，促进城乡可持续发展。

目前，“菜菜农业”覆盖的品类主要还是当地的生鲜蔬菜，存在部分品类单一的情况。如果借助目前“一村一街点对点”的模式把全省其他地市的新鲜蔬菜带进来，就可以彻底解决这一问题。具体操作上，用户还是通过小程序下单，之后到提货点取货即可；而在供应这一端，当收集好用户需求后，“菜菜农业”通知其他地市供货点需要供应的数量，其他地市采摘点第二天一早进行采摘，然后将采摘好的果蔬运送到城郊指定地点，乡村经纪人到指定地点取走需要配送的果蔬，再送到负责街道的指定提货点。

对大多数农村人而言，除了自己可以种植东西以外，想要买其他东西相对比较困难。品类不全、质量不佳、假货盛行等问题在农村依旧严重，因此，张维想到：自己的平台不仅可以实现生鲜由小农户向城里输送，而且可以把城里的好物带回农村，这样能让小农户变成“菜菜农业”的用户，在小程序上下单；同时，城里对应街道的产品提供者，也能让好物搭上乡村经纪人送菜回程的“顺风车”，来满足小农户的实际需要。

第4章　尾声

不知不觉，天色将晚，暖暖的夕阳透过窗户洒在张维的肩上。他缓缓起身，走向菜园，身影显得越发高大。同学和老师们望着乡村独有的美景，不觉惊叹于“一把小菜”竟能融通农村与城市，促进小农户迈向共同富裕之路。

张维一路走来，磕磕碰碰、反反复复，折腾不少，他隐约中觉得自己小有进步，但品味沧桑，仰望苍穹，个人的力量实在弱小，犹如大海一滴水，空中一粒尘。如今“菜菜农业”通过“一村一街点对点”帮助小农户增收取得了一定的成绩，但未来的路还很长，要做的事还很多。

老师和同学们也对“菜菜农业”的未来燃起了浓浓的好奇，这“一把小菜”能否延续小农户与现代农业发展有机衔接的故事，我们拭目以待……

启发思考题

1.通过阅读本案例，分析创始人张维为什么创立“菜菜农业”公司？

2.结合本案例，请分析菜菜农业的“一村一街点对点”模式？

3.结合菜菜农业的农村社会创业过程，分析张维如何获取资源支持商业模式设计与创新？

4.与一般的社区团购相比，“菜菜农业”有何独特之处？

5.如果你是张维，“菜菜农业”这种模式未来将如何发展推广？地方政府在此过程中应扮演何种创业角色？

附录1：“菜菜农业”公司微信平台简介

2018年1月，“菜菜农业”公司注册“乡约菜菜”小程序，2019年、2020年进行了两次升级，主要分为两大板块：小农户和现代农业（见附图1–1）。前者包括标准化蔬菜、农户介绍、信息发布等内容，现代农业是以市场为导向发展乡村旅游，主要包括当地的一些水果与蔬菜采摘基地、民宿、农家乐、垂钓休闲等等。2020年12月，小程序因系统升级而停止使用。

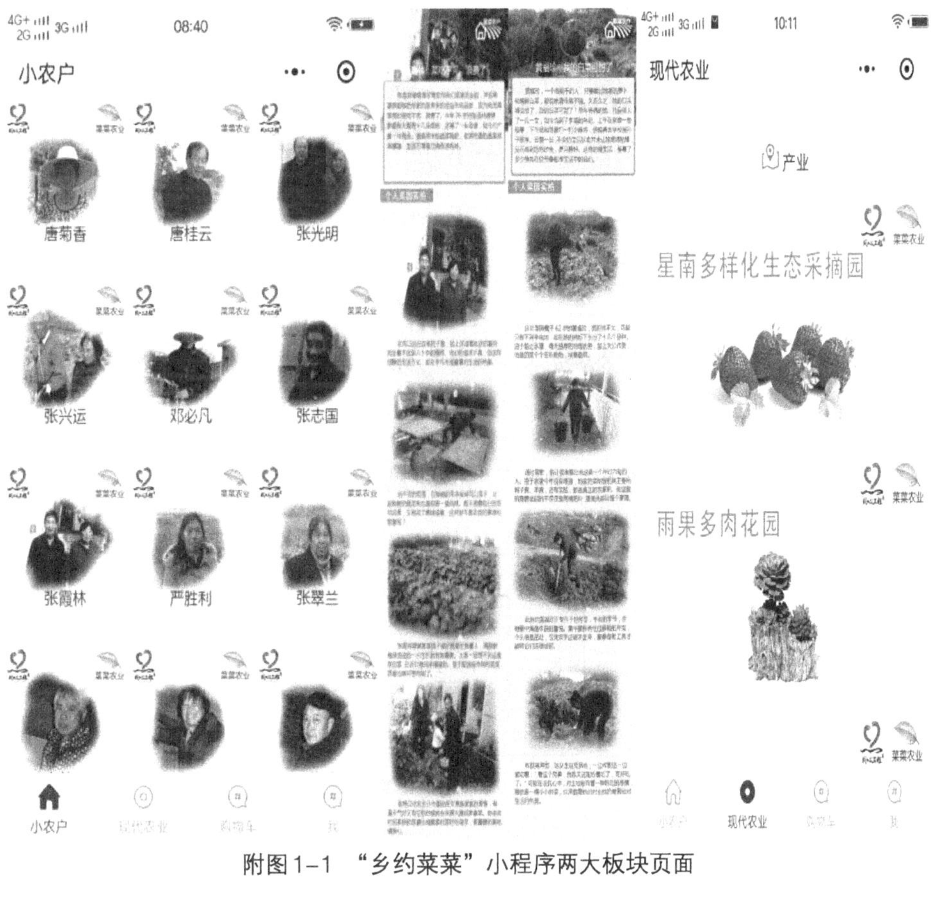

附图1–1　“乡约菜菜”小程序两大板块页面

2018年1月，“菜菜农业”注册“菜菜农业”公众号（附图1–2），主要用于发布公司信息、品牌推广、招商加盟等等。

2021年1月，使用“菜菜农业”微信群接龙小程序（附图1–3）。

附图1-2 “菜菜农业”公众号

附图1-3 “菜菜农业”微信群接龙

附录2：“一村一街点对点”运作模式示意图

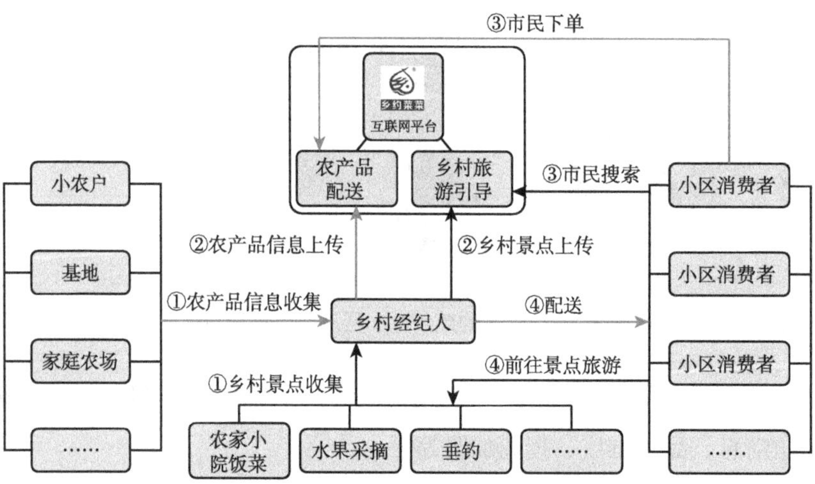

附图2-1 “乡约菜菜”网络平台功能简图

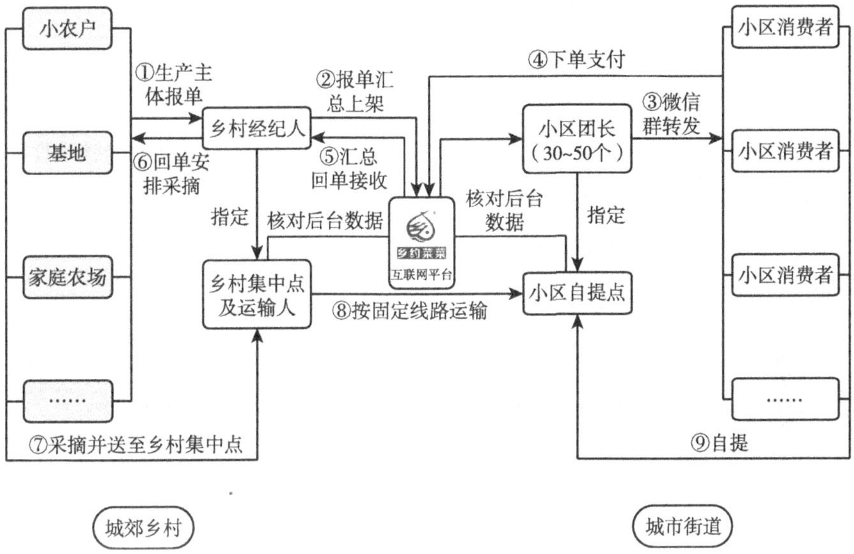

附图2-2　“一村一街点对点”城郊乡村农产品配送简图

附录3：新闻采访报道

长沙晚报：https：//www.icswb.com/h/102021/20180330/531356.html.

湖南日报：https：//hunan.voc.com.cn/article/201902/201902110626003010.htm.

新华网：http：//www.xinhuanet.com/fortune/2020-08/06/c_1126332063.htm.

人民日报：http：//data.people.com.cn/rmrb/20200820/5.

2020.3.10湖南潇湘电影频道报道“菜菜农业”：https：//m.v.qq.com/z/msite/play-short/index.html?cid=&vid=o0943i9flaa&qqVersion=0.

2020.10.28中央新闻联播报道“菜菜农业”：https：//app.cctv.com/special/m/livevod/index.html?guid=c8023d01d18d47a1b6d646d05ba79603&vtype=2&vsetId=C10437.

附录4：“菜菜农业”大事记

时间	事件
2017年11月23日	红网【党的十九大笔记】张维：做新时代下的新农民 在现代化中振兴新农村
2017年12月	创始人张维获评2017年度优秀政协委员
2018年1月30日	湖南菜菜网络科技有限公司成立
2018年2月	创始人张维获评长沙市十佳农村创客
2018年6月	创始人张维获评长沙市首届农业青年人才十佳领头雁
2018年12月8日	三湘统战【统一战线能人回乡】张维：帮助小农户是我的梦想
2018年12月	创始人张维获得中国农工民主党长沙市优秀党员
2018年12月	“乡村互联网+三个一”项目获评长沙市委统战部“同心建设示范点”
2019年2月19日	湖南卫视新闻联播报道：乡约菜菜模式“互联网+农业 精准对接城市需求和农村供给”
2019年2月25日	湖南卫视新闻联播报道：“乡约菜菜”模式“共享农村”
2020年2月	新冠疫情暴发，天心区南托街道沿江村配送蔬菜10余万斤
2020年2月	“乡村互联网+三个一”项目获评长沙市委统战部“同心创建示范点”
2020年3月	由新华社主办，以抗疫英雄获评“中国往事·创始人张维感动2020”一季度网络感动人物
2020年3月10日	湖南潇湘电影频道报道：发现社区团购新方向“共享农村”
2020年5月	天心区委网信办拍摄【我的璀璨天心】搭建城市和乡村的绿色桥梁
2020年8月6日	新华每日电讯头版报道：500户农民上“菜菜”，城乡互动热起来
2020年8月20日	人民日报图片报道：天心区蔬菜配送点对点
2020年10月28日	中央电视台新闻联播：育新机、创新局，畅通城乡循环、构建统一大市场，报道天心区菜菜运行模式
2020年11月14日	“乡约菜菜”商标注册成功
2020年11月9日	“乡约菜菜”首家门店在天心区赤岭路街道江山如画小区开业
2021年初	“区域农产品配送+全域乡村旅游”网络系统申请软件著作权

专题五

茶香飘满扶贫路：
湘丰茶业的社会责任实践

案例名称	茶香飘满扶贫路：湘丰茶业的社会责任实践
创作团队	徐婕、舒澍成
指导团队	周宇飞、刘湘辉
思政元素	企业家精神与社会责任、党员担当、精准扶贫与乡村振兴

一、案例简介

湘丰茶业集团有限公司（以下简称“湘丰茶业”）是一家位于长沙市百里茶廊的农业产业化龙头公司。2021年10月27日，在第十七届中国茶业经济年会上，湘丰茶业再度被评选为：“2021中国茶业百强企业”“2021年度茶业领军企业”，名列第四位。本文以湘丰茶业为调研对象，通过案例研究方法，重点分析了湘丰茶业坚持以企业社会责任为导向的企业发展历程。对乡村振兴与双循环大背景下的中国农业产业化龙头企业具有重要的借鉴意义。

思政元素：

农业龙头企业是打造农业全产业链、构建现代乡村产业体系的中坚力量，在带动农民就业增收、加快推进乡村全面振兴中发挥着无可替代的积极作用。增强龙头企业社会责任意识，发展多样化的联合与合作，完善与各类经营主体的联结机制，对全面推进乡村产业振兴具有重要意义。本案例的课程思政主要表现在四个方面：一是阐述湘丰茶业积极践行社会责任并不断发展壮大的创业过程，进一步阐明履行企业社会责任和企业发展并不矛盾，可以相辅相成；二是在学理上对企业社会责任的定义和演进过程作了科学阐述，基于理论视角分析了践行企业社会责任是如何促进企业发展的；三是基于利益相关者视角在实践层面阐述了履行企业社会责任促进企业发展的路径；四是通过榜样的力量增强案例使用者履行企业社会责任的意识，培育学生知农爱农、投身乡村振兴的情怀。

二、案例创作思路

本案例按照从理论出发研究案例再回到实际指导实践的思路来分析案例。首先找出湘丰茶业履行社会责任的具体行动，加深对企业社会责任的基本概念和内涵的理解和把握。其次，依照“由浅入深”的分析原则，分析优秀的企业为什么会积极承担社会责任？会不会违反利润最大化原则？企业发展过程中社会责任是一成不变的吗？如果不是，又经历了怎样的演变？为什么会经历这样的演变？从企业社会责任的发展趋势来看利润最大化问题，教师与学生共同梳理得到企业社会责任的演变路径。最后，运用利益相关者理论分析案例中的湘丰茶业是如何针对不同的利益相关者来分别承担社会责任的。

深入剖析湘丰茶业实现价值共创的机理，着重落脚于指导实践，分析案例企业带来的启示。另外，湘丰茶业作为一家民营企业，其董事长的社会责任感也在企业社会责任实践之路上发挥了重要作用，最终形成了独特的企业文化。图0–1展现了本案例的研究思路。

三、案例应用

本案例主要适用于商业伦理与企业社会责任、农业企业经营管理等课程，用来呈现企业的社会责任实践、企业文化与企业承担社会责任的关系以及企业与利益相关者等主题。本案例通过对湘丰茶业的社会责任实践之路进行回顾，展现企业履行社会责任助推精准扶贫与乡村振兴的历程。具体的教学目标如下：

（1）帮助学生了解农林企业对社会责任的担当以及企业社会责任的内涵，企业承担社会责任采取的社会活动的分类。

（2）思考企业履行社会责任的动因，辨析以往履行社会责任就会违反利润最大化的观点，培养学生进行系统分析、辩证分析的能力。

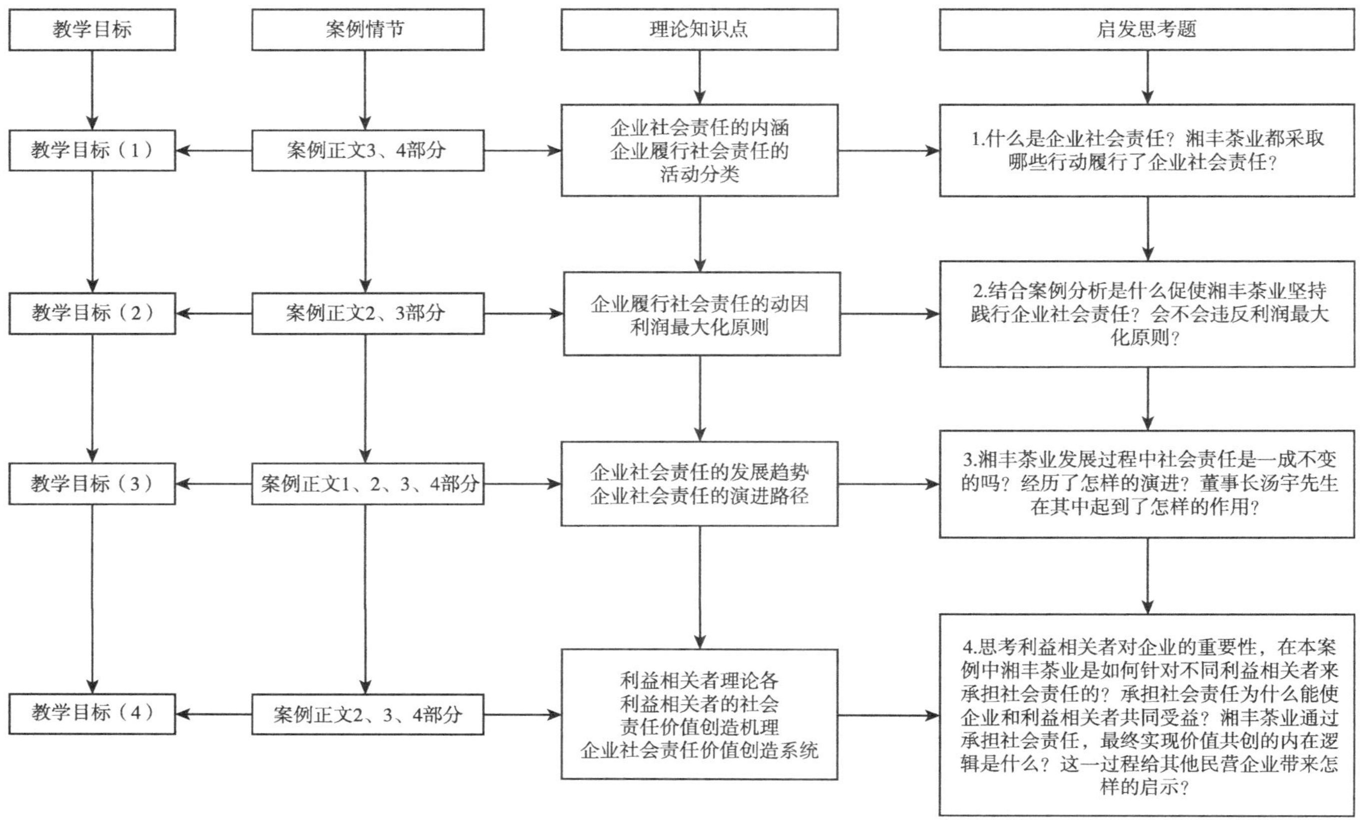
教学目标
案例情节
理论知识点
启发思考题
教学目标（1）
案例正文3、4部分
企业社会责任的内涵
企业履行社会责任的
活动分类
1.什么是企业社会责任？湘丰茶业都采取哪些行动履行了企业社会责任？
教学目标（2）
案例正文2、3部分
企业履行社会责任的动因
利润最大化原则
2.结合案例分析是什么促使湘丰茶业坚持践行企业社会责任？会不会违反利润最大化原则？
教学目标（3）
案例正文1、2、3、4部分
企业社会责任的发展趋势
企业社会责任的演进路径
3.湘丰茶业发展过程中社会责任是一成不变的吗？经历了怎样的演进？董事长汤宇先生在其中起到了怎样的作用？
教学目标（4）
案例正文2、3、4部分
利益相关者理论各
利益相关者的社会
责任价值创造机理
企业社会责任价值创造系统
4.思考利益相关者对企业的重要性，在本案例中湘丰茶业是如何针对不同利益相关者来承担社会责任的？承担社会责任为什么能使企业和利益相关者共同受益？湘丰茶业通过承担社会责任，最终实现价值共创的内在逻辑是什么？这一过程给其他民营企业带来怎样的启示？

案例研究思路

（3）通过引导学生总结企业社会责任演进路径，加深对社会责任承担的理解，树立作为管理者应履行企业社会责任的意识。

（4）学习企业如何平衡好对不同利益相关者的社会责任，深入探讨企业实现价值共创的内在逻辑，训练学生总结推理的能力。

四、学生撰写案例感受

徐婕：感谢老师的信任让我参与此次案例撰写，从最开始案例结构不清晰、典型事件遗漏、课堂设计不合理到后面在老师的指导下文章逐步完善，这个过程给我带来了很大的收获。对企业的案例分析使我感受到了企业承担社会责任的重要性与必要性。企业在成长过程中积极践行对利益相关者的社会责任是社会发展的呼唤，也是企业自身发展的需求。此外，案例的撰写是一个从具体到抽象的过程，通过对企业进行实地调研了解企业的发展历程，再从企业的日常经营中抽象出现实的管理问题，这些都极大地促进了我在思维方式上的转变，让我在以后的研究学习中更加关注理论与现实的对话。

舒澍成：参与本次案例撰写，真正实现了袁隆平院士的“将论文写在祖国大地上”的论断。在案例调研过程中，我们尊重企业实际，不错过任何细节；在案例撰写过程中，我们深入分析企业开展社会责任实践的每个过程，剖析其行为产生的复杂原因，为其他企业承担社会责任提供理论基础与实践依据。为全面建设社会主义现代化强国，我国企业应当秉承“取之于民，用之于民”的理念，积极承担社会责任，投入“三农”建设，不仅有利于企业长远发展，更对我国乡村振兴全面实施具有深远意义。

五、完整案例文本

茶香飘满扶贫路：湘丰茶业的社会责任实践

摘要：农业龙头企业承担着推动乡村振兴的重大历史使命，在农民增收、农业增效方面发挥着积极作用。湘丰茶业集团从成立之初到发展壮大一直努力地践行社会责任。本文分析了湘丰茶业集团坚守“发家不忘地方父老乡亲，致富不忘残疾人困难户，厂兴不忘扶贫助弱”初心，秉承“志在让国人喝上放心茶、科技茶、品质茶；志在提升中国茶业产业总体加工技术水平；志在打造一支优秀的茶业湘军，代表湘茶走向全国走向世界”理念在企业成长过程中积极践行社会责任助力精准扶贫与乡村振兴的实践，展示一名民营企业家带领集团履行对政府、消费者、员工、合作伙伴、环境和社区的社会责任并实现企业成长的发展历程。案例对农业企业如何履行社会责任以及在精准扶贫和乡村振兴中发挥作用等方面有借鉴意义。

引　言

从星沙出发，沿黄兴大道一路北上，跨越果园、路口、福临等七镇，一路茶垄含绿吐翠蜿蜒100多公里，湘丰是百里茶廊中不可错过的风景。丰收时节，走进金井三棵树茶园，可以看到一个个忙碌的身影穿梭在其中采下一片片嫩芽。负责指挥生产的林涧泉看到丰收的景象更是高兴得连连夸赞：“原来我们村都是各干各的，规模小，根本就谈不上什么效益，有能耐的人都外出打工去了。自从湘丰茶业和我们村企共建后，村民们就可以把土地流转出去，自己不担风险还有钱挣。”周围的村民听到林涧泉介绍的话都纷纷附和：“咱们以前从来没想过茶叶还能这么种”，“现在我家那口也不用跑老远去打工了，就在家门口比去外面挣得还多”。这助力村民脱贫背后的推手正是拥有这片茶园的公司——湘丰茶业。

2021年10月27日，在第十七届中国茶业经济年会上，中国茶叶流通协会发布了“2021中国茶叶行业年度调查结果”，正式公布了“2021年度茶业百强县”“2021年度茶旅融合特色县域”“2021年度智慧茶业样板县域”“2021年度茶业百强企业”和“2021年度茶业领军企业”等榜单。湘丰茶业集团有限公司（以下简称“湘丰茶业”）再度被评选为“2021中国茶业百强企业”“2021年度茶业领军企业”，名列第四位。与此同时，湘丰茶业所在的湖南省长沙县被评为“2021年度茶业百强县”和“2021年度智慧茶业样板区域”。这份排名报告，不仅是对湘丰茶业的认可，更是对其未来发展的激励。

会后，湘丰茶业的汤宇董事长不仅收到了来自亲朋好友的祝贺，还收到了多家媒体采访的邀约。看着手机上不断传来的信息，汤宇董事长也不禁感慨时光匆匆，当年临危上阵接手脱甲茶厂的日子仿佛还在昨天……

第1章　临危受命，勇担党员使命

1.1　勇挑重担创奇迹

1996年，由于经营不善，乡办集体企业脱甲茶厂面临破产危机。乡政府领导知道汤宇头脑灵活、责任心强，于是派人找到汤宇，希望他能够帮忙承包茶厂。面对领导的邀请，汤宇十分犹豫，一方面自己从未种过茶，既没有制茶的技术，也没有销售茶叶的经验，看起来十分不适合接手这个烫手山芋；另一方面，脱甲茶厂是一个有30多年历史的集体企业，作为一个党员，又怎能忍心看着它在自己眼前消失呢？最终汤宇出于为父老乡亲做点事的考虑，还是决定承包茶厂。此时的汤宇还不知道，在之后的20多年里他会一直深耕茶行业。正如汤宇自己所说："我做梦也没有想到，自己这一生会种茶办茶场，迷上了茶。"

当时的茶厂是标准的"三无"厂家，无资金、无技术、无人才。茶厂承包下来后，汤宇面临的第一个问题就是资金不足。为了补上资金缺口，那段时间汤宇基本上天天跑银行，希望能找到贷款。资金虽然紧缺，但汤宇仍然保证了茶厂提供的茶叶质量，没有盲目抬高茶叶价格，也没有拖欠过农民工资。渐渐地，凭借在采购商和消费者那里积攒下来的好口碑，茶厂得到了越来越多的关注和支持，企业得以起死回生！汤宇创造了一个奇迹！1997年7月，汤宇买断了茶厂所有权。1998年，正式将脱甲茶厂更名为湘丰茶厂，此为湘丰集团的前身。

1.2　战略合作稳发展

渡过最初的难关之后，湘丰茶厂逐渐步入了正轨。但是很快新的问题又暴露出来，茶厂的生产效率太低难以承接大订单的任务。汤宇察觉到这一困境却苦于没有专业技术，直到2002年发生的一件事给困境的解决带来了突破口。这年夏天的一个中午，中国科学院长沙现代化农业研究所（现为中国科学院亚热带农业生态研究所）的工作人员找到汤宇，表达了想要在茶厂的田地进行实验的想法，汤宇一听通过实验可以改进技术，这是好事啊，于是二话不说签订了合作计划。茶厂为中国科学院长沙现代化农业研究所提供免费场地进行实验，中国科学院长沙现代化农业研究所则为湘丰茶厂提供免费的技术支持。这次合作不仅给研究所提供了便利，而且在中国科学院的帮助下，湘丰茶厂在茶园培管、生产加工和产品研发等方面也得到了质的提升。

第2章 扬帆启航，“三志”理念定初心

2.1 政策助力强信心

湖南省委、省政府高度重视茶叶产业的发展，将茶叶产业看作富民强省的重要产业。地方政府对茶产业的大力支持坚定了汤宇做大湖南茶叶产业、打造茶叶知名品牌的信心。2005年，湘丰茶厂正式更名为湖南湘丰茶业有限公司（以下简称“湘丰茶业”），标志着从家族企业向集团企业的转变。汤宇曾在采访中提到：“湘丰茶业从一个破败小厂到如今的规模，离不开政府的扶持，如果不是政府在湘丰最艰难的时候伸出援助之手，现在恐怕也不会有湘丰这个公司了。人要懂得感恩，偷税漏税的事情我是想也不会想的，更别说去做了。湘丰把利税交给国家，国家用这个钱去帮助更多需要帮助的人。”本着对政府负责的态度，湘丰茶业始终坚持依法经营、诚信经营的宗旨，以“纳税报国、反哺社会”为己任。在公司内部开展有关培训提高集团员工依法纳税的意识，规范财务会计相关工作，并把依法纳税作为考核企业管理人员工作业绩的根本依据。由此还被税务部门评为纳税信用A级企业。

2.2 抗击天灾迎挑战

尽管有政策的扶持，从事茶产业的湘丰还是有着“靠天吃饭”的特征。2008年1月，湖南省遭受了特大冰灾。湘丰茶业也在这次冰灾中受到重创。“当时的湘丰，刚刚注册成立不久，那场冰灾导致湘丰的茶树基本都被冻坏了，订单是前年就签了的，茶树冻坏以后，我们没有办法提供茶叶，又无法支付巨额违约金，当时我知道，湘丰面临了成立以来最大的考验。”汤宇现在回忆起当

时的湘丰集团，都难掩悲痛之色：“当时我也想过不然就放弃，以后找个工作度日，但是只要一想到湘丰一旦破产，周边村民就将面临失业，好不容易大家伙的生活刚刚改善一点，又将一朝回到解放前，就决定不管多难，都一定要坚持下来。”正是这份对集团、对村民的责任感驱使汤宇面对困境迎难而上，最终在政府的扶持和社会各界的帮助之下，湘丰茶业渐渐复苏。

经过这次事件，汤宇深深感受到了社会各界人士的爱心，下定决心以后一定要“发家不忘地方父老乡亲，致富不忘残疾人困难户，厂兴不忘扶贫助弱。”“政府的扶持政策将湘丰从破产边缘拉回来，社会各界的关心给了我重振湘丰的信心，地方群众在湘丰最艰难的时候不离不弃，和湘丰一起努力。当时我就想，只要过了这段艰难的时期，将来我一定反哺于民，去帮助更多需要帮助的人。”谈到此处，汤宇感恩之色溢于言表。后来的湘丰，也真正按照他所说的在做。

2.3 技术升级做精品

随着企业规模不断扩大，传统手工制茶的缺陷逐渐暴露出来。按日产500公斤干茶来算，至少需要30个人工，在用工成本高昂的今天，加工自动化标准化成了摆在湘丰茶业面前的必然选择。

2007年，湘丰茶业第一次提出“机器换人”的设想，拿出1 000万元从日本引进全自动生产线。出乎预料的是，日本先进的机械设备在我国遭遇了水土不服。“日本在机械化方面有优势，但制茶工艺却不如我国。产出的茶叶栗香不足，品相欠佳。”回忆起这段经历，汤宇解释道，当时也有人提议做量产不必在意这一点瑕疵，“但好茶是喝出来的，既然消费者选择我们，信任我们，作为湘丰人，一定要保证茶叶的品质，马虎不得。”于是汤宇毅然决定放弃引进国外机器自主研发生产线。

起初身边的人都不看好自主研发生产线这条路，只有省茶叶产业技术体系首席专家包小村对汤宇的提议很感兴趣。于是湘丰茶业聘请包小村挂帅，开展产学研科研攻关。经过反复试验，终于从成千上万个数据中，设定出卷曲型毛尖自动化生产的最佳工艺参数。湘丰茶业又与中南大学合作，由中南大学提供电气自动化、机械制造等方面的技术力量，逐一攻克杀青、揉捻、风选、炒制、烘干等各个环节的机械化生产难题，最终在2010年成功研发出炒青绿茶全自动生产线。这次的生产线精确控制，确保茶叶品质始终如一。如今公司拥有红茶、绿茶全自动生产线、绿茶精制包装生产线、黑茶加工生产线等多条生产线；在生产过程中率先全面实现了自动化、清洁化和规模化生产。一直致力于打造茶叶产业全产业链标杆，公司研发的茶叶生产线和智能化单机在十多个主要产茶大省非常畅销。当然最重要的是技术升级的同时没有辜负消费者的信赖，依然保证了茶叶入口的口感。

2.4　生态化种植提品质

2011年河南“瘦肉精”事件暴发，消费者对食品行业的信任度急剧下降，也给湘丰茶业敲响了警钟。汤宇深知消费者对公司的重要性，在茶叶质量方面从不马虎。湘丰茶业在长沙县、常德市和保靖县等地设有茶业基地，利用当地适宜的环境种植相应的茶叶。长沙县的湘丰飞跃基地内的山地丘陵土壤含有丰富的有机质和微量元素，是中国科学院唯一一家有机茶园的示范基地，同时也是茶叶标准化国家级示范基地（见图2-1）。常德市壶瓶山基地是湖南海拔最高的高山有机茶基地，也是湖南茶叶种植面积大、产量大的地区，被国务院批准

图2-1　湘丰茶业现代化基地

资料来源：湘丰茶业集团官网

为自然保护区，成为湖南省重点生态旅游区。湖南保靖县基地拥有日产1吨的湘西最大的名优绿茶清洁化生产线，集中连片繁育1 000万株以上黄金茶苗，早春保靖黄金茶的氨基酸含量是同期其他绿茶含量的2倍以上，保靖黄金茶基地成为目前茶叶营养内含物品质最高的基地。

保障茶叶质量的同时，汤宇深知公司要想长远发展，就绝对不能破坏环境。技术升级给湘丰茶业带来生产效率提高的同时，也不可避免地会产生很多污水。以前一般都是直接排放在附近的沟渠中，但长此以往，不仅会散发难闻气味，还会影响当地村民的居住环境和健康。为此，湘丰茶业依托中国科学院亚热带农业生态研究所、湖南省茶叶研究所和湖南农业大学，不断提高产品质量，绿色安全生产，采取节能降耗措施，加大污染治理的力度，提高企业内部员工节能降耗意识，加强对周边环境、食品安全及食品生产管理等各方面的把控。为了保护环境，专门花高价购置了一整套污水处理设备，把污水净化以后再进行排放，这样不仅保护自然环境，更节约了水资源，真正做到"绿水青山就是金山银山"，实地践行可持续发展战略，实现了"节能、降耗、减污、增效"的目标。

第3章　心怀百姓，牢记使命担责任

3.1　以人为本做公益

从2001年开始，汤宇每年都出资10多万元，资助附近的村庄修路、建学校，积极投身帮助五保户等社会公益事业。获得了"五保户、老百姓，哪里出了什么问题，谁临时等钱用，跟汤宇开个口，汤宇都会马上派人送钱过去"的良好口碑。当时，汤宇还未真正理解企业社会责任，只是跟随本心为群众做一些自己力所能及的事情。

在公司管理中，汤宇一贯奉行"以人为本"的管理理念，使员工的个人价值观和企业的价值观得到统一，塑造了以追求品质为核心的企业文化。湘丰茶业按时为员工缴纳五险一金，保障员工合法权益，解决员工的后顾之忧。为了帮助员工了解自身身体情况，也为了保证产品安全，湘丰茶业会定期组织员工进行健康检查。除了基本的福利待遇外，汤宇还非常注重员工的培养，投入大量财力、物力、人力建设员工文化中心，提升员工文化素养，以实际行动鼓励和支持员工在岗学习和提升；为员工定期举办技术培训讲座，邀请行业内知名专家以及高校教授为员工上课，旨在提高员工专业知识，提升员工竞争力和归属感。汤宇也给予了公司员工充分的人文关怀，比如改善员工食宿条件和文娱活动形式；深入了解员工家庭情况，对于困难员工，采取每月发放补贴的形式对其进行援助；对于突逢变故的员工，组织员工进行捐款捐物，帮助困难家庭渡过难关。湘丰茶业十多年来累计发放员工工资达1.5亿元，员工年均收入达2万元以上。

在汤宇的带领下，湘丰茶业非常关注社会问题，热心参与公益事业。2014年8月28日，湘丰茶业在飞跃基地举行冰桶挑战赛，并在各大平台积极宣传，旨在让更多的人了解渐冻人、关爱渐冻人（见图3–1）。此外，湘丰茶业还承诺在活动期间湘丰天猫旗舰店每销售一款黑茶产品就为此项慈善项目捐出1元公益善款。9月，湘丰茶业发起戒酒喝茶活动，通过网络宣传的方式发布戒酒誓词与喝茶誓言，倡导茶为国饮（见图3–2）。

图3–1　冰桶挑战现场

戒酒誓词！ 为健康你不得不转！

湘丰茶业 2014-09-17 09:58

点击上方蓝字加关注

我宣誓，我志愿退出喝酒队伍，我不再遵守喝酒纪律、不再维护酒场秩序，任何场合拒绝酒精，主动跑路，敢于装病，积极钻研各种躲酒策略，开心享受湘丰茶，应酬时，男人多坐女人堆，女人多坐小孩堆，逃不掉坐角落堆，席间不发言，不引人注意，勤上厕所，不给酒精任何机会，不敬酒，不主动，别人喝多了帮忙抬他去厕所。如果你也愿意，请转发这条公益微信，提高身体素质从我做起！**珍惜生命，远离酒局，请喝湘丰茶！**

图3-2 公众号宣传戒酒运动

资料来源：湘丰茶业集团官网及公众号

3.2 防灾抗疫大爱无疆

2017年7月，浏阳河水位暴涨，长沙经历了洪水的考验。此次湖南洪灾影响巨大，湘丰茶业虽然也蒙受了一定损失，但汤宇仍然心系灾区人民。得知灾区群众目前急需粮食等物资，7月10日，汤宇向受灾严重的黄兴镇群众捐赠了价值10万元的大米、粉丝和茶叶，并运送至灾区，通过黄兴镇人民政府向群众发放，帮助灾区人民渡过难关。

2020年2月，新冠疫情牵动着每一个国人的心。汤宇号召集团上下认真做好疫情防控工作。他说："我们把企业疫情防控工作做好了，不但能减轻员工家庭的负担，更能减轻国家的负担。"在汤宇的高度重视下，湘丰茶业集团没有出现一例疫情。在做好企业疫情防控的基础上，在2020年元宵节前，汤宇还加急准备了一批20多万元的物资，捐献给防疫单位，同时还号召集团各企业主动采购口罩、消毒用品等物资向社会开展无偿捐赠活动（见图3–3）。汤宇坚信：万众一心，没有翻不过的山；心手相牵，没有跨不过的坎。

图3–3　湘丰茶业积极参与疫情防控

资料来源：湘丰茶业集团官网

3.3　践行责任融入企业文化

在湘丰茶业，公司支持员工奉献他们的时间为社区组织和公益事业出一份力。2017年，湘丰茶业发布了第一份《企业社会责任报告》。报告一经发布，就得到了巨大反响。员工以前对公司的印象只是停留在自己身上钱包越来越鼓和家园越来越美，但认真阅读报告后，纷纷表示原来公司做了这么多好事，以后将上行下效，跟随公司一起为社会做更多的贡献。在独特的企业文化影响下，众多的湘丰人利用空闲时间参加社区志愿者活动。

2021年8月24日，湖南省委副书记、省长毛伟明在调研湘丰茶业时指出，湘丰茶业让“一片叶子”富裕更多百姓。至此，湘丰茶业也从原先单纯的出资为公益事业做贡献成长为将践行社会责任融入企业文化的企业。

第4章　精准扶贫，助推乡村振兴

4.1　精准扶贫促发展

自国家推出精准扶贫政策以来，湘丰茶业用实际行动表明了精准扶贫的决心。在湘丰村，仅每年土地流转费用，集团就出资近千万元，壮大了村集体经济；在金井镇，湘丰茶业税收占到全镇的70%；在湖南省，湘丰茶业通过“公司+基地+合作社+农户”模式，带动20万以上农户就业、增产、创收。

4.1.1 高价收购茶叶，带动村民赚钱

湘丰茶叶来源于各个茶叶基地、当地茶叶合作社以及农民散户。可能短期来看，对茶叶的高价收购是一件愚蠢的事。但作为湘丰茶业的董事长，汤宇想得更长远：“湘丰茶业在产品质量方面一直有着严格的标准，但是帮助村民打赢脱贫攻坚战也是我们的使命，如何在高质量茶叶和保证合作伙伴利益中寻找一个平衡点，既能让合作伙伴赚钱，又能保证茶叶质量，是我们一直在思考的问题。”以往村民往往是依据经验种植茶叶，种出的质量时好时坏，经常有茶叶卖不出去。经过多方考量和讨论之后，汤宇派出专业技术人员前往基地，手把手教当地农户种植。这样一来，村民种出了高质量的茶叶，湘丰茶业再以市场价甚至高于市场价的价格收购村民茶叶，带动了村民赚钱。附近的留守村民也可以依靠种茶叶的收入实现自给自足。此举不但保证了湘丰的茶叶质量，而且未辜负“放心茶、科技茶、品质茶”的理念，高价收购也保证了合作伙伴的利益，增强了双方信任，营造了互利共赢的结局。

4.1.2 极力发展周边经济，缓解村民就业压力

湘丰茶业以前还是一个小厂的时候，就带动了周边村民的就业，厂里有80%的员工都来自周边村庄。后来随着湘丰茶业的发展，不断引进各高校优秀毕业生。但是对于愿意来湘丰茶业工作的村民，汤宇都会为他们提供合适的岗位，让他们凭借着自己的劳动和知识走上脱贫之路。汤宇在为村民创造就业岗位方面花了许多心思：“例如湘丰茶业的关联公司——长沙金薯食品有限公司拥有一整套自动化设备，但是为了给附近村民提供就业岗位，我们经过讨论以后一致决定取消最后称重和包装的自动化工序，转而采用人工，这样就能为周边村民提供十几个就业岗位。”目前，湘丰村以及附近村民有近百人是湘丰集团的固定员工，主要负责车间、包装、基层管理和机修等工作，待到采茶时节，汤

宇会高薪聘请周边村民采茶，竭尽所能为周边村民提供就业岗位。针对年龄较大、不适宜在集团上班的村民，汤宇提出了“先种植后返利”的政策。前期由湘丰集团出资，为村民提供茶苗、肥料等，并且派专人指导村民种植茶叶，在茶叶丰收后，湘丰集团从收购价中扣除前期费用，然后将剩下的资金返还给村民。这种“先种植后返利”的商业模式既提高村民积极性，又保证茶叶质量，营造了双赢的局面。可以说湘丰茶业为了帮助村民脱贫的努力村民都看得见，也因此得到了附近村民的一致好评。

4.1.3　提高村级经济收入，完善基础设施

以往给村里捐物资的方法只是治标不治本，经过长时间的思考与讨论，汤宇想到一个提高村级收入的好办法。经过沟通以后，在村级成立合作社，自此开启湘丰集团和村级合作社的互利共赢之路。湘丰集团又是怎样和村级合作社实现互利共赢的呢？一方面，湘丰茶业的土地大部分来源于村级合作社流转，以每亩740斤稻谷向村级合作社租赁土地，村级合作社以每亩700斤稻谷从村民处流转，中间每亩40斤稻谷的差价就是村级收入；另一方面，湘丰村每年出资修建栅栏和沟渠等基础设施，湘丰茶业则每年向湘丰村支付固定投资的5%作为租金。现在湘丰茶业为村级各项经济收入创收总额达到约100万元/年，解决了大部分村民的经济压力，真正做到了“发家不忘地方父老乡亲，致富不忘残疾人困难户，厂兴不忘扶贫助弱”。

4.2　茶旅融合促振兴

起初汤宇还没有想过开展旅游业务，慢慢地，茶园宜人的风光、清新的空气吸引了很多游客自发前来参观。意识到游客的需求，汤宇想到仅靠当前公司提供的工作岗位只能保证村民脱贫。是不是可以把茶园打造成旅游景点，促进农业与旅游业的结合，带动更多的工作岗位，为村民提供一条致富渠道，为乡村振兴创造更多的机会呢？

2014年1月，湖南湘丰茶业旅游开发有限公司正式营业。并引进台资、花海和三珍虎园建设旅游板块，每年慕名前来参观的游客达到30万人次，在5.5

万亩的绿色茶园尽情享受大自然的美好，与采茶姑娘一起体验手工制茶的乐趣。辐射了周边众多产业，就业需求也大幅增加。还有游客来拍婚纱照、办生日派对、开展团建，有效带动了当地经济发展。随着网络时代的到来，湘丰茶业乘着互联网的东风，开展一系列特色活动，吸引网络名人前来打卡。2015年，新浪微博的10位大咖们开启了来湘丰茶博园“找茶”的大V行程，同时也拉开了首届“长沙国际茶文化旅游节”的序幕。时至今日一年一度的“长沙国际茶文化旅游节”和“湘丰茶博园帐篷露营音乐节”已经成为长沙市民不可错过的茶旅盛会（见图4-1）。

图4-1　茶旅结合

资料来源：湖南红网

2017年，来自弘毅新华中学的1 000余名初三毕业生在湘丰茶博园举行了毕业典礼。此次毕业典礼结束以后，弘毅新华中学的老师反馈有很多同学对茶叶产生了浓厚的兴趣，这也给汤宇带来了新的思路。“如果能通过我们的茶园，吸引更多的人爱上茶叶，爱上我们的传统文化，对产业发展绝对是有益的。”于是湘丰茶博园开始承接中小学春游、秋游项目等。湖南湘丰茶业旅游开发有限公司总经理官凯表示，自从“旅游+研学”模式在湘丰茶博园铺开，通过资源对接，越来越多的学校选择带学生来湘丰了解、学习茶文化。2017年，湘丰茶博园全年接待青少年、学生团体近13万人次。到2018年5月，仅接待的学生团体就已经超过4万人次。湘丰茶博园综合实践基地还被评为长沙市中小学研学旅行创建基地。湘丰茶业不仅做到了产业振兴，更做到了文化振兴。

在湘丰茶业的不懈努力之下，湘丰村的自然环境不仅得到了当地村民的一致好评，湘丰集团旗下的飞跃基地更是成为AAA旅游景点，每年接待游客近30万人次，真正把绿水青山变成了金山银山。通过茶旅融合，湘丰茶业带动了农业旅游的发展。“只有把绿色湘丰打造好了，我们才能加快推进一二三产业的高度融合。”湘丰茶业集团副总程孝介绍：“作为一家涉农企业，公司能够永续发展的前提必然是生态环境，只有实现可持续发展，延长农业产业链，才能助力乡村振兴，不断带动‘三农’发展。”

第5章　展望未来，砥砺前行守初心

随着瘦肉精和三聚氰胺等食品质量问题层出不穷，松花江水污染和白洋淀死鱼事件等环境问题不断涌现，资源枯竭和人员失业等社会问题仍然存在，企业社会责任就成了全社会的焦点问题。2017年10月，党的第十九次全国代表大会报告强调企业要有责任意识和奉献意识。2018年10月新修订的《中华人民共和国公司法》明确提出企业要积极承担社会责任。作为企业社会责任的践行者，湘丰茶业得到了社会更多的认可。

三十年栉风沐雨，湘丰茶业在一次次困境中迎难而上，第十七届中国茶业经济年会的“大丰收”见证了湘丰茶业的发展。从以人为本做公益到践行责任融入企业文化；从精准扶贫促发展到茶旅融合促振兴，湘丰茶业在践行社会责任之路高歌向前，助推了村民脱贫与乡村振兴的同时，也实现了企业的价值创造。

然而，这条承担社会责任之路注定不是一帆风顺的。与金融、房地产等高回报产业相比，农业产业本就投入周期长、回报水平低，再加上湘丰茶业在履行社会责任上的支出就更使得投资回收缓慢，在上市的筹备阶段让PE机构望而却步。如何平衡社会责任履行与公司长远发展是汤宇以及湘丰茶业需要思考的问题。在两者之间应该如何取舍？在瞬息万变的环境中公司的发展能否顺利？未来履行社会责任又会遇到什么样的困难？

对于未来的规划，汤宇预计将在1~2年内上市。而作为传统产业，这条路注定是充满荆棘与坎坷的，未来还有更多的挑战在等待湘丰。

启发思考题

1.什么是企业社会责任？湘丰茶业都采取哪些行动履行了企业社会责任？

2.结合案例分析是什么促使湘丰茶业坚持践行企业社会责任？会不会违反利润最大化原则？

3.湘丰茶业发展过程中社会责任是一成不变的吗？企业社会责任经历了怎样的演进？董事长汤宇在其中起到了怎样的作用？

4.思考利益相关者对企业的重要性，在本案例中湘丰茶业是如何针对不同利益相关者来承担社会责任的？承担社会责任为什么能使企业和利益相关者共同受益？湘丰茶业通过承担社会责任，最终实现价值共创的内在逻辑是什么？这一过程给其他民营企业带来怎样的启示？

附录1：湖南茶业发展现状

2021年，全球经济快速发展。在宏观经济向好的大背景下，中国茶产业主动融入与服务构建新经济格局，通过持续创新保持了稳定发展。湖南的茶叶产销依然实现了连续第十五年持续增长的良好局面。湖南省茶园面积至2021年底为298万亩，增长了8.8%（见附表1–1）；全省的茶叶年产量达到25.03万吨，增长了3.9%（见附表1–2）。茶叶是湖南省山区农民脱贫致富的支柱产业的性质不会改变，在从脱贫攻坚的支柱产业向乡村振兴的支柱产业转化的道路上稳步前行。

附表1–1　　中国主要产茶省茶园面积

省份	2021年面积（万亩）	2020年面积（万亩）	增减数（万亩）	增减（%）
江苏	51.45	50.80	0.65	1.28
浙江	307.70	307.50	0.20	0.07
安徽	295.73	286.32	9.41	3.29
福建	341.22	335.40	5.82	1.73
江西	171.80	169.00	2.80	1.66

续表

省份	2021年面积（万亩）	2020年面积（万亩）	增减数（万亩）	增减（%）
山东	40.83	39.00	1.83	4.69
河南	208.60	205.20	3.40	1.66
湖北	545.01	513.71	31.30	6.09
湖南	298.10	274.00	24.10	8.80
广东	123.13	104.08	19.05	18.30
广西	142.44	118.23	24.21	20.48
海南	3.35	3.32	0.03	0.98
重庆	84.62	78.20	6.42	8.21
四川	596.20	586.00	10.20	1.74
贵州	714.60	716.31	–1.71	–0.24
云南	720.25	709.70	10.55	1.49
陕西	233.66	233.00	0.66	0.28
甘肃	17.40	17.92	–0.52	–2.90
总计	4 896.09	4 747.69	148.40	3.13

资料来源：中国茶业流通协会

附表 1–2　　中国各省干毛茶产量

省份	2021年（吨）	2020年（吨）	增减数（吨）	增减（%）
江苏	10 703	12 000	–1 297	–10.8
浙江	195 300	188 100	7 200	3.8
安徽	142 413	138 900	3 513	2.5
福建	450 470	418 131	32 339	7.7
江西	78 888	78 076	812	1.0
山东	27 262	29 600	–2 338	–7.9
河南	89 190	81 000	8 190	10.1
湖北	384 000	350 571	33 429	9.5
湖南	250 253	240 826	9 427	3.9

续表

省份	2021年（吨）	2020年（吨）	增减数（吨）	增减（%）
广东	108 443	116 000	−7 557	−6.5
广西	102 800	84 696	18 104	21.4
海南	800	600	200	33.3
重庆	48 700	43 300	5 400	12.5
四川	350 000	315 343	34 657	11.0
贵州	345 017	385 636	−40 619	−10.5
云南	380 023	408 824	−28 801	−7.0
陕西	97 297	92 996	4 301	4.6
甘肃	1 592	1 418	174	12.3
总计	3 063 151	2 986 017	77 135	2.6

资料来源：中国茶业流通协会

附录2：湘丰茶业集团有限公司组织结构图

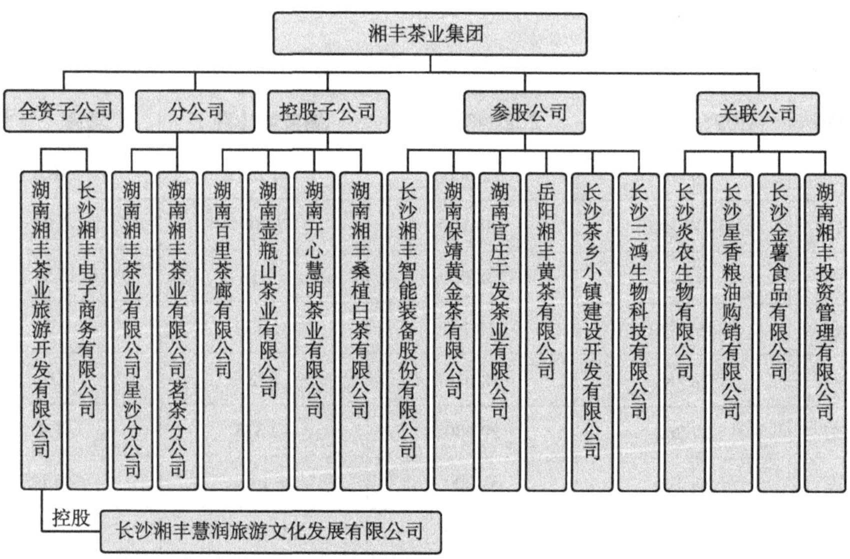

附录3：湘丰茶业集团有限公司的企业文化

使命	助力乡村振兴，践行为人民服务
愿景	以实力赢得尊重，以产业+资本双驱动成就108年品牌
价值观	激情，敬业，进步，忠诚
经营理念	创新引领成长，品质铸就品牌
服务理念	客户的要求就是最高命令，客户的小事就是公司的大事

附录4：湘丰茶业集团有限公司的企业发展历程

1998年	长沙县脱甲茶厂改制，长沙县金井镇湘丰茶厂成立
2002年	湘丰茶厂与中国科学院长沙现代化农业研究所（现为中国科学院亚热带农业生态研究所）达成产学研战略合作
2005年	湘丰茶厂变更为湖南湘丰茶业有限公司。先后与湖南省茶叶研究所、湖南省农业科学院、中国农业科学院茶叶研究所、南京农业机械化研究所等科研单位达成产学研战略合作 湘丰茶业被评定为“湖南省农业产业化龙头企业” 全资成立长沙湘丰茶叶机械制造有限公司
2007年	湘丰茶业控股成立湖南百里茶廊股份有限公司（2010年变更为湖南百里茶廊有限公司）
2009年	湘丰茶业控股成立湖南壶瓶山茶业有限公司
2010年	湘丰茶机成功研制全国首条全自动炒青绿茶生产线，并荣获省科技创新二等奖 湘丰茶业成立外贸事业部
2011年	“湘丰”商标被认定为“中国驰名商标” 湘丰茶业投资控股湖南官庄干发茶业有限公司、控股成立湖南开心慧明茶业有限公司 全长沙最大的茶馆单店“湘丰茗茶贺龙旗舰店”开业
2014年	湘丰茶业全资成立湖南湘丰茶业旅游开发有限公司和长沙湘丰电子商务有限公司
2015年	首届长沙国际茶文化旅游节在湘丰茶业庄园开幕 规划面积为6.4万平方米的“湘丰科技产业园”正式运营
2016年	4月，公司总部所在的行政建制村被命名为湘丰村 湘丰茶业荣获“高新技术企业”称号 2016—2018年，连续三年被中国茶叶流通协会评定为“中国茶业十大领军企业”

续表

2017年	湘丰茶荣获“湖南省产品创新奖” 湘丰茶业庄园被评定为“国家AAA级旅游景区” 3月，湘丰茶业控股成立湖南湘丰桑植白茶有限公司
2018年	湘丰茶业控股成立安化湘丰黑茶有限公司 公司被国家工业和信息部评定为“国家绿色工厂”
2019年	湘丰茶业集团获评“中国森林养生基地” 湘丰茶业获评长沙市现代农业高科技产业化基地称号
2020年	湘丰茶业集团有限公司获评农业产业化国家重点龙头企业 湘丰茶业获评湖南省标杆龙头企业，湖南农业优势特色产业30强企业称号 湘丰茶产品被农业农村部产品质量安全中心收录为首批全国农产品包装标识典范 湘丰牌长沙绿茶·湘波绿毛尖荣获第十届“中绿杯”全国名优绿茶质量推选活动特金奖
2021年	湘丰绿茶荣获长沙市市长质量奖

专题六

财务赋能　创新发展

——L公司财务体系赋能科技创新之路

案例名称	财务赋能 创新发展——L公司财务体系赋能科技创新之路
创作团队	孙慧颖、吴菁琳、杨帆、李标、肖珍珍、李婷婷
指导团队	杨亦民、谢宜章
思政元素	坚守初心、社会责任、开拓进取、创新发展等

一、案例简介

习近平总书记在党的二十大报告中指出："加快实施创新驱动发展战略"，"坚持把发展经济的着力点放在实体经济上，推进新型工业化。"在数字科技不断发展、国家政策利好以及业财融合大背景下，企业财务体系也需要与时俱进，国资委《关于中央企业加快建设世界一流财务管理体系的指导意见》（2022年）提出要重点强化精准核算、资金管理、成本管控等财务职能，完善财务体系，推动企业进一步提升财务管理能力水平。与此同时，国家对于高新科技企业的科技创新水平也有了新的要求，高新技术行业高投入、高技术人才密集型和高风险的行业特征，对于企业的科技创新水平要求更高。如何通过财务体系赋能高效推动企业科技创新，发挥制造业高质量发展优势，推动"中国制造"蝶变为"中国智造"，将是高新科技企业未来生存发展的关键所在。

L公司是一家以创新为核心驱动力的高端智能制造龙头企业，充分发挥财务体系在科技创新过程中的应用价值，更好赋能企业科创之路是L公司未来发展的必然选择。本文以L公司为调研对象，通过定量和定性分析结合的方法，从科创项目流程中事前、事中和事后三个阶段出发，全方位剖析企业财务体系赋能路径。提出通过优化与调整财务体系，加快推动L公司在创新驱动发展战略背景下实现科技创新目标，助力L公司中流击水向前行，乘风破浪勇争先。

本案例为L公司这一高新科技企业财务体系高效赋能科技创新的实践难题提供了切实有效的破局策略，对创新驱动发展战略背景下企业提升自主科技创新、实现高水平科技自立自强具有重要的借鉴意义。

本案例的课程思政主要表现在四个方面：一是民族企业坚守初心，将发展融入国家战略全局，将企业追求与国家经济社会发展、行业进步和人民福祉紧密结合，是企业高质量发展壮大的不竭源泉；二是坚持以科学创新为导向，弘扬科学家精神，充分发挥科技创新的引领带动作用，在围绕科技制高点的竞争中占据主导地位；三是增强社会责任意识，坚守职业道德，提升职业素养，培养学生服务经济社会发展、为推进中国式现代化进程贡献力量的爱国情怀；四是发挥科技领军企业优势，整合集聚创新资源，增强企业创新动力，实现企业价值创造与行业引领。

二、案例创作思路

财务赋能 创新发展——L公司财务体系赋能科技创新之路案例创作思路见下图。

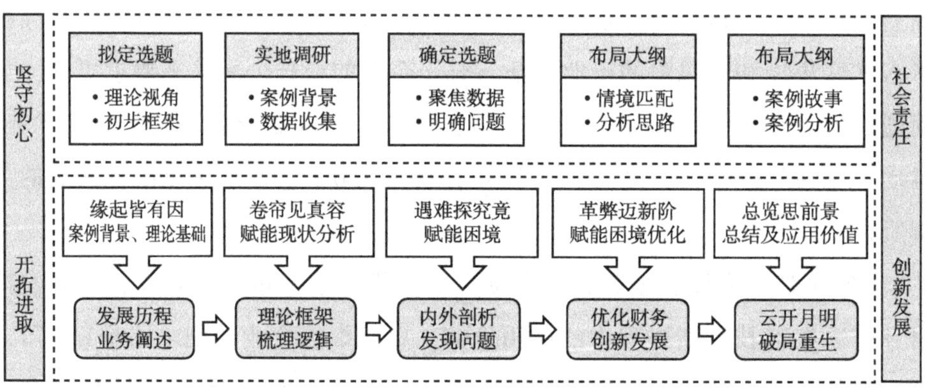

案例创作思路图

三、案例应用

适用范围：

本案例主要适用于高级财务管理理论与实务课程，也适用于大数据与财务决策、商业伦理与会计道德等课程。

应用目标：

第一，构建交叉融合课程，挖掘知识传授深度。在L公司财务体系赋能科技创新的实例中，把家国情怀、社会责任与创新发展创造相结合，提升学生的人文与科学素养。通过构建自然学科和思政课程交叉融合的教学体系，把实现民族复兴的理想与责任融入专业课程教学，形成协同效应，在学习财务战略、内部控制、大数据助力财务决策等专业课程知识的同时，培养良好的专业认同度、职业精神和社会责任感。

第二，理论紧密联系实践，拓展能力培养广度。通过学习案例中企业管理者坚守初心、开拓进取的科创精神，增强学生对我国科技成就的文化自信。在实践探索的支撑下，通过科学思维内化培养学生的态度责任。将理论知识应用于实践，培养学生理论联系实际、分析和解决问题的创新精神与实践能力，能够进一步地引导学生依托理论知识对与科学技术相关的社会热点问题作出价值判断，推进科技自立自强。

第三，价值构造提升素质，树立职业道德观念。通过对L公司财务体系赋能科技创新案例的具体分析与呈现，突出强调了财务体系构建在科技创新过程中的重要地位，引导学生坚守作为专业人员的职业道德，培养学生树立正确的职业理念，增强自身竞争力与可持续发展能力，实现学生知识、能力、素质与人格的协调发展，达到素质提高与价值塑造同行。

思政元素：

在新一轮科技革命和产业变革发展的大背景下，科技创新早已成为国际战略博弈的主要战场，以科技创新驱动经济发展，显得尤为迫切。通过真实案例的分析与讨论，结合理论与实践，帮助学生提高运用所学专业知识从多维度视角对企业现有财务体系进行优化与调整的能力，从而更好赋能科技创新。培养开拓进取精神与社会责任意识，提升专业水平与职业素养，为将来的工作和学习奠定基础。增强学生肩上有担、心中有责的爱国意识，弘扬科技创新精神，将家国情怀厚植于中华大地，努力成长为有理想、有抱负、有担当的新时代青年人才。

四、学生撰写案例感受

孙慧颖：通过参与本次案例撰写，结合专业知识与所处时代的发展情况，通过与L公司负责人多次访谈，并在老师的帮助与指导下将所学知识运用于实际案例分析中，不断讨论优化案例框架，逐步形成了“发现问题—分析问题—解决问题”的研究脉络，明晰财务体系与科技创新之间的内在联系。另外，在与L公司负责人交流的过程中，我们了解到公司创始人对于创新变革发展的强烈诉求，通过前瞻性的战略布局使得公司始终保持行业领先。即使出身农村，却从未放弃学习新知识、开拓新视野，始终关注时代发展变革，抓住发展机遇。面对困难却能始终坚守初心，开拓进取，从未放弃。这样的典型案例值得我们认真学习，并从中汲取人生前进的动力。

吴菁琳：通过此次L公司的案例撰写，让我真正触摸到了财务体系与公司科技创新发展相结合的成果，了解了在创新驱动发展战略背景下，像L公司这样的民族企业是如何凭借一己之力自主研发创新。L公司较好地展示了企业依托财务体系助力企业科技创新，在提高财务体系专业性与可操作性的同时，对高科技企业科技创新产生协同作用。我国正处于加快建设科技强国的重要时期，如何通过培养企业家精神带动国家科创发展显得十分关键。为抢抓全球科技发展先机，实现高水平科技自立自强，助力科技实力从量的积累迈向质的飞跃，希望未来可以多一些具有家国情怀的企业家。

杨帆：在思考如何实现财务体系与科技创新的有效融合时，我们团队对写作角度进行了多番探讨，不断修正写作思路，最终确定从科创项目流程的事前、事中和事后三个阶段出发，运用定性和定量相结合的方法全方位地剖析企业财务体系赋能过程存在的具体问题。在把握财务体系对科技创新全流程赋能的路径基础上，进一步关注模糊集定性比较分析法在解释财务体系和科技创新之间的因果关系和相互作用中的具体应用，拓宽了对企业财务体系管理与科技创新的研究思路。

李标：在分析案例公司的过程中我深刻体会到民族企业勇担责任的重要性与必要性。在新的经济形态下，我国本土企业作为创新发展的主力军，需要在战略性、关键性领域进行持续的原始创新，将“技术创新引领行业潮流”作为发展战略的重要组成部分，实现科技领域跨越式发展，始终将建设世界科技强国的战略目标作为企业发展的最终目标，将企业发展同国家、民族命运紧密结合，增强家国情怀，助力企业基业长青。

李婷婷：本案例在选题上紧跟时代发展趋势，关注企业财务体系赋能科技创新的具体路径，研究如何通过财务体系的有效赋能带动科技创新的进一步发展，对于公司自身高质量发展有重大的意义，也可以为同行业更多企业提供参考。同时，在案例撰写过程中，老师带领学生对L公司多次实地调研与主题讨论，提出了许多独特新颖的想法，使案例的质量得到实质性提升。

肖珍珍：此次深入公司实际并进行案例撰写，提高了我的思维方式和实践能力。虽然在前期的案例框架构建和资料搜集工作中，为呈现最完美的案例而遇到了很多阻碍，但是在老师和组员的共同努力下，这些困难都迎刃而解。公司实地调研增强了我们案例撰写和数据分析的说服力和真实性。通过分析L公司财务体系赋能科技创新路径，本文提出了针对性建议，以助力L公司更好地发挥财务体系赋能科技创新的作用，契合科技兴国的主旨，对于行业发展具有深刻意义。

五、完整案例文本

财务赋能 创新发展——L公司财务体系赋能科技创新之路

摘要：党的二十大报告指出，科技创新是企业高质量发展的核心驱动力。“创新是一个系统工程，创新链、产业链、资金链、政策链相互交织、相互支撑，改革只在一个环节或几个环节搞是不够的，必须全面部署，并坚定不移推进。”企业科技创新只有打好创新“组合拳”才能激活发展“动力源,”故而科技创新发展需要企业各部门通力合作，财务部门在其中便扮演着举足轻重的角色。财务体系作为企业决策和资源配置的基础，在企业科技创新过程中的作用日益凸显。L公司作为以技术和创新驱动的高科技企业、全球消费电子行业的高端制造标杆企业，科技创新是企业发展的关键，而科学高效的财务体系是企业实现科技创新发展的重要基础和保障。本案例以L公司为研究对象，基于“技术创新引领行业潮流，高效管理创造人文价值”的企业愿景，在实地调研的基础上，梳理L公司财务活动与科技创新的内在关系，分析如何平衡创新发展与财务管理二者之间的关系，探索财务体系赋能科技创新之路。全文共分为以下五个部分：

第1章，案例背景。介绍L公司的发展历程、现状及其所在行业特征，对财务体系、科技创新等相关核心概念进行界定，并介绍本案例研究采用的理论依据与研究方法。

第2章，现状分析。从事前规划与决策、事中监督与管控、事后评估与激励三个角度出发，定性与定量相结合，全方位剖析L公司财务体系赋能科技创新的现状，发现企业财务体系赋能过程存在的问题。

第3章，主要困境。从科技创新全流程出发，针对L公司财务体系赋能科技创新存在的困境，深入分析其背后产生的原因。

第4章，优化建议。针对财务体系赋能科技创新路径的主要现存困境，从事前人才储备、事中监察管控和事后归纳评估三个层面出发提出具有针对性与实操性的优化建议，有效摆脱困境，实现企业高质量发展。

第5章，总结与展望。以L公司为案例研究对象进行分析与总结，力求对高新技术企业与投资者有所启示与借鉴，助力企业建设一流财务体系赋能科技创新，为完善我国高新技术产业投资与经营贡献微薄之力。

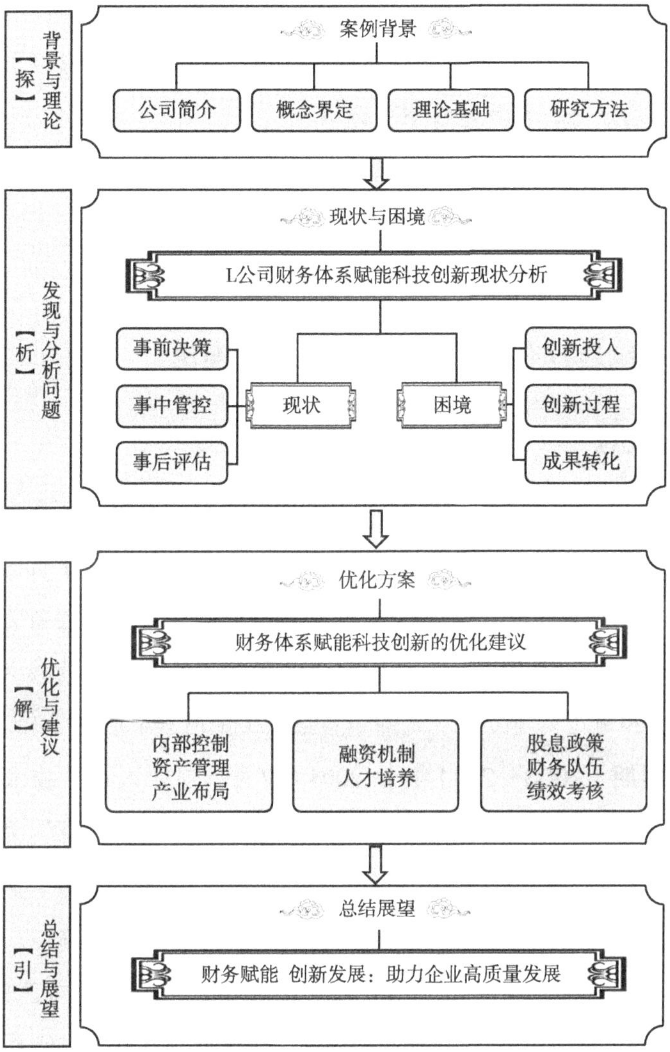

图0-1　L公司案例框架

引　言

“乘大势而上，行大道致远。”当今世界百年未有之大变局持续演进，科技创新已然成为时代发展的主旋律，更是打造核心优势、助力企业发展的不二之选。

迎着新时代的浩荡东风，L公司踏上了漫长而坚定的变革发展之路。在新的发展起点上，L公司通过资源保障、内部控制、构建评估体制等多种财务路径实现赋能企业科技创新项目的顺利实施。从创新到领跑，从达己到济人，L公司凭借其强劲的科技实力与发展势头立足行业龙头，在创新发展战略引领下科创成果远超行业平均水平，行业地位不可撼动。

然而，科技革命和产业变革突飞猛进，科技创新面临新的机遇和挑战。L公司如何应对大环境的快速发展？公司财务体系在此背景下如何实现对科技创新的有效赋能？L公司还需做哪些转变？

第1章　缘起皆有因：案例背景及相关理论

1.1　发展历程

L公司是一家以研发、生产和销售高端视窗触控防护玻璃面板、触控模组及视窗触控防护新材料为主营业务的上市公司，主要产品包括手机防护玻璃、平板电脑防护玻璃及新材料及金属三大板块。公司坚持以科技创新为先导、以先进制造为基础，经过多年发展，已成为众多国内外知名品牌的核心供应商，在全球主要国家和地区均建立了稳定的销售渠道（见图1–1）。

初步发展期（2003—2011年）：2003年7月，创始人以“技术创新引领行业潮流、高效管理创造人文价值、打造受人尊敬的国际化企业”为愿景，在深圳创办L股份有限公司。L公司已与多家电子产品厂商达成合作，搭上智能手机产业链风口，业绩飞速增长，为扩大行业竞争优势奠定坚实基础。

上市成长期（2012—2020年）：通过不断自主研发，公司产能迅速扩充，于2015年在深圳证券交易所创业板正式挂牌上市。上市后L公司开始深度布局新能源汽车，快速抢占细分市场，2017年跻身特斯拉全球一级核心供应商。2020年12月，成功增发股票募资150亿元扩充产能，紧跟各大消费电子品牌对上游技术要求的发展动态，不断延伸产业链。

业绩衰退期（2021—2022年）：一方面，L公司受到大客户手机销量和产业波动的影响，业绩波动较大；另一方面，随着消费电子行业天花板逐渐显现，公司新业务进展缓慢难以对整体业绩形成支撑致使L公司年报净利润大幅下降，市值蒸发超1 300亿元。

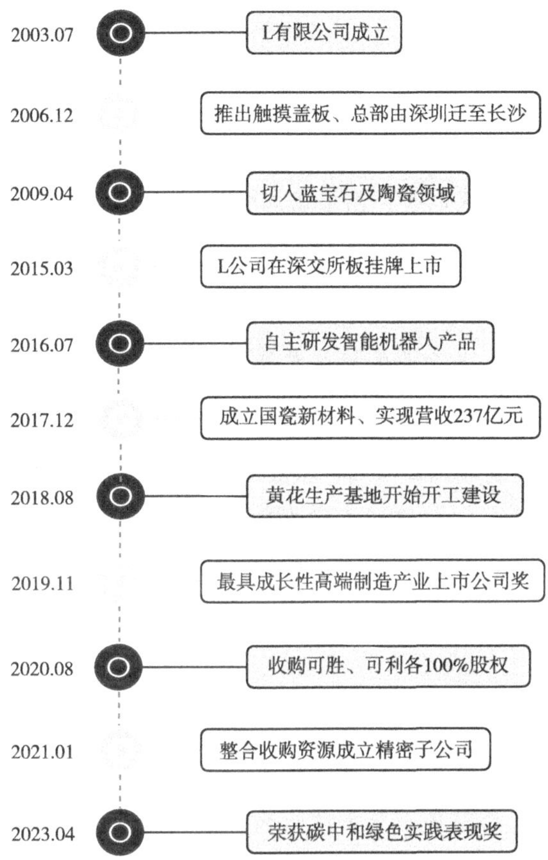

图1-1 L公司发展历程图

平稳恢复期（2023年至未来）：在尝过大客户依赖症的苦头后，L公司也没有放弃传统汽车玻璃业务，同时开始大力发展光伏、新能源汽车领域各项业务，成立全资子公司L新能源有限公司，主要开展光伏玻璃产品、光伏设备及元器件、光伏发电项目等业务，这也意味着公司正式进军光伏行业。光伏产业的快速发展将有利于实现业绩和规模上的双重增长，这对于公司来说既是机遇也是挑战。

1.2 生产基地

L公司生产基地分布架构主要围绕电子视窗防护玻璃产业链展开，公司想要打造全线产业链的“一站式平台”，即在稳固现有核心产品和业务的基础之上，积极地向防护玻璃产业链的上游和下游进行战略布局的延伸，从而使其自身更加具备市场竞争力。此外，L公司积极进行前瞻布局，成立越南分公司，为L公司的一站式供货提供基础支持。

1.3 行业特征

我国消费电子行业经过多年的发展沉淀，迅速走向成熟，成为国家的支柱行业之一。虽然传统消费电子产品市场规模接近见顶，但存量仍在，迭代更换、消费升级的需求仍在。随着5G、物联网、人工智能、虚拟现实、新型显示等新技术同消费电子产品进行了充分融合，将加快产品的更新速度，产生新的产品形式，从而促进消费电子行业的持续发展。所以，消费电子行业仍将处于高速成长期，尤其物联网万物互联，家电设备使用更多的视窗玻璃面板，同时新能源汽车领域更是有大量的视窗玻璃使用场景，L公司所处的消费电子零部件制造及组装领域，尤其是视窗玻璃细分行业，还会长期保持高速增长。同时，为了进一步拓展新能源汽车和智能可穿戴等领域的市场，L公司已提早布局，走在了同行的前面。

1.4 商业模式

商业模式是企业创造价值、传递价值、保存价值的方式，它不仅包含了整个企业的盈利模式，还包含了对于产品成本控制方面的分析。商业模式画布理论结构化地将L公司的商业模式划分为九大板块（见图1–2），更直观地展示企业商业模式的创新路径。

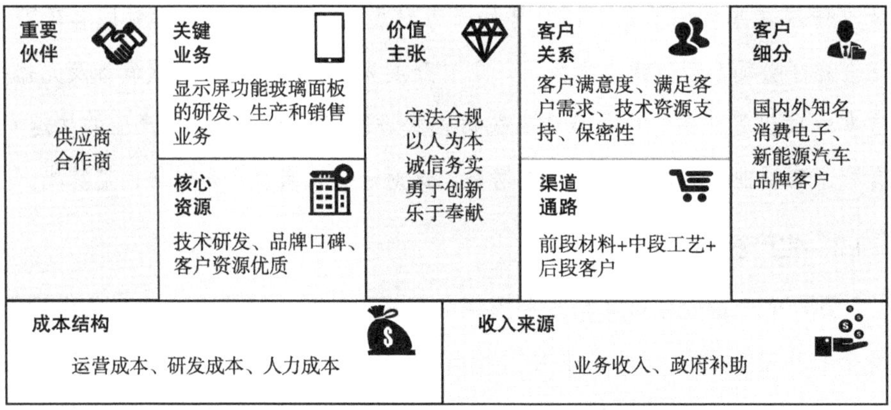

图1–2　L公司商业模式画布分析

（1）客户细分。L公司主要客户均为国内外知名品牌，总体结构稳定、合理。资料显示，L公司排名第一的大客户一直是苹果公司，2018—2020年，苹果订单在其销售额中的占比基本维持在50%左右；2021年已达到66%；在2022年，L公司对苹果销售额高达331.36亿元，创下超70%的新高（见表1-1）。L公司在坚持发展A客的前提下，持续深耕客户，培育优质新客户，通过不断优化客户结构，增强公司的业绩弹性和抗风险能力。

（2）价值主张。企业文化是企业精神、信念和行为准则。L公司以竭力为客户提供满意的产品和服务为使命，技术创新引领行业潮流，高效管理创造人文价值，打造受人尊敬的国际化企业为愿景，指导核心管理团队、员工本着诚信、务实、奉献的工作态度，为客户持续地提供价值，特别是交付让客户满意的产品和服务。同时，公司企业文化强调创新的重要性，守法合规、以人为本、诚信务实、勇于创新和乐于奉献的价值观帮助公司持续注重研发投入，不断夯实自己的技术实力，拓宽产品线边界，增强自己的核心竞争能力。以科技创新引领行业发展趋势，以高效率的经营理念创造人文价值，最终打造卓越的国际化企业。

表1-1　　L公司2022年前五大客户资料

客户	销售额（亿元）	占年度销售总额比例（%）
苹果	331.36	70.96
第二名	15.63	3.35
第三名	15.14	3.24
第四名	13.64	2.92
第五名	13.02	2.79
合计	388.78	83.25

（3）关键业务。L公司是一家集研发、生产和销售于一体的高新技术制造企业，深耕消费电子领域近20年，手机防护玻璃是公司核心业务。目前，主营业务可以划分为四大板块，即中小尺寸防护玻璃、大尺寸防护玻璃、新材料以及金属和其他业务（见图1-3、图1-4）。公司具备全面配合客户完成从产品设

计到结构件加工、模组配套，再到整机组装的垂直整合能力。L公司业务已覆盖视窗与外观防护玻璃、蓝宝石、精密陶瓷、精密金属、触控模组、按键配件等，产品广泛应用于手机、平板电脑、笔记本电脑、车载设备、智能家居等领域，市场前景广阔。

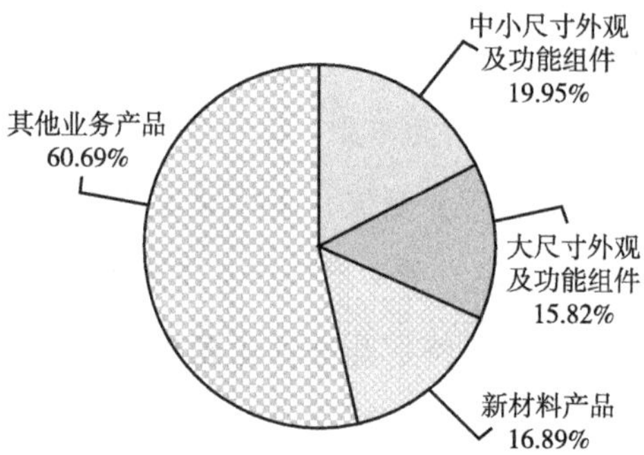

图1-3　2022年毛利率构成比例

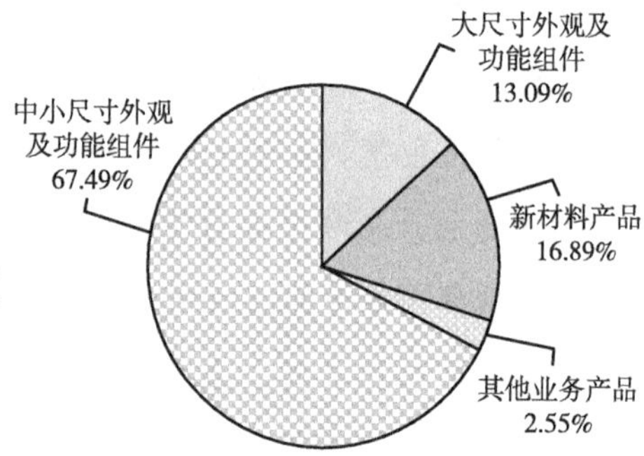

图1-4　2022年主营业务收入构成比例

（4）核心资源。L公司业绩增速惊人，一是因为行业景气加持；二是其稳健布局，扩展新增长点，潜心蓄力完善自身发展模式，带动相关产业链的升级与创新。L公司以“打造一站式服务平台”为发展目标，在保持原来的视窗保护玻璃行业优势的同时，积极进行新型外观材料的布局，使其产品线得到了拓展。除把握行业发展机遇、积累客户资源、提高盈利能力外，长期保持高水平的研发创新是L公司快速发展的奥秘。新材料、新工艺、新设备、新产品等方面的成果转化巩固了L公司的技术领先地位，不断提升其整体竞争实力。此外，L公司协同客户及上下游企业共同组建研发团队、研发实验室和研发中心，进行前瞻式研发与布局，为抢占蓝海市场做好技术和资源储备。

（5）重要伙伴。L公司全面优化采购系统，对符合条件的供应商进行了全面的整理与分析，将采购认证模式从原来的各个园区单独审核改为集团统一认证，在对主要供应商进行优化管理的同时引入新供应商，这样不仅节省了重复认证的费用，也节省了管理费用。L公司还与国内外知名优秀供应商建立了长期稳定且牢固的战略合作，共同开发，研究玻璃、蓝宝石、陶瓷等新材料、原辅材料，以及各类新设备，公司的制造成本、采购成本、生产效率等不断优化，助力企业更好地拓宽现有产品市场。

（6）客户关系。得益于研发创新方面的强大实力，L公司已获得了众多客户的青睐。公司为客户提供创新技术与一站式方案及服务，充分满足其差异化需求，在坚持主营业务大客户战略的前提下，不断吸纳新客户，拓展客户资源，其全球化发展规划和布局也得到了客户的认可。根据客户保密要求，L公司对客户及其产品信息严格保密，客户信息的安全性得到保障，为后续深入合作奠定基础（见图1–5）。

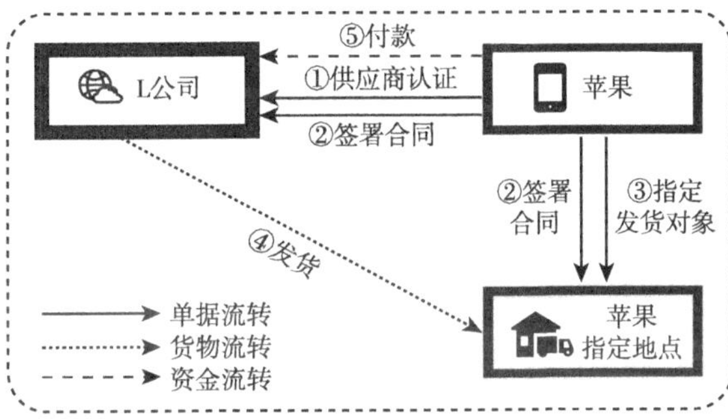

图1–5　L公司客户关系

（7）渠道通路。为有效提升盈利能力和综合竞争力，增强产业链协同效应和规模效应，L公司还强化了纵向整合，实现了“前段材料+中段工艺+后段客户”的全面布局。在基础材料端，产品系列涵盖从保护玻璃到新材料的蓝宝石、陶瓷；在中段工艺端，广泛布局专利，核心设备自主研发；在下游的客户端，以研发创新和纵向整合的策略为导向，对客户结构进行优化，增强了合作的深度和黏性。

（8）成本结构。L公司始终以研发促生产，加大对于研发资源的投入，这也侧面反映了市场和客户对于公司新产品、新工艺的需求。与此同时，L公司不断提升产线自动化水平，对现有工厂园区进行整合，达到降本增效的目的，增强公司抗风险的能力和精益化管理水平。但整体而言，L公司的人力和管理成本仍处于较高的水平。

（9）收入来源。L公司在保持已有消费电子结构件（玻璃、金属、蓝宝石等）、智能可穿戴设备（智能手表、智能头显等）、新能源汽车智能驾驶舱等业务规模基础上，积极完成自动化升级改造、产品研发创新、企业文化融合、实施集团智能化管理体系、拓宽产品线领域、提升公司自制物料比例等任务，多方面协同激发业绩增长。同时，L公司的研发得到了政府的大力支持，多次收到来自政府的研发投入补贴和政府补助，补助金额占其非经营性损益总额的50%左右（见图1-6）。

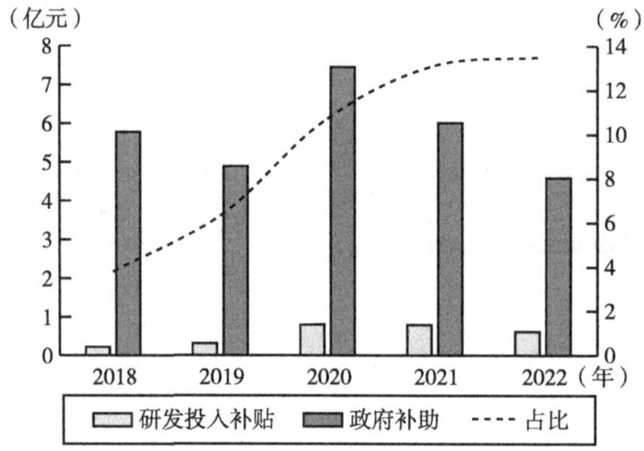

图1-6 L公司收入来源

第2章 卷帘见真容：L公司财务体系赋能科技创新现状分析

2.1 资源保障创新投入

2.1.1 税惠政策引方向

为激励企业加大研发投入，培育壮大创新动能，更好地促进高质量发展，中国出台了一系列税收支持政策，包括高新技术企业所得税税率优惠、研发支出附加扣除及“两免三减半”等（见表2-1），提高了企业的科技创新积极性。

表2-1 高新技术企业税收优惠政策

税收优惠政策	政策依据
国家重点扶持的高新技术企业减按15%税率征收企业所得税	《中华人民共和国企业所得税法实施条例》 《财政部 国家税务总局关于高新技术企业境外所得适用税率及税收抵免问题的通知》 《国家税务总局关于实施高新技术企业所得税优惠政策有关问题的公告》

续表

税收优惠政策	政策依据
具备资格年度之前5个年度发生的尚未弥补完的亏损，准予结转以后年度弥补，最长结转年限由5年延长至10年	《财政部　税务总局关于延长高新技术企业和科技型中小企业亏损结转年限的通知》
开展研发活动中实际发生的研发费用，未形成无形资产计入当期损益的，按照实际发生额的100%在税前加计扣除；形成无形资产的，按照无形资产成本的200%在税前摊销	《财政部　税务总局关于进一步完善研发费用税前加计扣除政策的公告》
2022年10月1日至12月31日期间新购置的设备、器具，允许当年一次性全额在计算应纳税所得额时扣除，并允许在税前实行100%加计扣除	《财政部　税务总局　科技部关于加大支持科技创新税前扣除力度的公告》

作为工业自动化产业链下游企业，L公司充分利用了有关企业产品销售所得税减免征收、研发费用加计扣除和员工个税清缴与就业税收抵减三方面的政策：研发费用税前扣除和摊销激发了企业的创新斗志，企业所得税减免税额较好地补充了在企业研发方面的资金投入，社保费减免政策使得L公司作为大型企业享受2~4个月社保费减半征收、5~6个月先征后退的减半优惠，释放出的资金为员工持续产品研发与生产的热情、企业长期蓬勃发展给予了资本力量支持（见图2-1）。

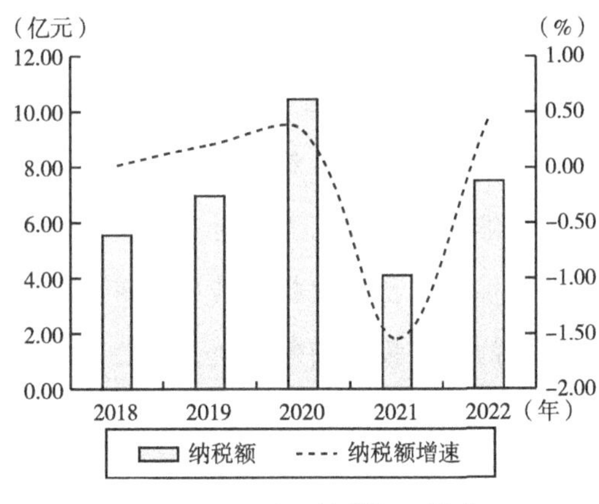

图2-1　L公司纳税额及增速

得益于新的减税降费政策，近年来L公司不断优化财务体系，增加研发投资，原材料和制造设备得到了显著改进，为企业高质量发展打下坚实的基础。首先，基于L公司及其投资者在税收减免政策的受益方面：一是税费红利的快速释放减少了公司的资金占用，提升资金使用效率，公司在拓展工程领域、加快自动化升级改造和开发新产品层面的投入阻力变小，提振企业发展信心；二是投资收益得到认可，资本市场对于长期持有股票的信心增强，外部融资余额的增加为扩大生产、加强研发和再投资提供了更加坚实的资金保障。其次，L公司进行个税改革，首次实施六项专项附加扣除也在一定程度上减轻了公司作为纳税人的税务负担，为企业发展留住人才。最后，L公司通过与下游客户合作降低产品成本，以让利于终端客户的形式，使国家“减税降费”政策惠及大众消费者。

总体而言，政府税收激励直接减轻了公司的财务压力，降低了研发周期长和结果不确定带来的运营风险，对L公司投资科技创新、参与协同创新的意愿具有显著的激励作用，进而增加了公司研发投资的可持续规模，有效提升企业发展竞争力。

2.1.2　预算管理估前景

全面预算管理是企业整合、优化资源配置、提升企业管理运行效率、促进和支撑企业战略实现的重要抓手，一定程度上能提升企业盈利能力，实现企业资源整合、可持续发展的战略目标。国外客户通常会提前预付部分研发款项，在签订合同、收到预付款前后，公司需针对企业研发项目的可行性，由研发部门带头，多部门全方位多维度集中讨论，针对实际技术研发需求提出科研项目预算，各业务职能部门提供具体预测数据。其中，财务部门的主要职能是归集各项数据后通过搭建有效的项目投资测算系统，对公司整体收益及成本进行测算，基于财务视角评估项目的可行性。

在预算管理编制方法的选择上，L公司为配合工厂责任制的有效执行，采用滚动预算编制方法，综合考虑外部市场环境变化剧烈程度、战略目标、业务性质、信息化水平等多种因素，合理选择适合的预算的滚动周期和滚动频率。以工厂为预算单位，根据上一季度的预算完成情况，进行分析和比对，调整并编制下一季度预算，将编制预算的时期逐期连续滚动地向前推移，使预算总是保持一年左右的时间跨度（见图2-2）。这种做法可以使L公司各级管理人员专注于当期预算的执行工作，而不用始终对未来的经营情况进行考虑，担心后期预算执行出现偏差而影响当期的效率。同时，预算不断进行灵活动态调整，可以使其更加适应企业自身的实际生产及经营情况，使预算制定是可实现的，从而保证企业的经营管理工作能够稳定、有序地进行，也对于各级管理人员均起到了一定的正向激励作用，增加其工作热情，更好地对员工起到指导作用，使L公司全体员工能够更加高效地工作。

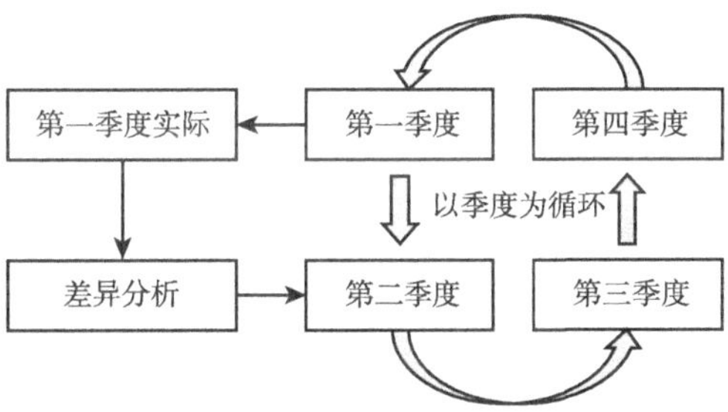

图2-2　滚动预算流程图

在科创项目预算管理流程的执行过程中，L公司在产品研发上采取差异化和优先级原则，针对不同类型、规模程度的客户需求从预算编制流程、预算目标的确定与分解、预算编制的时效性、预算调整的灵活性等方面制定全面预算，以提高财务绩效与创新绩效。首先，项目规划与筹备阶段，基于客户需求进行部署，将项目与客户需求相匹配，同时财务人员进行项目预算估计并编制预算报表上交审批。其次，项目执行阶段，将财务预算分解落实至项目各个环节，实施过程中进行预算控制、调整及核对，对整个预算流程进行监督与报告。最后，项目收尾阶段，执行完工清算，对比分析实际情况与预算表，分析其中存在的差异。从而对企业科创项目全流程和参与人员进行综合评价及考核，为后续各项研发项目提供参考（见图2-3）。

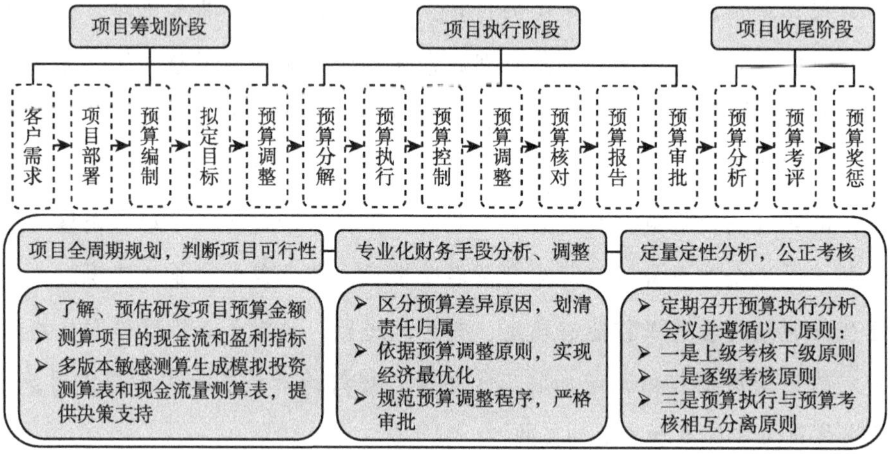

图2–3　科创项目预算管理流程

2.1.3　研发投入供保障

（1）资金投入。技术创新依赖于外部资源的长期投入，资源约束和激励不足是困扰企业创新的首要难题，故而资源保障是财务体系赋能科技创新的有效途径。L公司所接受的外部资源供给（如财政支持等）相较于国有企业存在明显差异，除用于日常生产经营方面的资金之外，产品研发、应用创新、专利落地等过程中的资金供给也需要得到充分保障。因此，财务部门合理筹集资金及规划资金使用渠道显得尤为重要。相关资料显示，自2015年3月上市以来，L公司先后共进行了6次融资（见表2–2），其中于2015年和2021年分别采用定向增发方式进行股权融资。

表2–2　　L公司定向增发资金用途

第一次定向增发		
项目名称	预计投资额（亿元）	拟募集资金金额（亿元）
蓝宝石生产及智能终端应用项目	34.02	3.30
3D曲面玻璃生产项目	16.24	1.60
合计	50.26	4.90

续表

第二次定向增发		
项目名称	预计投资额（亿元）	拟募集资金额（亿元）
长沙（二）园智能穿戴和触控功能面板建设项目	15.15	12.79
长沙（二）园车载玻璃及大尺寸功能面板建设项目	45.31	42.52
长沙（二）园3D触控功能面板和生产配套设施建设项目	63.29	53.78
工业互联网产业应用项目	21.02	20.91
补充流动资金	20.00	20.00
合计	164.77	150.00

2015年，L公司通过定向增发将融资资金用于研发，掌握了3D玻璃生产技术，随后将此技术应用到未来的蓝宝石领域。首先，公司在蓝宝石生产及智能终端应用项目上加大3D曲面玻璃研发及生产投入，形成完整的产业链，迅速占领市场份额。其次，通过此次定向增发，L公司的垂直整合能力得到极大提升，有效维持了苹果这一优质的客户，稳固占据“果链”一环。最后，L公司上市后3个月进行定向增发，此时发行价较其上市发行价上涨了35.85元/股，这无疑是在向市场传递本公司发展前景一片向好的信号，中小股东的大幅跟进使公司股价在短期内进一步提升，从而实现了企业经营实力与创新水平的双增长。

L公司在2021年1月7日发布第二次定增公告，时隔5年以25.44元/股的价格发行5.89亿股，募集资金约为150亿元。此次定向增发引入了机构投资，为企业的经营提供先进管理经验的同时，也大大提高了公司的抗风险能力。通过定向增发的募集资金主要用于投资建设长沙（二）园项目，项目建设完成之后持续扩大公司产能，市场份额进一步得到提升。与此同时，L公司在此园区建设的工业互联网项目也是智能化工厂转型的引领者，该项目在保障产品质量的基础上进一步实现了降本增效，不断提高生产效率和创新效能，助力产业改良升级。

L公司两次定向增发再融资不仅补充了流动资金，而且增强了企业的偿债能力。在良好的长期战略规划部署下，募集到的资金得到有效利用，实现了公司产能扩张、业务拓展和专利数量的不断突破，融资战略驱动创新发展效能显著。

（2）人才投入。对于科技型企业，创新产出是核心竞争力，人才知识素养与创新效率的重要性不言而喻。L公司在全球高端智能品牌手机、平板电脑等电子消费产品主机配套零部件制造领域，凭借特有的技术创新以及持续领先的研发工程投入，生产的能力、工艺、技术及规模居国际领先地位。公司十分重视人才引进，近5年研发人员占比始终保持较高水平（见图2–4）。截至2022年底，L公司研发人员达到18 256人（见图2–5），公司获得的2 158项专利授权涵盖加工工艺、设备开发、新型材料等多个领域，全部产品拥有自主核心知识产权，技术力量和技术储备遥遥领先于同行业企业。然而，研发人员与财务人员占比严重失衡，将会导致财务系统无法充分融入企业的技术研发，严重阻碍业财一体化发展（见图2–4）；同时，L公司研发人员中，高学历层次人才（本科及以上）仅占比14%，在人才引进质量方面需进一步提升。

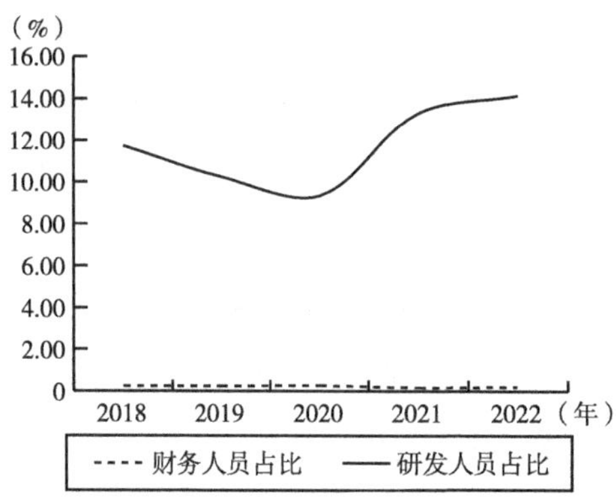

图2–4　L公司财务人员与研发人员占比

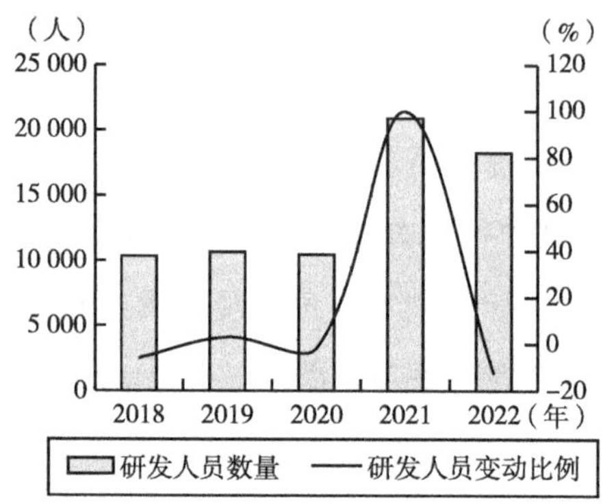

图2–5　L公司研发人员数量及变动比例

2.2　内控把握创新流程

2.2.1　合规管理控风险

面对不确定的外部环境，L公司在准确识别公司内外部风险的基础上，按照合规风险控制管理流程，针对企业具体情况进行风险承受度计量、权衡风险与多方利益之后确定风险应对策略，完善合规管理，推进内部审计，通过采取风险规避、降低、分担和承受等应对策略，实现对风险的有效控制，促进公司可持续健康发展。

L公司遵循《公司法》等法律法规的要求，建立健全股东大会、董事会、监事会等管理机构的议事规则和决策程序，并对上述机构职责进行明确划分。具体而言，董事会下设四个专门委员会，促使公司员工依法履行职责，加强研发过程的管理和监督，规范企业经营行为，有效预防风险，保障研发资产的安全。

在采购过程中，L公司对采购合同的规范化管理，降低了法律和经济风险。在生产过程中，公司严格执行相关质量控制标准，从客户需求角度出发，对产品开发、生产和销售的整个过程进行严格把控，有效保证了产品的质量，避免了重大的质量问题和违约风险。在销售过程中，公司建立了全面的销售和支付管理体系，以规范销售行为，规避销售风险。随着智能化推广和新型产品的涌现，消费者对电子产品的数量和质量都提出了更高的要求，公司在加强业务流程管理的同时，更需要对未来可能面对的市场导向和潜在风险不断提高决策的前瞻性与预见性，及时发现产品更新走向，指导自身的研发方向。

年报数据表明，L公司的流动资产和营业收入状况良好，整体呈现出上升趋势，同时企业创新产出专利数量也伴随增加（见图2–6），表明公司风险管控成效显著，为企业研发成果的产出提供了动力。具体而言，L公司通过制定并施行内控管理制度，将内控管理融于业务与经营管理全流程，为防范化解管理风险和源源不断的科技创新输出夯实了基础。但2022年L公司产出专利数量略有下降，说明公司的风险管控系统仍存在需进一步优化的部分。

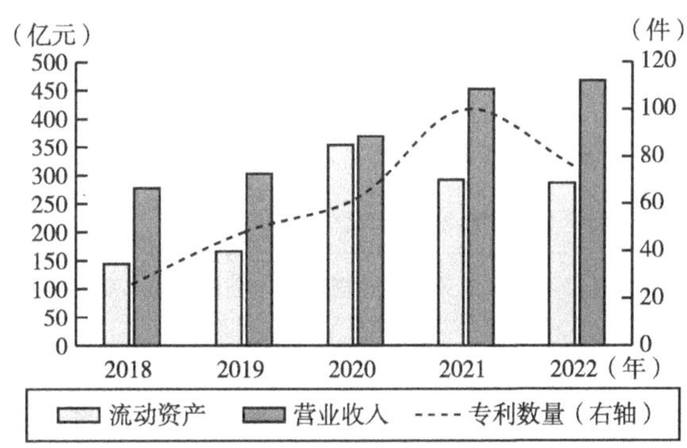

图2–6　流动资产、营业收入和专利数量产出

2.2.2 内控优化激活力

为进一步加强和规范内部控制，提高公司的管理水平，L公司一方面建立了完善的内部控制体系，并根据其自身的业务特征和经济环境控制整个经营过程。通过这个体系的建立，不但可以有效地实现研发项目的风险识别、测量、评估、监测和优化，而且可以在研发实践过程中不断改进，以提高公司内部控制体系的充分性和有效性，对产品市场竞争产生正向影响。其将成本控制落在实处，确保了公司整个经营过程的高效运行，促进了公司的稳定运营和长期发展。另一方面，L公司通过科学开展内控管理制度设计，制订了与公司相符针对性内控相关方案，进一步强化经营管理和风险管理，为防范和化解管理风险、稳中提质的高质量发展夯实基础。

表2-3　　内部控制制度及执行情况分析

内部控制制度	执行情况
公司法人治理结构	建立健全了股东大会、董事会、监事会、经营管理层等治理机构
社会责任	积极参与赈灾扶贫、教育支持、社区发展等公益事业
资金管理情况	设立了现金出纳、银行出纳、会计、审计等不相容岗位
对外担保情况	明确规定了对外担保事项的决策程序和审批权限
关联交易控制	明确了公司的关联方、关联交易事项、关联交易的决策程序、公司与关联方资金往来的限制性规定
募集资金使用的内部控制	对募集资金采用专户存储，使用实行专项审批，以保证专款专用
重大投资的内部控制	遵循合法、审慎、安全、有效的原则，控制投资风险、注重投资效益
内部审计	以风险导向为主，对公司各部门及子公司的财务收支、经济活动、内部控制制度及流程进行监督审计
合同与印鉴管理控制	借助企业内部的OA平台，规范合同的订立与履行、变更与纠纷等流程
信息披露的内部控制	加强信息披露事务管理，制定相关制度保障
关键岗位管理情况	根据不相容职务分离原则，科学合理设置了职能部门、工作岗位
子公司管理情况	通过综合治理对子公司进行控制与管理，加强信息控制
信息安全系统控制	制定开发企业信息系统计划，加强信息系统运行与维护的管理

在实际业务流程中，公司秉持“更好的业务质量和更好的内部控制管理”的工作理念，不断优化业务评价机制、运行机制和内部控制机制，使内部控制管理能够最大限度地发挥促进生产和控制活动的作用，内部控制的执行基本有效（见表2–3）。同时，全面推进“生产线布局、制造设备自动化、过程控制数字化”技术改造的实施，利用大数据、工业互联网和云计算技术，解决生产过程中的信息统计、信息处理、智能分析等重要技术问题，解决异常预警、减少人工干预、提高产品质量、实现更低功耗且高效的智能制造，为企业创新研发活动提供了保障。

在客户管理方面，L公司建立客户信用档案，涵盖客户状况、财务状况、内部组织管理和信用状况四个基本方面，有助于准确分析判别客户的信用程度，区分信用风险高和信用良好的客户，采取针对性措施，对风险程度不同的客户进行与之相匹配的风险防控或加强合作，为L公司日常经营及管理业务的开展提供便捷之处。

2.2.3 协同并购增实力

L公司作为“玻璃制造”的先行者，需要不断提升核心技术研发水平和科技创新能力以提升行业竞争力。但L公司产品相对单一化且客户集中度高，极易受到下游客户影响，导致市值波动较大。

表2–4 并购标的营收情况

	2019年	2020年1~3月
标的合计营收	81.95亿元	20.87亿元
可成科技合计营收	217.59亿元	41.83亿元
标的合计营收占可成科技比重	38%	50%

2020年8月18日，其子公司斥资99亿元现金收购可成科技持有的可胜科技有限公司和可利科技有限公司100%股权（以下简称可胜、可利），建立L公司泰州园区。并购整合完成之后，L子公司与国内外知名客户建立联合研发实验室以及综合实验室，提前深度参与客户新项目的技术研发及产品量产过程，提升

研发能力的同时也深化了与九大客户之间的战略合作。可胜、可利两家公司是业界领先的智能手机金属机壳的领导商，并购前营收合计占母公司营收比重在2020年第一季度高达50%，未来发展前景良好（见表2-4）。

此举既受苹果自身的供应商多元化策略的影响，也是L公司对消费电子业务长期战略布局的必要选择。一方面，L公司在盖板玻璃制造领域具有较为明显的技术优势和资金优势，可成科技旗下可胜和可利两家厂商在金属机壳制造领域具有经验技术优势以及资源设备优势，二者通过产业链垂直整合，可以实现较好的技术协同效应。可胜和可利作为苹果公司供应链中重要的一环，在金属机壳领域拥有世界领先的管理技术团队，产业设备自动化水平高。L公司通过高效的资本运作进行优质资产并购，进一步加强了对可胜、可利相关技术资源的整合，合理利用资源开展金属机壳业务，切入大客户金属结构件供应链，逐步实现了多领域、多层次业务布局，垂直领域的一体化整合，与公司原有产品矩阵形成良好协同，行业影响力稳步提升，巩固其在供应链中的龙头地位的同时，也为未来的高质量发展增添助力（见图2-7）。

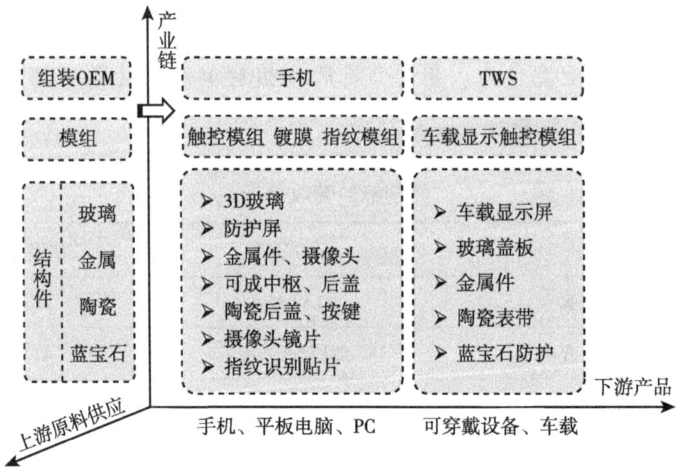

图2-7　L公司并购后产业链衍生图

另一方面，交割完成之后，金属结构件业务成为L公司的第二大业务，有利于L公司通过系统性产业布局和高水平技术创新提高辐射相关产业发展，促进产业结构升级。L公司通过垂直整合，替代了可成科技原有的手机金属中框业务，切入苹果公司金属中框供应链，份额有望逐步提升（见图2-8、图2-9）。可胜和可利多年来深耕于金属机壳业务，母公司可成科技拥有金属阳极牌照，产业链并购完成后，L公司利用这一资源可以顺利进入金属机壳这一技术壁垒较高的行业。与此同时，随着苹果手机不断地改良升级，逐渐形成了“金属＋玻璃”的设备格局，多品类产品矩阵增强了公司抗风险能力以及一站式产品与服务能力，也是L公司整合视窗防护外观件等核心资产、深入垂直塑造“一站式服务平台”战略的重要做法。

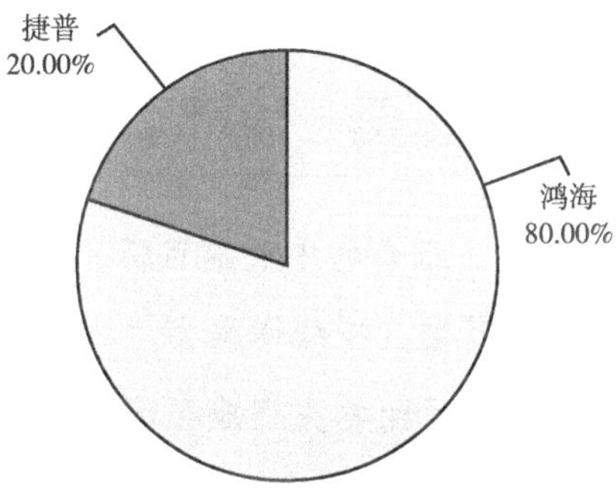

图2-8　2021年苹果不锈钢中框份额

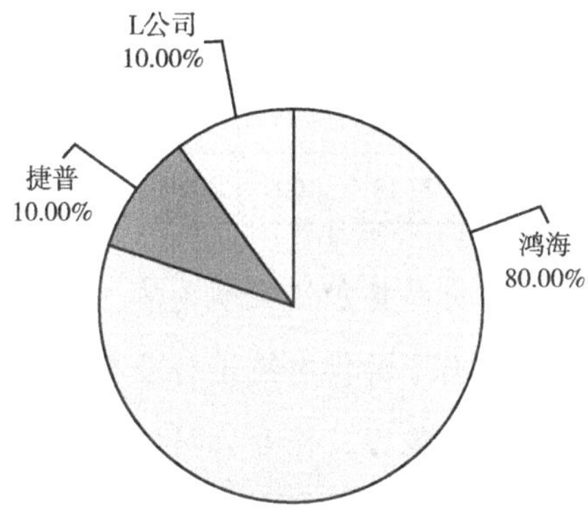

图2-9　2022年苹果不锈钢中框份额

不仅如此，各类业务经过不断整合之后，公司垂直化发展领域实现全新突破，可为下游客户提供垂直整合的一站式综合产品解决方案，减弱市场竞争进而增强研究开发方面的溢出效应。也正是通过此项举措，L公司与苹果等大客户建立了联合研发实验室，强化了与大客户技术工艺与经营战略并重的合作关系。让公司与大客户在业务往来过程中之间的联系更加紧密，在生产和销售领域实现双赢。

该措施不仅提升了公司研发能力，还使其能够率先参与到客户新业务的开发和量产中，为公司在金属业站稳脚跟作出突出性贡献。此次以99亿元收购换千亿级市场份额充分展现L公司业绩高度融合，体现了高超的资本运作能力和执行能力，公司核心竞争力和市场占有率进一步增强，使得具备资金保障、工艺技术、生产效率等优势的L公司在该背景下快速成长为全世界领先的国际化生产制造企业（见表2-5）。

表2-5　　　　　　　　L公司并购前后盈利情况变化表

项目	2018年		2019年		2020年		2021年		2022年	
	金额（亿元）	占比（%）	金额（亿元）	占比（%）	金额（亿元）	占比（%）	金额（亿元）	占比（%）	金额（亿元）	占比（%）
中小尺寸防护玻璃	193.60	69.85	213.06	70.41	244.79	66.27	316.43	69.90	315.18	67.49
大尺寸防护玻璃	27.23	9.82	37.94	12.54	56.34	15.25	62.24	13.75	61.15	13.09
新材料及其他产品	44.56	16.08	48.16	15.92	61.42	16.63	65.15	14.39	78.74	16.86
其他	11.79	4.25	3.43	1.13	6.84	1.85	8.84	1.96	11.90	2.55
合计	277.18	100	302.59	100	369.39	100	452.68	100	466.97	100

本次交易将加快实现为客户提供更完善的产品组合的中长期目标，为L公司进一步向下游供应链进行业务拓展奠定坚实的基础，持续增强公司的综合竞争力与盈利能力，提升公司的行业地位。消费电子行业龙头企业在从零部件供应商成长为平台型企业后，逐步向产品上下游延伸。L公司在并购前后以金额和占比在内的数额表明各经营项目盈利情况均有较大程度的提升，说明并购帮公司打开了新的销售范围，占领了新的销售高度，有助于其进一步实现科技创新发展。

随着5G的不断发展，折叠屏手机成为各个手机品牌的研发热点，而其最重要的技术就是“金属＋玻璃”，L公司此次产业链并购补齐了自身在金属机壳业务领域的短板，供应链地位及潜在产品整合空间进一步打开，与客户资源也得到进一步提升，除苹果公司外成为华为等国内大型手机供应商的零部件首选供应企业。虽然L公司拥有庞大的营业收入规模，但加工组装手机金属外壳的毛利率和净利率并不高。

2021年并购完成后，毛利率和净利率均有所下降（见图2-10），这种现象不利于公司竞争力和经营能力的提高和加强。这是由于L公司苹果订单的毛利率更高，经营业绩随着苹果订单的变化而起伏，尤其是净利润数据。毛利率的下降，也意味着供应商对下游客户话语权的减弱，究其现象产生的原因，是由于L公司对大客户的依赖度不断提高。目前L公司正在加大布局业务转型，着力打造第二增长曲线，但尽管公司已涉足新材料等其他领域，防护玻璃板却仍是L公司的核心产品。而相对单一的产品结构使其易受到消费电子市场中其他多元化公司的影响，削弱L公司抵御该行业周期性的能力，为解决业务类型单一所带来的一系列问题，多元化产业组合应成为L公司的主要发展方向。

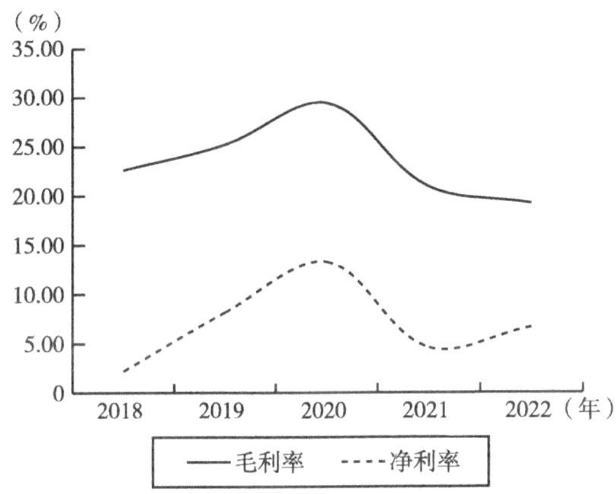

图2-10　L公司毛利率、净利率变化

2.2.4　财务数智提效率

L公司通过构建智能示范工厂与工业互联网服务生态系统，将生产、管理、服务、环境等各模块融合，完成了从机械设备到数控设备的升级，并部署了智能设备，将设备直接连接到云端，实现智能管理、监控和分析。针对财务领域，L公司于2015年开始布局工业互联网赛道，实现数据与场景的深度融合，自主研发进行数字化战略布局（见图2-11）。

L公司围绕数据、工业互联网、人工智能、工业视觉等核心技术为工业智联战略添砖加瓦。基于ERP系统的定制化设计，建立了最先进的综合管理系统，使公司能够有效整合不同部门的资源，拥有足够的数据来支持公司决策，有效提高了公司的决策效率；SRM供应链管理旨在提供一个全面、健康的供应周期管理机制，实现供应商和买家之间的密切协作，提高效率，创建一个高效、敏捷的数字系统。

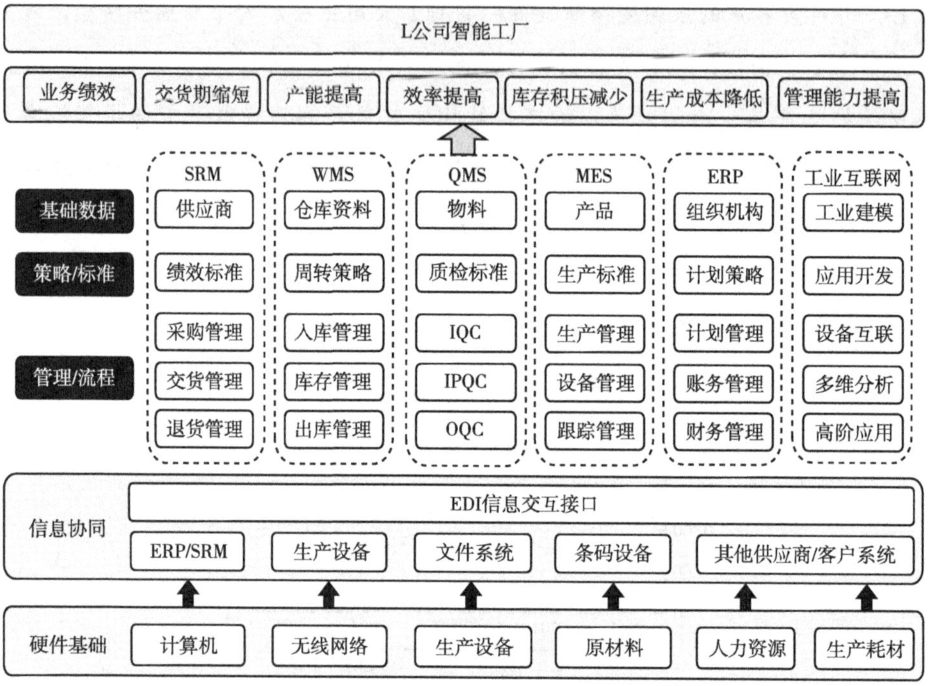

图2-11　L公司智能示范工厂架构图

在生产环节，财务数智系统通过基础数据收集，智能规划生产流程。具体地，可以从以下两个方面进行进一步详细说明：一是将供应商、库存、物料与产品等信息纳入系统，形成绩效、质检、生产等方面的检测标准，从而有助于企业合理制订采购计划与生产计划，缩短交货期，减少产品库存积压，形成产销一体化流程，提高产品生产效率；二是通过优化生产流程，降低材料和能源消耗，从而降低企业生产成本。

在运营管理方面，“L云”通过数字化实现企业内外部信息实时共享，打破企业内部信息孤岛，提升企业内部的数据分析效率与决策效率。L公司通过自建的“L云”数据中心和自主研发的工业互联网平台，解决传统制造行业中的专业问题，提升业务效率，真正意义上实现降本增效，赋能技术重构传统制造价值，真正实现业态高度融合，为企业持续创新发展奠定了良好的发展基础。

作为一家智能工厂，L公司依托其金融智能系统“L云”数据中心，打造了数字化与智能化的能耗监测与控制体系，不仅实现了生产流程的自动化、透明化、可视化和精益化，还实现了与产品测试分析、生产物流和生产流程的紧密集成（见图2–12）。L公司利用这些系统作为信息支持，通过自动化整个生产过程和机械设备改造，确保采购质量和供应安全，建立并维护公司与供应商之间稳定的业务关系。在进行具体业务过程中，该平台从数据采集、车间联网、智能装备和智能产线等方面出发，利用同厂区数智化管理对数据自动化采集和控制、一体化信息资源共享、各部门间的协同合作，达到交货周期缩短、产能提高、良率提升、库存积压减少、生产成本降低等效果。通过自建的“L云”数据中心和自主研发的工业互联网平台，将先进的设计、研发与生产工艺技术和“互联网+”工业智联战略相结合，取得良好效果。在2020年初订单需求暴涨、社会需求发生剧烈改变的挑战时刻，L公司以高效、灵活、减少劳动用工等特点有效解决了难题。

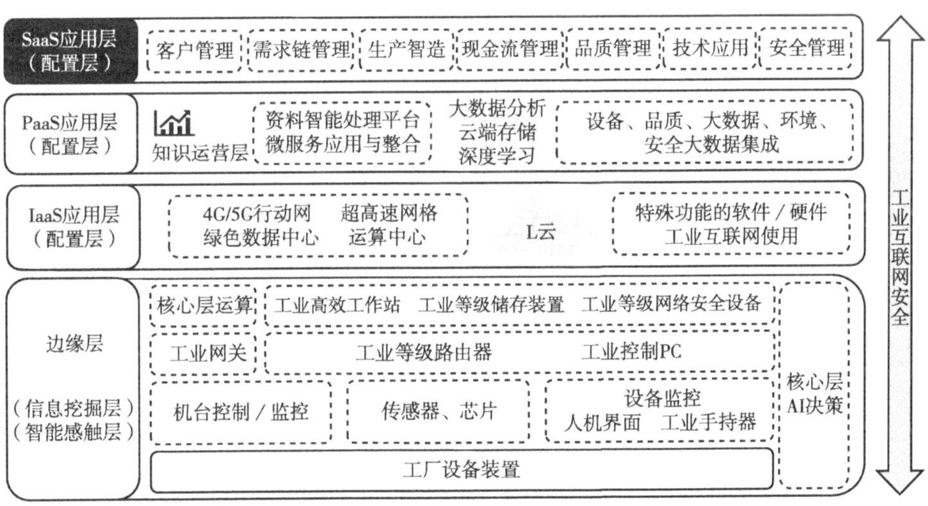

图2–12 工业互联网服务生态系统

“L云”数据中心和自主研发的工业互联网平台提高了统计数据分析的及时性和准确性，将开发周期缩短30%以上；对潜在不利情况进行预警，实现设备吞吐量提高到99.5%，整体资源利用率提高30%；减少生产设施对人员的依赖，现场操作人员减少50%，促进企业从现代化传统企业向数字化、互联化、智能化的工具制造方向转变，助力企业创新效率的提升。

2.3 体制评估创新成效

2.3.1 绩效奖优激活力

为激发员工创新积极性，增加企业创新成果，L公司采取了一系列措施，具体分析如下：一是进行分红激励。L公司自上市以来共分红8次，自2018年开始持续上升，累计分红高达60.02亿元。该举措极大地提高管理与技术人员的积极性和主动性，增强员工的归属感和认同感。但企业专利数据自2018年下降，2021年年度分红降低，创新成果数量却上升（见图2–13），一定程度上说明了L公司的分红激励政策无法有效赋能科技创新，亟须通过修改、完善分红政策提升企业科技成果转化效率，推动企业科技创新和社会经济发展。

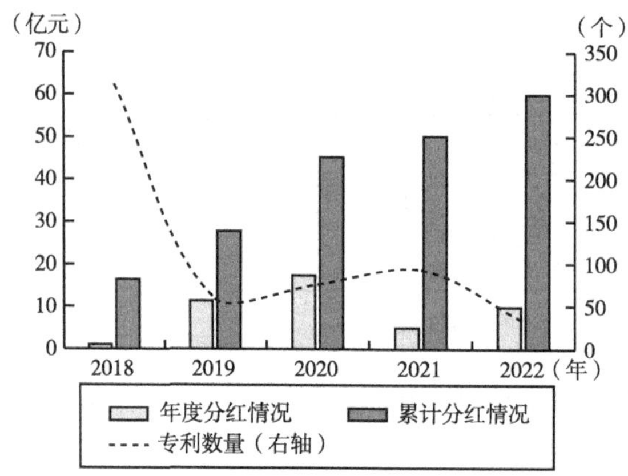

图2–13　L公司分红情况图

二是优化薪酬体系。L公司基础员工的薪酬体系结构主要由基本工资、补贴、工龄奖金、绩效奖金、激励奖金、行政奖励等部分构成。为保证公司长期稳定发展并充分调动公司员工的积极性，留住知识型优秀人才，公司通常会实施员工持股计划，该计划假设每年有固定数量的员工持有股票，基础股票在几个时期内解锁，具体金额根据公司业绩考核和个人业绩考核结果确定（见表2–6）。薪酬体系的优化将通过造就良性的竞争环境增强管理柔性，极大地提升员工们的工作质量和效率，鼓励员工激发公司员工创造力和工作主动性，进而实现企业价值最大化。

表2-6　　　　　　　　　　L公司业绩考核模式

解锁期	业绩考核指标
第一个解锁期	以2022年度归属于上市公司股东的净利润为基数，2023年度归属于上市公司股东的净利润增长率不低于20%
第二个解锁期	以2022年度归属于上市公司股东的净利润为基数，2024年度归属于上市公司股东的净利润增长率不低于40%
第三个解锁期	以2022年度归属于上市公司股东的净利润为基数，2025年度归属于上市公司股东的净利润增长率不低于50%
第四个解锁期	以2022年度归属于上市公司股东的净利润为基数，2026年度归属于上市公司股东的净利润增长率不低于65%

而在产品生产的成本控制方面，也会对各工厂进行单独测评，对于生产成本低于目标成本的工厂给予拨款奖励，反之则进行考核处理。考核标准规定，若公司未满足某一年度公司层面业绩的考核要求，所有激励对象对应该年度解锁期的标的股票权益均不得解锁，未解锁部分可递延至下一解锁期考核，如考核达标则可以合并解锁。由此可以看出，考核指标中对于公司净利润的增长要求并不高，可操控空间较大，即使某一年未能实现，还可以递延至下一期进行考核，达标则合并解锁。

2.3.2　定性定量评组态

模糊集定性比较分析方法，即fsQCA，是一种案例导向型的研究方法，其基于集合论思想和组态思维，将定性分析与定量分析有效联结。本文采用fsQCA方法，通过对多样本的分析，识别出最优变量组合。此方法深化了前因变量与结果之间的关系，可以展现因果关系之间复杂的内部关联，具有显著的方法论优势，可以进行多层次、多角度分析，从而可以对结果进行更加深入的分析。

（1）变量选取。本文借鉴已有研究，运用fsQCA3.0软件对企业研发投入、研发人员数、企业总资产和主营业收入与企业科技创新绩效（本文用专利数量衡量企业科技创新绩效）之间的关系进行分析，识别企业科技创新绩效的组态路径。以L公司科技创新绩效为结果变量，其衡量指标为企业年度申请专利数量；以L公司研发人员、研发投入、总资产和总营业收入为条件变量，其衡量指标分别为企业年度研发人员数量、企业年度研发投入量、企业年度总资产和企业当年主营业务收入（见表2-7），分析L公司财务体系中各条件变量对科技创新的作用路径，进而指导企业后续的科技创新活动。

表2-7 主要变量定义表

类型	变量	符号	衡量指标和说明
条件变量	研发人员	RS	企业年度研发人员数量
	研发投入	RI	企业年度研发投入量
	总资产	TA	企业年度总资产
	总营业收入	TR	企业当年主营业务收入
结果变量	科技创新绩效	INNO	企业年度申请专利数量

（2）变量校准。在fsQCA研究中，结果变量和各条件变量都分别被视作一个集合，将每一样本在每一维度的原始数据映射到一个［0，1］区间内的数值，以评估样本隶属于该维度集合的程度，这个过程就是变量校准的过程。具体步骤如下：

第一步，对研究中涉及的变量进行校准。本研究主要参照Verissimo提出的完全非隶属点5%、完全隶属点95%、交叉点50%的标准，分别对条件变量和结果变量进行数据校准。第二步，对单个条件进行必要性分析，从而判断各条件的必要性水平。本文将识别L公司的研发投入、研发人员数量、总资产和总营业收入对企业科技创新绩效的必要性水平（见表2-8），查看是否出现一致性水平超过0.9的门槛值，大于0.9则表示给定结果的必要条件存在，反之亦然。第三步，在模糊集校准和必要条件分析的基础上建立真值表。结合已有文献研究和案例实际，本文将最小案例频数设定为1，一致性阈值设定为0.9，进行后续检验。

表2-8 变量的校准锚点

研究变量	符号	完全隶属点	交叉点	完全不隶属
研发人员	RS	20 355.20	10 645.00	10 360.00
研发投入	RI	21.28	16.39	14.50
总资产	TA	793.34	766.10	439.18
总营业收入	TR	464.14	369.40	282.28
科技创新绩效	INNO	459.20	230.00	122.60

（3）条件变量的必要性检验。fsQCA研究不仅关注单个条件变量对结果变量的影响，更侧重于发现结果出现的必要条件和充分条件组态。标准的fsQCA研究中，首先需要进行必要条件分析，如果必要条件的分析结果显示一致性没有大于0.9，这就说明单个因素无法直接对结果进行解释说明，需要将解释变量进行组合才可以对结果变量产生一定的影响。

本文对其必要条件进行分析，单个前因变量的必要性除非总资产之外均小于0.9（见表2-9）。由此可知，L公司仅依靠单一前因变量对结果变量的影响力较弱，企业科技创新的发展需要多种因素组合产生协同作用，因此需要进行组态分析。

表2-9　　　　条件变量必要性检验

条件	一致性	覆盖度	条件	一致性	覆盖度
RS	0.55	0.48	TA	0.36	0.49
~RS	0.77	0.68	~TA	0.94	0.60
RI	0.53	0.46	TR	0.38	0.33
~RI	0.76	0.67	~TR	0.79	0.69

（4）条件组态充分性分析。fsQCA组态分析的目标是识别出导致结果存在的前因条件组态，阈值设定方面，根据Ragin的标准，当总样本数较少时，1是最小临界值，当样本数较大时，应适当选择更大的一致性阈值，但应保留至少75%的样本数。本文以“●”表示核心条件存在，“●”表示边缘条件存在，“×”表示核心条件缺失，“⊗”表示边缘条件缺失，空白表示条件可存在亦可缺失。

通过观测条件组态分布发现，L公司研发人员、研发投入、总资产和总营业收入在一种组态中发挥主要作用，是推动企业创新绩效水平提升的核心条件。研发投入和总营业收入是推动创新绩效水平提升的关键因素，组态分析总体一致性为0.893，表明4个条件组态路径解释性较强（见表2-10）；总体覆盖度为0.714，说明有71.4%的案例属于企业创新案例。综上所述，可以认为组态4是促进企业科创水平提升的充分条件组合，并归为研发机构主导型企业科技创新。

表2-10　　　　fsQCA分析结果

前因条件	组态1	组态2	组态3	组态4
研发人员（RS）	–	⊗	●	●
研发投入（RI）	×	●	⊗	●
总资产（TA）	●	–	–	–
总营业收入（TR）	●	×	×	●
原始覆盖率	0.788	0.765	0.774	0.714
唯一覆盖率	0.009	0.005	0.014	0.019
一致性	0.690	0.667	0.677	0.942
总体覆盖率	0.714			
总体一致性	0.893			

（5）组态分析结论。研发机构主导型企业创新主要是以研发投入为科技创新着力点，以企业资金为科技创新支撑力进行的系统性科技创新活动。该类组态表明，当企业拥有一定的研发团队和投入，并且以良好的企业经营成果作为资金支持，企业的科技创新能力可以得到稳步的提升。在2018—2022年间，L公司年研发投入规模均维持在14亿元以上，且具有1万人以上的研发团队，这为L公司的科技创新提供了必要条件。同时，在此5年间，L公司的总资产和总营业收入稳步提升，为企业科技创新提供了坚实的资金基础。

因此，通过模糊集定性比较分析法，L公司在科技创新过程中对于人力和物力的投入以及可观的营业收入是其科技创新发展的必备条件，也是L公司实现创新成果产出的关键因素。L公司在后续科技创新活动中，应当加强科技创新投入并重视人才培养，将已有的关键技术贯穿至生产经营全流程，提升生产经营效率和市场竞争力，实现营业收入稳定增长，助力科技创新项目落地。

2.3.3　财务指标析成效

通过对公司财务指标的分析可以判断企业的财务实力，评价和考核企业的经营业绩，揭示财务活动存在的问题并挖掘企业潜力，寻求提高企业经营管理水平和经济效益的途径。

通常而言，资本市场外部融资成本相对较高，内部资金对公司研发活动的发展至关重要，而内部资金的充裕度取决于公司财务状况是否稳定，公司财务状况的稳定又可以在一定程度上影响企业研发生产。因此，本文通过评估L公司四大能力方面的财务指标，分析企业内部资金是否满足企业科技创新发展需求，并从财务角度评估科技创新形成的效益产出，站在财务指标的角度来调整科技创新项目计划的制订，从而助力科技创新发展。

近年来L公司的现金比率逐渐下降，资产负债率下降，说明企业短期偿债能力下降（见图2-14）；存货周转能力相对稳定，而应收账款周转天数持续上升，回款能力变弱，影响资金链运行（见图2-15）；从营业利润和及净利润数值的波动可以看出L公司盈利能力和发展能力波动较大（见图2-16、图2-17），不稳定的收入状况将会对科技创新绩效产生负面影响，阻碍企业进一步实现科技创新。同时，L公司专利数量随着财务指标波动而变化，这说明公司的财务状况很大程度上关乎企业科技创新效益。可知，公司专利成果数量在近5年年显著减少，说明其科技创新能力下降，表明公司目前的实现的财务体系虽然在一定程度上能够赋能科技创新，但在成果转化这个方面需要进一步加强。

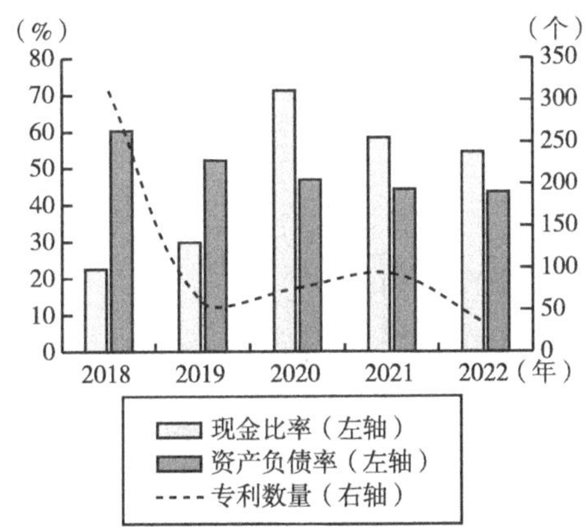

图2-14 偿债能力分析表

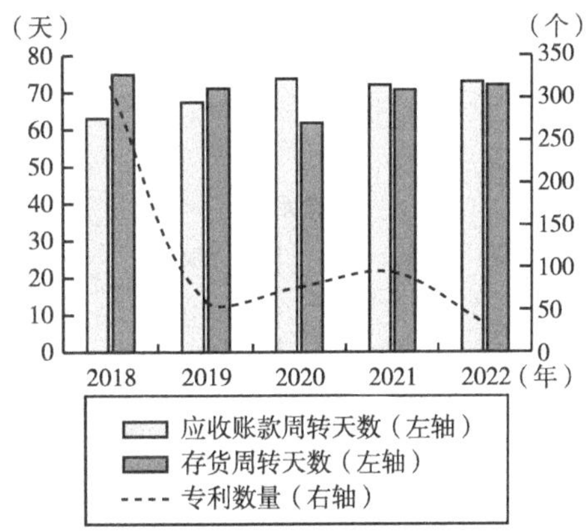

图2-15 营运能力分析

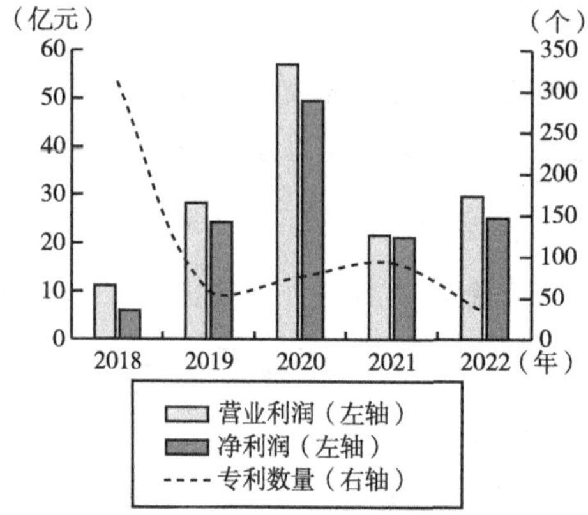

图2-16　盈利能力分析

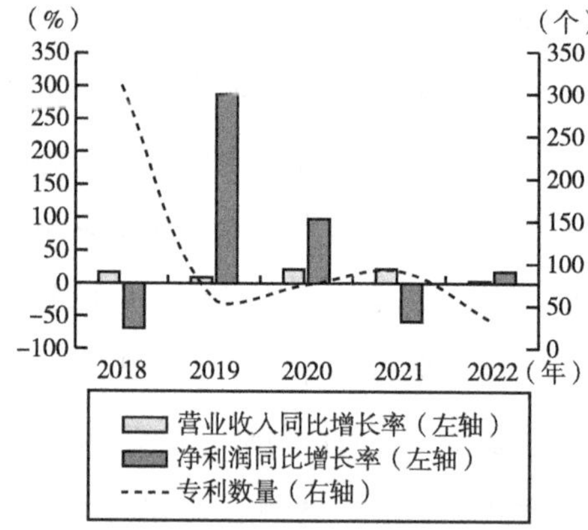

图2-17　发展能力分析

第3章　遇难探究竟：L公司财务体系赋能科技创新环境

3.1　创新资源协调难

3.1.1　单一融资积存货

L公司为了扩大产能、建设园区建设、补充流动资金和偿还有息负债，已经进行了六轮融资，以满足自身的发展需求和市场需求（见表3-1）。但随着融资余额的增加，资金能否合理配置成为市场投资者关注的问题之一。从L公司近5年财务数据来看，存货余额逐年增加，截至2022年末，存货资产占比8.53%，且存货周转速度逐渐放缓（见图3-1）；公司库存积压问题严重，相关资金、原材料及设备未得到有效利用，将限制企业科技创新效率。

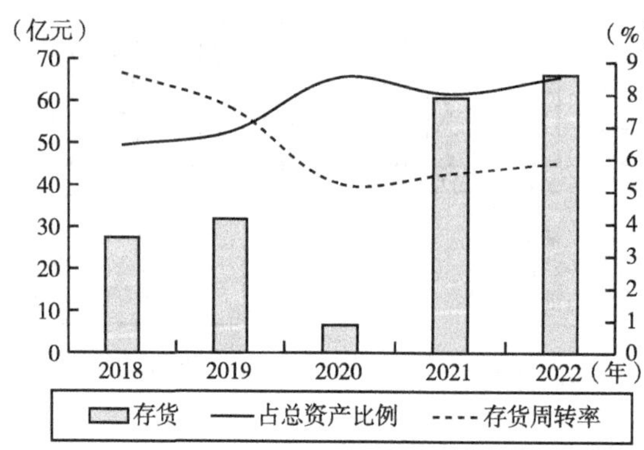

图3-1　L公司存货情况

表3-1　　　　　　　　L公司历次融资情况

序号	日期	融资形式	交易金额（亿元）
1	2015.3.18	IPO上市	15.49
2	2016.6.30	定增	31.68
3	2017.9.30	发行可转债	48
4	2020.1.07	定增	150
5	2021.6.30	定增	—
6	2022.3.31	定增	—

造成上述现象的主要原因在于，L公司的融资方式比较单一，除定增获得的大量资金外，其他融资方式筹集资金较少，主要依靠留存收益的内部筹资，而当定增融资进展不顺利时，公司资金可能面临短缺状况，对于科创项目的推进则会产生阻碍，不利于科技创新的发展。

3.1.2　人才结构显失衡

L公司高度重视研发人员的管理，并积极培养核心技术人员专业能力。但在研发人员学历构成方面，本科及以下学历占比八成，高质量人才的培养与行业存在一定差距。在专业财务人才的引进培养上缺乏足够的重视，人员占比不到1%，研发人员与财务人员占比严重失衡。

基于L公司的发展现状，人才结构失衡的原因主要来源于两个方面。一方面，契合公司科技创新战略。自公司成立以来，主营业务触控屏领域相比于三星电子、夏普公司及LG集团等国际巨头型企业，在该类技术上创新优势不明显，因而采取防守型科技创新战略能够阻止同行的技术进攻，减少来自高水平专利的控制，故而公司对于研发人员学历要求上不高。另一方面，作为生产制造企业，对于财务管理此类非增值活动重视程度较低，且研发人员和财务人员的职位和职能之间的互动性不强，导致公司对于财务人员的培养较少。

3.2 创新流程风险高

3.2.1 行业特征存风险

（1）整体风险描述：L公司作为一家高新技术企业，与传统行业相比，固定资产比率相对较低，流动资产比率较高，这对公司的营运资金管理提出了更高的要求。依照高新技术行业发展要求，企业的研发费用必须控制在既定范围水平内，L公司近三个会计年度销售收入在2亿元以上，因此研发比例不得低于3%。

首先，由于高新技术企业研发失败的风险很高，巨额研发投入可能零回报；其次，高新技术产品的更新迭代速度快，最终的研发成果可能已经被市场淘汰。该公司的产品周期性强，难以在市场上保持强有力的竞争力。最后，高新技术企业非常重视研发投资，但将科研投资转化为实体经济产出的效率较低，导致资金回收周期长，增加了企业经营的不确定性。因此，企业必须更加重视风险管理和预防。

（2）定量分析：本研究使用多变量模型来设计经营风险预警系统，运用主成分分析并通过降维技术将多个变量转换为几个综合变量的统计分析方法。本文构建的主成分线性关系式如下：

$$f1=0.832EPS+0.677NAPS+0.651CFOPS$$

$$f2=-0.016EPS-0.639NAPS+0.684CFOPS$$

其中，每股收益（EPS）=净利润/年末普通股股数；每股净资产（NAPS）=股东权益/年末普通股股数；每股经营性现金流量（CFOPS）=经营活动产生的净现金流/年末普通股股数。

根据主成分的特征值和方差贡献率，可以构建企业运营风险的综合指标F。F是综合因子f1和f2的线性有效组合，具体的表达式如下：

$$F=0.525f1+0.292f2$$

该模型的F值是运营风险的最终判别得分。由于这三项指标正向反映公司的经营业绩，因此该模型的F值越大，公司的经营水平越好，经营风险就越小。L公司近五年的F值总体呈现出递增的趋势，但仍存在不稳定的问题，公司研发成果产出受其影响不稳定（见图3-2）。L公司应当加强对于经营风险的管理，在经营风险增加时及时采取措施应对，规避风险，减少损失。

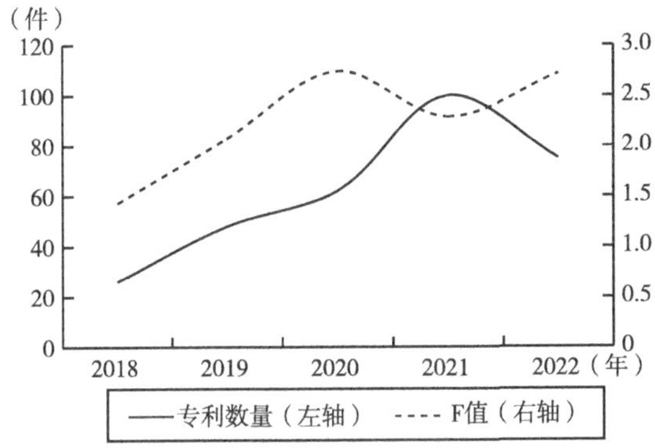

图3-2 L公司近五年F值分析

3.2.2 短期资产缺运营

L公司在短期资产的管理上存在明显不足，尤其是缺乏对于流动现金和应收账款的管理。在对L公司偿债能力的分析中发现，公司的现金比率在近五年波动明显（见图3-3），会影响公司的研发投入。同时，公司应收账款周转天数一直处于较高水平（见图3-4），企业应收账款账龄长、资产流动性弱、短期偿债能力差，不利于研发项目的投资。

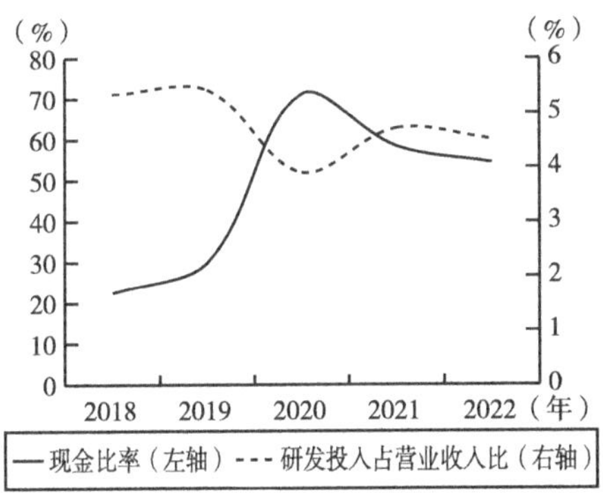

图3-3 现金比率与研发投入占比趋势

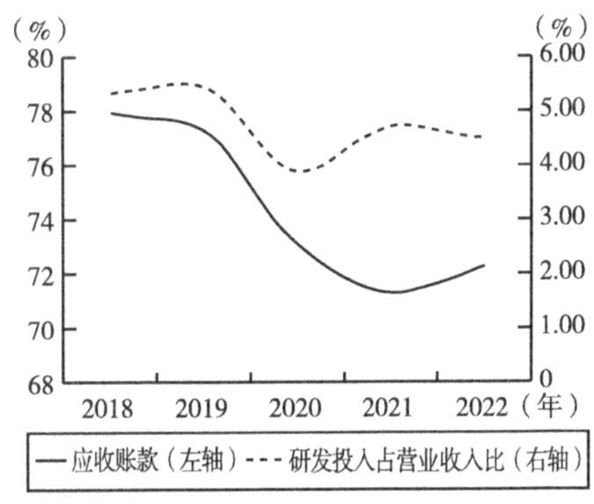

图3-4 应收账款与研发投入占比趋势

这些问题的出现主要是有以下几个原因：首先，L公司对最大的客户苹果公司有很强的依赖性。苹果公司凭借其强大的议价能力，将不断上升的成本转移给L公司。L公司的供应商议价能力低下，只能承受成本负担。利润过低很容易导致产品库存积压和资金周转速度缓慢，进而导致L公司现金比率呈降低趋势。

其次，L公司为了进行企业扩张和设备升级，通过开发防护玻璃，从只有8人的创业团队发展成为行业引领者，打开了国内外消费市场。但是企业创新需要研发投入，而大量的研发支出会导致现金比率下降。在缺乏足够利润支撑的情况下，L公司只能选择对外借款来扩充研发投入资金，这将导致公司内部的流动现金大幅减少，从而影响现金比率，企业资产的流动性水平减弱。

最后，当L公司面对资信状况不良的客户群体时，可能会面临无法收到货款或存在坏账的情况，此时企业需提前发出存货，导致应收账款增加。公司的客户群体较固定，许多中小客户的销售渠道未开通，销售渠道较单一。如果公司的销售渠道不畅，销售额就会减少，导致应收账款增多，增加了企业的经营风险。

3.2.3 果链依赖挤利润

L公司在消费电子和智能汽车领域布局多年，已经拥有丰富的客户资源，其中与苹果可谓深度绑定。2021年苹果带来的销售额占年度销售额的66.49%，公司前五大客户贡献的销售额占比达到80.56%，供应链高度依赖存在高风险的威胁。L公司收购可胜、可利两家企业后，再次“捆绑苹果”。然而，收购下游金属结构件组装商虽可以实现技术资源互补，但同时也会增加公司运营成本，造成“增收不增利”的局面（见图3-5、图3-6）。2022年，L公司固定资产较2015年增长330.09%，达到358.12亿元，公司资产减值损失5.77亿元。在重资产经营模式下，L公司为了与苹果公司深度绑定而过度投资，产生了大量的借款利息支出，有息负债保持在较高水平，从而吞噬了利润（见图3-7、图3-8）。

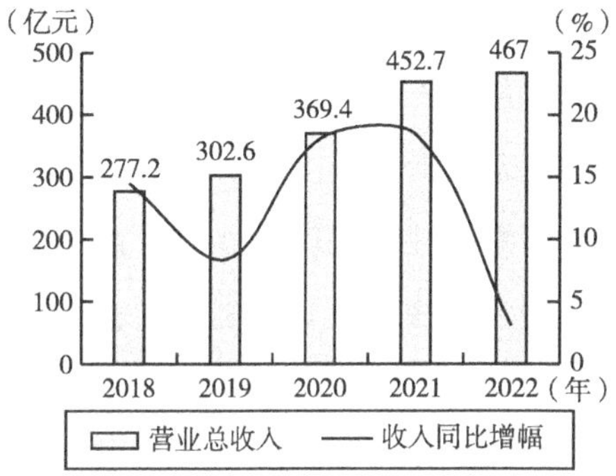

图3-5　L公司收入趋势图

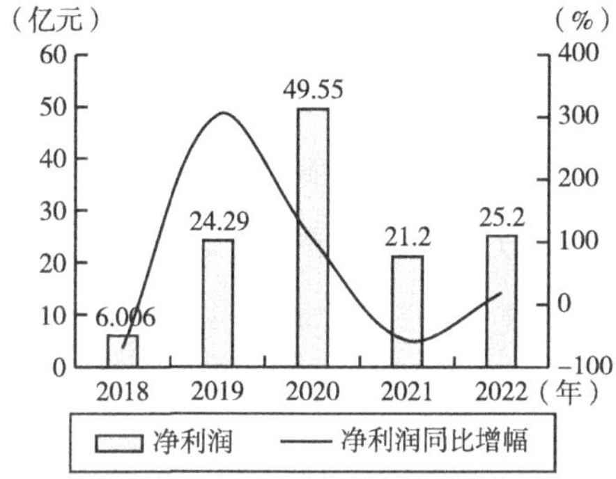

图3-6　L公司净利润趋势图

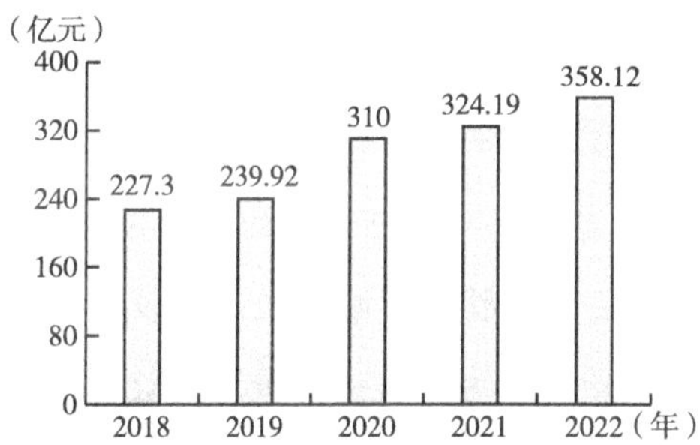

图3-7　L公司固定资产情况

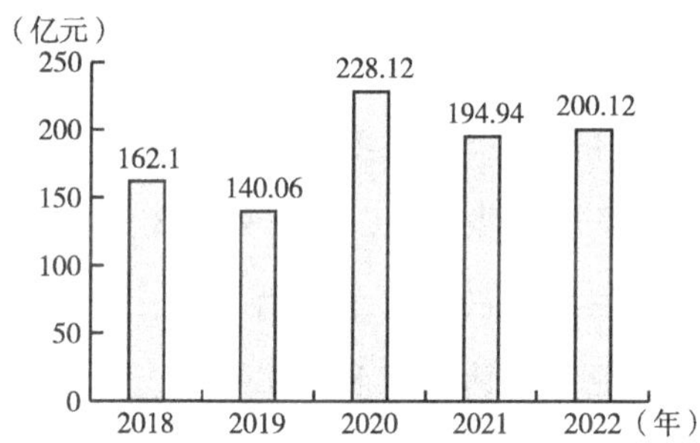

图3-8　L公司有息负债情况

“果链”作为苹果公司供应商的俗称，一直被用来区分苹果公司产业链和其他产业链的供应商。高收益意味着高付出，成为果链一员，苹果公司提供技术支持，这也意味着企业将自身的一部分控制权交给苹果公司。在帮助L公司搭建了一条新的生产线之后，这条生产线就会被苹果独立使用，无法再为其他客户提供产品；而且这些设备和软件都归属于苹果公司，就连公司的财产盘点，都要交给苹果公司来做。另外，苹果公司还会在L公司的工厂中安排员工，负责生产方案的制定、生产的指导和质量检验，甚至代工厂的员工也需要经过苹果公司的批准。苹果公司可以实时监控从材料进厂、生产线组装、零部件质量测试到销售渠道的所有数据，极大地降低了L公司的自主权。

尤其是近年来行业内原材料价格的持续上涨，苹果公司凭借其在供应链中强大的议价能力和绝对主导权优势，将上涨的成本转移给下游供应商。L公司作为供应商，议价能力较低，成本的增加导致企业红利逐渐减弱。近年来L公司为了积极响应大客户的需求，科技积极改进技术，扩大业务范围，以满足苹果公司对产品技术的高要求，前期在固定资产方面投资巨大，若不幸被大客户抛弃，有可能发生产能过剩风险。投资的持续增加了企业的负担，也导致L公司的利润收缩。更重要的是，苹果公司对供应链的“科学管理”打破了该行业固有的信息壁垒。“果链”供应商对于苹果公司微不足道，制造商别无选择，只能根据客户需求进行开发和生产，这种现象对公司的长期发展产生了负面影响。

3.3 评估失妥效益降

3.3.1 股权激励待优化

L公司在对于员工创新能力的激发上已经采取了员工分红及完善的薪酬机制，可以在一定程度上激励部分员工，随着公司年度分红情况的增加，专利数量却呈现下降趋势，说明分红政策并没有达到激励企业创新活力的预期效果。

主要有以下三个方面原因：一是L公司在实行股权激励的同时并没有把公司创业初期的梦想和员工分享，没有把企业文化传达给每一位员工，让员工有和公司共兴衰、共同编织梦想的想法，没有切实贴合员工需求，而是让员工感觉没有自主选择的权利，因此不能较好地发挥股权激励的作用。二是企业的股权激励机制没有因地制宜，具体到制度，也没有明确公布股权分配的标准，如入职满一年或对公司有重大贡献者有多少股权，员工心里没有预期，就无法实现股权激励的目的。三是公司净利润波动较大，分红不稳定，单纯依靠公司净利润的波动来分红，而员工对公司能否实现高额净利润没有足够的信心，无法起到激励作用。

以上原因导致该政策没有很好地利用股利分配，让企业管理者及核心技术人员在共享分红的情况下做出正确的决策，使分红政策实现其应有的价值。

3.3.2 人才培养须增强

L公司高度重视研发人员的管理，从招聘到入职的全过程都有完善的人才管理体系和培训方案，帮助核心技术人员通过这一体系学习专业知识，提高自身能力，使其更好地投入本职工作。但在财务人员管理方面，公司仍不够重视，尚未形成完整的管理体系。

这主要是因为L公司作为一家研发企业，对研发水平有很高的要求。对研发人员的重视很容易导致忽视对财务人员的培训。同时，人们容易对财务人员的工作缺乏了解，认为其只注重理论水平，对实践水平要求较低。因此，公司并不重视财务人员的工作成果的推广。但实际上，财务人员在促进企业科技创新上发挥着关键的作用（见图3-9）。公司片面地认为财务人员与企业研发活动之间的相关性较弱，不能直接促进企业创新成果的创造和推广，对财务人员缺乏重视会降低他们在公司管理中的发言权，降低财务部门的工作效率和成果输出。然而，由于财务工作涉及的商业细节众多，对准确性的要求很高，这就要求公司加强对财务人员专业素养和综合能力的培养。

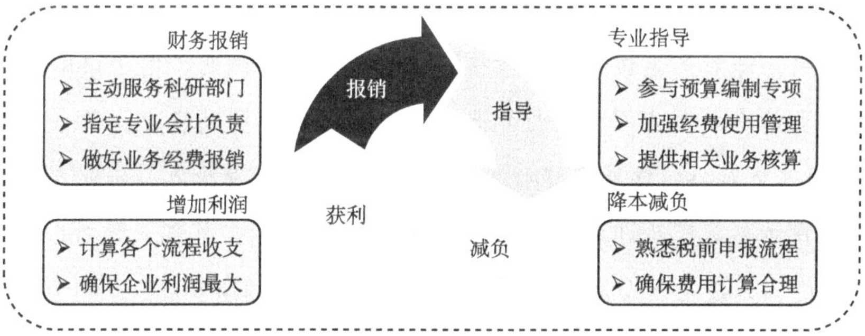

图3-9 财务人员对科技研发作用分析

企业为了在当前市场上脱颖而出，有必要利用人才团队来支持创新和业务运营。而这种人才队伍建设不仅是指人才的选拔、聘用和留用，还可以体现在设立职责明确的职位和调整内部人员结构上。这可能是由于L公司对人才培养和职位设置的固有思维，认为每个职位都应该履行自己的职责。由于缺乏对财务和研发相互合作重要性的认识，双方沟通能力较差，难以有效整合财务和研发能力。在人才队伍建设过程中，L公司缺乏针对性的岗位建设和全面的人才培养计划。例如，研发人员和财务人员的职位和职能之间的互动性不强，财务系统无法很好地融入企业的技术研发生产，企业财务体系参与企业科技创新存在阻碍。

3.3.3 绩效考核失全面

企业整体激励强度与其创新强度相关，高强度激励能够消除员工的创新阻力，并把外部压力转化为创新动力，产生内生动力。绩效考核作为企业进行员工激励的手段，可以借助该方法，使企业激励机制得到充分运用，有利于企业的良性发展。对于L公司来说，研发人员是企业研发产出的核心竞争力，关系着企业在市场占有率及市场竞争力。为了更好地加强人力资源管理，提高人员的综合素质水平，公司需要重视对个人绩效的考核，让员工在一个赏罚分明的环境下进行工作和创新。

在L公司的绩效评估方面，已经具备完善的薪酬体系，而且在绩效考核上也采取了多时期解锁的独特业绩考核模式，但在绩效考核的全面性上仍存在一些缺陷。公司仅仅通过员工持股计划来展现进行公司业绩考核和个人业绩可能促成的结果，却对产生该结果的考核标准没有明确的说明。由于该解锁条件过于依赖企业的净利润水平，而近年来L公司不平稳的盈利能力，很容易打击企业内/外部人员对公司发展的信心，导致管理者减少研发投入、研发人员创新性降低、客户对公司产品订单量下降等负面后果。企业内/外部人员对L公司发展持负面态度，无疑在很大程度上阻碍了企业研发创新的脚步。

不全面的绩效考核也会使公司决策不科学、不系统，尽管员工在同一家公司工作，但由于职位、部门、能力和其他综合素质的不同，他们的工作表现也有所不同。因此，如果个人绩效评估的标准不同，必然会导致最终评估结果不够科学，而不公平的考核标准会极大地打击员工工作积极性，降低员工工作热情，对公司日常经营业绩和专利创新产出都会产生较大的负面影响。

因此，应根据员工职位的特点有针对性地制定考核标准，确保每一位员工都能感受到公司考核的公平性，并切实遵守各项规章制度。在绩效评估方面，企业还应考虑多种外部因素，避免因“一刀切”而对无关人员进行处罚。如果不能将责任分配和落实到个人身上，不仅无法激励员工，还可能影响企业的整体竞争力和战斗力。员工是公司的重要组成部分，积极的工作态度和公平、公正、公开的绩效评估政策可以最大限度地调动员工的工作积极性和研发创造力，促进全体员工与企业共同发展和提高。对应到L公司科技创新上也是如此，只有给予研发人员足够的激励保障并高效落实责任考核，才能让其在生产研发过程中保持高涨的工作热情，为企业研发创新插上鹏飞的翅膀。

第4章　革弊迈新阶：L公司财务体系赋能科技创新环境优化

4.1　事前人力和财务储备

4.1.1　多元融资缓约束

通过分析L公司的发展历程，发现其两次定增行为驱动因素主要在于紧跟市场发展趋势、实现规模经济和优化资本结构三大方面。但是，由于L公司融资手段过于单一，且第二次定增募集资金巨大，扩张战略具有较大风险性，对企业长期绩效没有明显改善。故而，L公司对于具有费用低、流程快、融资效率高等优势的定向增发过于依赖，应当在后续发展中拓宽融资渠道，结合风险和成本评估优势，创新现有融资方式，建立多元融资机制，减轻企业的资金压力。

首先，L公司在进行再融资时应根据自身实际发展需要，在债务性融资和权益性融资中选择适合自己的融资方式，尽量避免公司多次进行定向增发导致的其本质上逐渐脱实向虚。例如，适当提高自身负债水平，充分发挥债务融资所带来的税盾效应和财务杠杆正效应，实现税收大额减免，债务利息也可以得到有效的中和，公司总体资金使用成本的节约效果也会越发明显，有利于科技、产业和金融之间的良性循环。

其次，企业应当根据每个发展阶段的实际情况和战略部署选择最恰当的融资方式。当前L公司正处于发展扩张期，市场前景相对比较明朗，风险与资金需求量呈现反向运动规律，可以有效利用金融工具组合优化企业融资结构，实现资本有效利用，为企业科技创新奠定坚实财务基础。

最后，公司应当与金融机构建立牢固的战略伙伴关系，增强风险抵抗能力。L公司应该抓住当前低信用风险的良好时机积极寻求产融协作，维持更经济的杠杆运作，有效降低财务成本。战略转型以实现产业快速增值。集中更多的资源开发完善其主业产品，提升市场竞争力。

4.1.2 人才培养重质量

随着行业竞争的加剧，技术创新和管理创新双轮驱动成为企业转型升级的出路，关键核心技术成为企业制胜法宝，由此也对技术人才与管理人才提出了更高要求。因此，在研发人员引进上，L公司应顺应新形势、新要求，对人才队伍建设的重点与培养技术技能人才向坚持高水平引进和高质量培养相结合，形成一批由战略科学家、高层次拔尖人才和青年技术骨干组成的创新团队，打造一支与公司高质量发展升级相符的高素质人才队伍。而L公司在财务体系赋能科技创新两端人力资本配置方面皆存在严重问题，具体而言：一是高质量研发人员引进不够，二是财务专业人员培养不到位。

现阶段，企业研发对质量、数量的要求越来越高，这就要求公司各部门联动性需要加强，并重视财务部门在企业创新活动中的作用，更好地辅助创新成果的产出。因而，在财务人员培养上，企业需要首先了解和分析当前财务管理人员的个人素质和综合能力水平，然后根据人员自身情况制订有针对性的人才培养计划，以提高财务人员的整体素质。制订人才培养计划后，应不断完善和落实人才培养的内容。不仅要加强人员专业知识水平的学习，还要加强专业实践能力水平的培养，让财务管理人员跟上时代发展的步伐，培养为公司财务管理贡献力量的综合型人才，让财务人员将专业知识贯穿到研发创新环节，从而增强公司的科技研发能力。

此外，要培养财务人员的风险意识和责任归属，将个人利益与企业利益紧密结合，努力实现企业价值的最大化建设。要想让每一位财务人员真正具备对企业的责任意识，关键一点是，企业的各项成果一定要让其员工共享，不能只领导个人独享。企业的各项福利待遇一定要恩惠于每一位财务人员，让财务人员感受到公司对于该部门职能和员工能力的重视，实现对员工的正向激励，以更好的状态和能力投入专业工作当中，从而实现企业整体效益的提高。

最后，公司培养财务管理人才的渠道和方法也应多样化，除进行正常员工入职培训外，还可以通过讲座或实践培训的形式来实现。阶段性培训完成后，企业需要对员工的学习情况进行评估，并对评估结果突出的员工进行奖励，以提高员工的培训积极性。同时，公司需要为员工提供一个学习和沟通平台，让财务人员能够在这个专属平台上相互交流，在丰富财务人员专业理论知识的基础上培养其解决专业问题和独立思考的实践能力。

4.2　事中监察管控

4.2.1　风险管理常预警

（1）定性分析。从风险管理理论中可知，风险管理流程的第一步就是识别风险，当风险发生时及时发现问题。根据该理论，L公司可以在“L云”的基础上，对平台系统进行功能性挖掘与模块整合，以产业链数据、全面预算、资金计划和税务管理四个模块为核心，对经营过程进行优化，为内部控制管理进行辅助；运用可视化分析软件，建立统一的数据中台——管理驾驶舱，促进企业向自动化、模块化发展。以共享平台为基础，以大数据分析为抓手，以管理驾驶舱为载体，提升业财融合的深度、广度，实现企业生产经营活动和管理效能信息化、数字化、智能化和可视化，在第一时间发现企业生产与经营过程中可能存在的问题，为管理者提供决策支持和方向指引。

风险管理理论中的评估风险、风险应对、评价风险也是企业在发现风险之后需要采取的一系列应对步骤。因此在业财融合的基础上，L公司要借助信息化手段，分析平台数据，打造智能风控能力，实行智能风险管控体系的结构化管理（见图4–1）。系统分为风险预警体系、风险管控体系、风险组织体系和风险制度体系。首先，运用风险管理工具和全面风险信息管理进行针对会计风险的收集与评估，实现风险应对与规避；其次，实行风险监控，追踪风险信息；最后，完成四大风险报告，全面分析企业各类风险，监督记录风险处置全过程，实施风险管理绩效评估，总结经验，遵循风险管理理论进一步完善智能风险管控体系。

（2）定量分析。在财务风险方面，美国学者Altman（1968）是第一个使用Z–Score模型方法来探索金融预警问题的人。后来，国内外学者对其进行了进一步的研究，提出了M–Score、F–Score、Y–Score等修正模型（见表4–1）。

表4–1　　　　财务舞弊预警模型

模型	公式
M–Score预测模型	$M-Score=-4.840+0.920DSRI+0.528GMI+0.404AQI+0.892SGI+0.115DEPI-0.172SGAI-0.327LVGI+4.679TATA$
Y–Score预测模型	$Y-Score=0.3847X_1+0.1908X_2+0.1251X_3+0.1088X_5+0.0828X_5$

图4–1　智能风险管理框架

目前，M–Score预测模型在西方国家广泛使用，该模型基于多因素财务操纵检测模型成功预测了美国安然事件的爆发。该模型主要使用应收账款指数、毛利率指数、资产质量和营业收入等八个指标来计算M值，以–1.78为分界点。M值越高，公司进行财务操纵的可能性就越大。考虑到M–Score模型主要选择基于美国资本市场环境和企业财务舞弊特征的评估指标，可能不适合中国国情，建议纳入基于中国股市现状的Y–Score预测模型进行综合分析。Y–Score模型选择偿债能力、盈利能力、现金流能力和发展能力等8个财务比率指标作为研究的起点。所建立的模型以Y值0.5为分水岭，得到以下评估区域：当上市公司的预测值Y＞1时，是非常安全的财务状况区域，0.5＜Y＜1是安全的财务条件区域，0.3＜Y＜0.5是灰色财务状况区域，0＜Y＜0.3是财务状况失败区域，Y＜0是财务状况严重恶化的领域。因此，公司可以使用财务预警模型来识别和应对风险，将风险控制在可接受的范围内，并减少资产损失。

4.2.2 资产管理规范化

（1）研发项目规划。由于高新技术行业固有的高风险、高技术、高投入的特点，L公司在选择研发项目时，应当充分考虑投入研发所耗费的成本与收益，在成本效益的原则下对项目可行性进行研究。L公司应当结合行业发展现状，确定对于研发项目的资金的投入强度。既要避免由于过度投资而造成的资源浪费和使用效率低下，又要防止由于研发资金投入不足而导致的利润减少和竞争力不足。企业应当合理规划研发项目的资金投入强度，并有针对性地进行提升，最大限度地发挥资源优势，占据市场高地。同时，L公司进行资金管理时应当从长远的角度考虑，健全完善的投资管理机制，确保稳定的资金投入，保障研发项目的执行。企业可以定期预提资金以防范因经营状况问题而导致的研发资金投入不足的问题。

研发资金的利用效率提高离不开制度的保障，因此，企业需要不断完善研发投入管理机制。L公司需要建立独立高效的资金管理部门，配置专业人才进行管理，规范内部资金申请和审批程序，实现资金利用率最大化。同时，明确区分研发项目中主次，进行合理的资金配置，促成研发成果转化，助力研发高效产出。

（2）研发项目的选择上，L公司要结合战略与市场需求等信息进行整理并加以分析。编制立项申请书与研发规划，提交给专门的负责人审批，再由专门负责人针对可行性问题与相关人员进行评审，然后根据评审结果提出评审意见并签字。研发项目确定后可以成立研发小组，小组成员根据研发规划来编制预算，制订各项计划、工作日程并对人员进行安排。在相关人员的监督下遵循原定工作计划完成立项的研发工作，确保费用报销符合预算规划并如期完成试制样品生产。研发小组与质检部再对样品进行实验与检测，当确认该样品符合规定标准后，编制并提交验收申请。研究成果开发经过公司管理层的讨论，决定研究成果是否可以投入量产。在批准后，先进行小规模试生产，对销售情况进行调查，确定是否还需要对研发成果进行相关调整。在对调查结果满意的情况下正式投产并进行产品的推广以实现企业最大收益。

（3）加强资金管理。企业对资金的有效管理离不开制度的支撑，L公司作为高新技术企业，管理层应加强外部信息的收集，积极了解行业发展趋势和政策方向，关注行业龙头企业的发展动向，调整自我定位，加强对自身发展战略目标的了解，从而完善内部资金管理制度（见图4–2）。例如，及时监测国家专利局和资格部门发布的专利相关进展，为公司后续专利申请做好准备。此外，公司还需要了解行业前沿信息、相关法律法规、政府政策等，及时改变发展方向。在现有资金管理制度的基础之上，细化并补充管理准则，规范资金管理流程，加强监督。

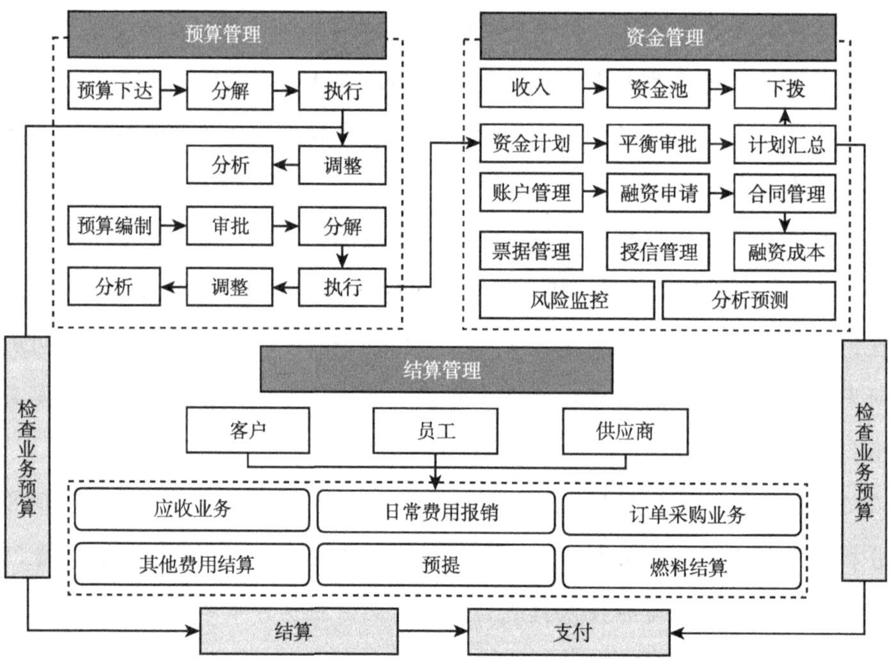

图4–2　预算与资金管控系统

在资金管理过程中，明确各个部门的职责，加强部门之间的联动，将研发经营环节的资金管理落在实处。在评估资金管理完成情况时，可以通过问卷调查、访谈等方式，形成真实可靠的考核评价结果。对于管理过程中存在的缺陷，各部门人员在发现问题时应当提出并改进，对后续的资金管理工作加强监督管理，通过对于研发资金的使用流程进行事前、事中和事后的监督，确保企业资产的安全。

在应收账款管理方面，财务部门需要加强对于合作商信用状况的评级和更新，借助信息网络对客户信息进行搜集和了解。另外，企业可以对自身风险承受能力作出评估，制定客户信用政策，对客户进行流动性管理，提高资信安全。L公司对于最大客户的依赖度较高，资产安全无法得到保障，在整个交易流程中较为被动。因此，L公司需要加强与其他客户间的合作业务，分担经营风险。

4.2.3 产业布局多元化

L公司现有的战略重点之一便是“多元化产品布局，产业链垂直整合”，但目前L公司的客户比较集中，其营业收入来源主要是苹果、华为和特斯拉等全球消费电子和新能源汽车知名高端终端品牌。与此同时，消费电子行业上具有潜力的企业正强势崛起，若过度依赖大客户，将造成公司业绩大幅波动。故L公司需明确布局方向，实现产业链布局决策科学化，实现技术资源整合，打开利润增长新空间。

L公司作为高新技术企业，产业链多点布局，首先需要明确布局方向，尤其是在宏观市场经济增速下行的大背景下。消费者对3C电子产品的消费意愿不高，产品选购标准趋严将导致新品终端渗透率不及预期。因此，针对新布局的投资，L公司要打通需求端与研发端，搭建产业链布局方向管理系统（见图4-3）。由销售部门根据市场需求以及国家政策，制订出本时段需求预测计划并流转到研发部，提高创新投入产出比。

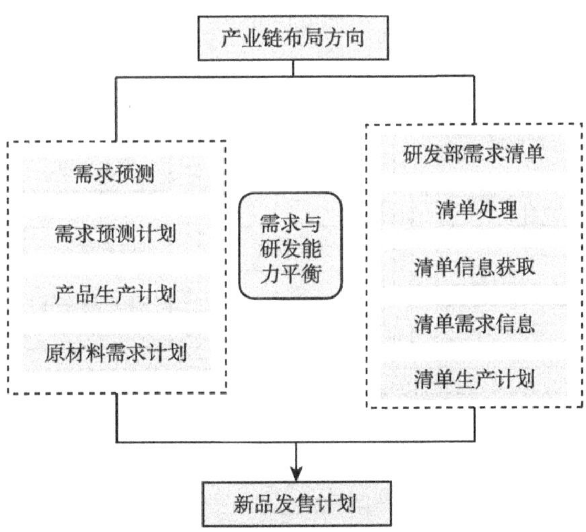

图4-3 产业链布局方向管理

L公司应当以市场消费需求为导向，重点突破产业链上下游的关键核心技术，推动创新链和产业链的精准对接和深度协同。企业应依托现有技术加速拓展新的应用领域，实现多元化产业战略布局，避免陷入红海竞争。同时，公司也应继续保持在新能源汽车领域的开拓，顺应行业发展趋势。目前公司在手机盖板玻璃领域的技术已满足向新能源汽车玻璃需求进行迁移的要求，故而L公司在未来发展中应加速技术成果落地，并在此基础上实现技术革新。为成为汽车零部件供应商，L公司已经完成相对艰难的车规级资质验证，如已通过头部新能源车企特斯拉的认证。除此之外，L公司应加强产业链上各企业之间的技术转让或业务协作，提高产业智能化水平和生产效率，以减少产品成本，并坚持以科技、研发、创新、规模及管理为一体，持续获得细分市场、客户和广大消费者的青睐。

L公司可以构建基于实时监测、状态捕捉、动态评估和运维优化的数字化产业链布局可视化平台（见图4–4），以加强对布局决策的科学把控。其中的核心功能是产业链布局全过程管理，通过该功能实现从立项、审批、执行、任务分配、成本控制、布局费用、布局进度、单据签署、验收全过程的透明化，实现

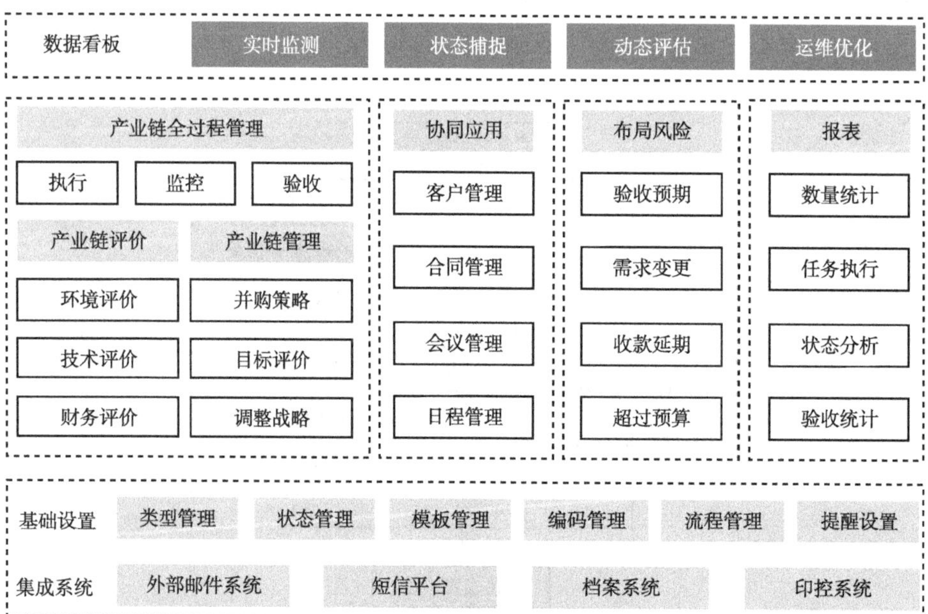

图4–4　产业链布局可视化平台

全生命周期产业链布局管理，并通过对比历史及同行的类似投资情况，聚焦布局风险进行统计分析与管控。在业务执行的基础上，该平台建立互联互通标准，横向协同、纵向贯通，实现与其他业务数字化管理平台协同。在数据看板层面，以业务执行所获数据与可视化技术为基础，使管理人员可以直观了解当前各原成本预算与已使用的成本、原计划时间与已花费时间，把控布局进度，尽早发现风险并解决问题。

4.3　事后归纳评估

4.3.1　分红政策再优化

根据利益趋同假说，股东与经营者之间的代理成本与经营者持股比例呈反方向变动。因此，合理的分红可以激励管理者更好地做出恰当决策、提升资源配置效率；加大投资者研发资金投入；鞭策技术人员加大对创新方面的钻研，助力更多专利产品推广落地。参照该假说，L公司的年度分红并没有在创新研发过程中取得预期效果，因此可以从以下两个方面进行优化：

一是对于成长性较高的公司，经营业绩的提高与高管持股数显著正相关。L公司应保持其股息政策的连续性和稳定性。在成熟的资本市场中，股息政策是衡量公司经营业绩的最重要指标之一，稳定的股息政策反映了公司良好的经营业绩。相反，股息政策的频繁变化和调整可能会对公司股价产生负面影响。股息政策的波动或不稳定会给投资者留下经营不稳定的印象，这可能会导致股价下跌，特别是股息突然下跌，会破坏该公司在投资者心中的形象，可能导致需求减少和价格下跌。因此，公司应尽量避免削减股息和任意增加股息，保持一个稳定的股息水平。投资者只有在确信公司在未来也会有新的股息水平时，才应考虑增加股息，助企业创新发展一臂之力。

二是股权激励的顺利实施及其实施的最终影响主要取决于公司股权激励计划的设计。L公司必须根据其他公司的经验以及本公司的实际情况，有针对性地优化股权激励计划内容。股权激励计划的激励方式、激励对象、激励对象来源、激励期限和绩效评价指标体系应完美结合。科学合理的绩效考核体系应是客观、公正、全面、易于使用的综合体系，包括企业分析、团队学习和问题反馈等方面（见图4-5）。尽管它提供物质奖励，但也伴随着非物质奖励。此外，L公司应该向每位员工传授他们的企业文化，让他们有主人翁意识，共享公司的兴衰，将员工利益和公司利益融为一体，以更好地发挥股权激励的作用。

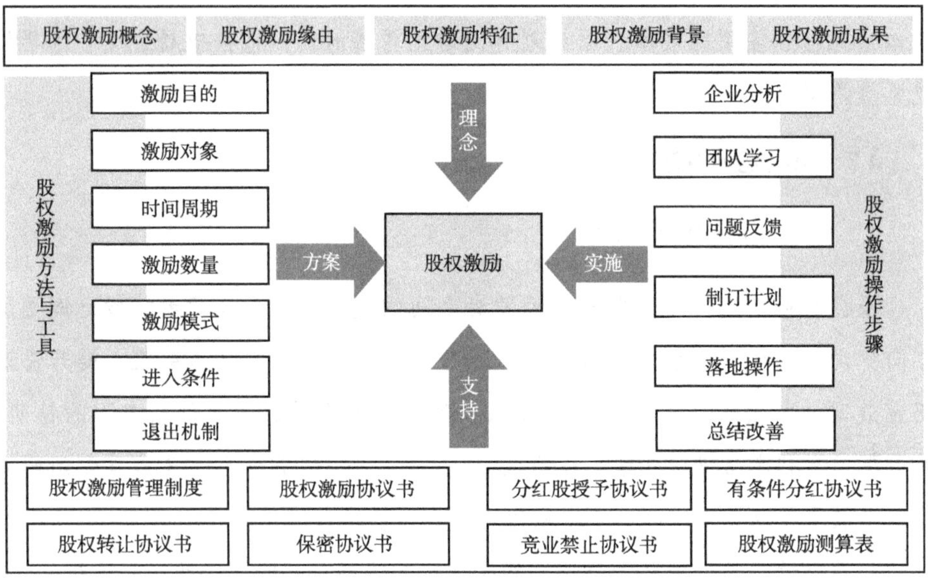

图4-5 股权激励方法与操作步骤分析

4.3.2 绩效考核定激励

随着市场竞争力的不断增强，人力资源在企业生产活动中的作用越来越重要。企业需要制定相应的绩效评价标准，采用适当的奖惩措施，调动员工的工作积极性，提高研发团队的工作效率，确保科研项目的顺利执行。

因此，L公司应该在目前绩效考核的基础上，从组织层面和个人层面根据员工职位的特点有针对性地制定考核标准，确保每一位员工都能在合理的基础上感受到公司考核的公平性，并切实遵守各项规章制度。组织层面可以从部门、项目流到产品线考核，个人层面则从岗位、项目成员到产品成员进行考核，让绩效考核层次更加丰富（见图4-6）。在绩效评估方面，企业还应考虑多种外部因素，避免因“一刀切”而对无关人员进行处罚。如果不能将责任分配给个人，不仅无法激励员工，还可能影响企业的整体竞争力和战斗力。公平、公正、公开的绩效评估可以最大限度地调动员工的积极性和创造力，促进员工与企业共同发展和提高。例如，在对研发人员的考核细则中可以通过加入研发成本控制情况、研发产品具体数量、专利成功落地数量等具体数值来丰富绩效考核评价体系。

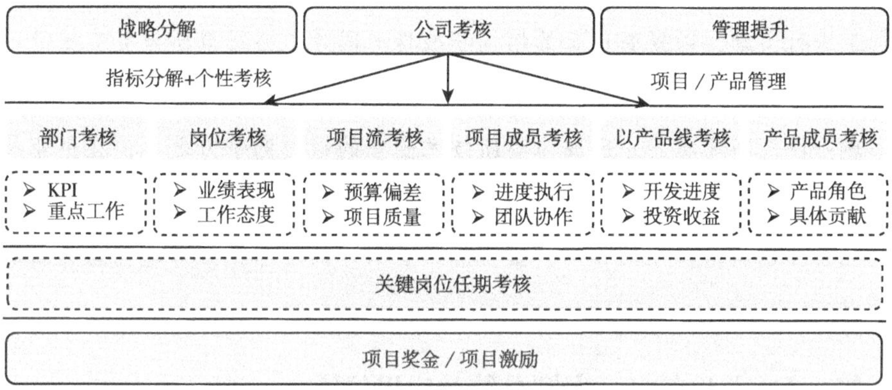

图4–6　研发绩效考核体系

L公司需要让财务部门在产品项目研发分析过程中充分发挥作用，结合研发项目的特点和人员岗位设置，明确各自的职责和责任，加强对人工成本的控制。制定相应的绩效评价标准，采用适当的奖惩措施，调动员工的工作积极性，提高研发团队的工作效率，确保科研项目的顺利执行和产出。

4.3.3　财务队伍提素养

财务人员作为企业经营中的重要组成部分，其专业能力关乎企业经营的整个流程。加强对于财务人才的建设尤为重要，尤其是其专业知识、专业能力和专业素养方面的培养。将财务知识运用到企业创新中可以有效控制成本和提升效率。

为了改善这一现象，企业需要首先了解和分析当前财务管理人员的个人素质和综合能力水平，然后根据人员自身情况制订有针对性的人才培养计划，以提高财务人员的整体素质。其次，制订人才培养计划后，应不断完善和落实人才培养的内容。不仅要加强人员专业知识水平的学习，还要加强专业实践能力水平的培养，跟上时代发展的步伐，培养为公司财务管理贡献力量的综合型人才，从而增强公司的科技研发能力。此外，要培养财务人员的风险意识和责任归属，将个人利益与企业利益紧密结合，努力实现企业价值的最大化建设。最后，培养财务管理人才的渠道和方法也应多样化，特别是通过讲座或实践培训。阶段性培训完成后，企业需要对员工的学习情况进行评估，并对评估结果突出的员工进行奖励，以提高员工的培训积极性。同时，公司需要为员工提供一个学习和沟通平台，让他们能够相互沟通，独立解决问题。

现阶段，高素质人才已成为高新技术企业的核心竞争力之一，在企业技术创新过程中发挥着至关重要的作用。这就要求企业实现各部门联动，重视财务部门在企业创新活动中的作用，重视综合型人才的培养，更好地辅助创新成果的产出。

第5章　览思前景：案例总结及应用价值

5.1　案例总结

L公司作为一家高新技术企业，科技创新始终是重中之重。然而，其创新技术始终未能攻破高精尖领域。故而，如何在当今财务体系赋能科技创新潮流下把握好发展机遇，成为L公司所面临的一大难题。本案例组通过实地调研、访谈等多种方式开展案例研究与分析，并最终形成案例分析报告。

本团队从科创项目流程中事前规划与决策、事中监督与管控、事后评估与激励三个阶段对L公司的财务赋能创新现状进行分析。案例分析发现L公司在资源供给方面拥有税收优惠、预算管理与研发投入的显著优势，在管理运营方面把握了内控风险，有一定的能力提高科技创新效率。但“黄金无足色，白璧有微瑕”，L公司的关键困境在于创新投入困境、创新过程困境和成果转化困境。而关键困境的识别和化解，需要有效的财务体系支撑，本案例组综合运用融资约束理论、风险管理理论和利益趋同理论对L公司财务体系赋能科技创新的主要困境进行探究，并给出相应的优化建议，为L公司今后高质量发展奠定基础。

5.2 应用价值

受限于调研时间与团队能力，本案例对L公司财务体系赋能科技创新方面的优化建议不免存在薄弱之处，但我们认为该方案立足于L公司财务管理方向，聚焦企业科技创新，对L公司及类似的高新技术制造业极具参考价值，切实为促进企业发展、产业升级和社会发展而贡献自己的知识力量。对L公司而言，此优化方案的应用价值体现在资源整合、发展协同、降本增效和业财融合以下四个方面：

第一，资源整合方面，公司将人财物、信息与技术等内部环境资源和利好政策、行业机遇等外部环境资源进行整合，使其在原有发展基础上进一步优化融资渠道和人才培养方案，以融通创新助力企业实现全方位优质发展。

第二，在发展协同方面，公司建立“L云”数据中心和工业互联网平台，收集及分析内部数据信息，围绕工厂各类型生产、管理系统进行集成与融合，并通过数据智能化汇总、整理、分析，企业各部门信息、资源和能力共建共享，实现组织全产业链协同发展。

第三，在降本增效方面，公司通过内部控制与风险管理，从事前筹备阶段防范风险，确保公司高效运行保障科创项目落地，并利用数智化系统帮助企业优化现有业务价值链和管理价值链，优化资源配置效率，降低冗余成本。

第四，在业财融合方面，公司充分利用云上平台，实现数据的快速共享和分析，以便进行更加精准的决策，同时还可以根据不同的业务需求和财务指标进行评估和优化，进一步提高企业生产、管理团队的运营效率，激发研发团队的创新能力和创造激情，推动企业数字化转型。

此外，L公司应主动融入“碳达峰、碳中和”目标实现方阵，积极响应国家绿色发展理念，依靠改善财务体系高效赋能企业科技创新，进而推动高新科技企业绿色发展转型，持续在实现经济发展与生态友好双赢的路上行稳致远。

案例参考文献

[1] 刘啟仁，龙健雄，张展辉，赵灿.税收激励、研发支出与出口绩效——基于高新技术企业认定条件改革的聚束分析［J］.中国工业经济，2023（4）：79–97.

［2］孔军，原靖换．“减税降费”下上市企业税负对创新产出的影响研究［J］．中国软科学，2021（S1）：268–276.

［3］刘乐淋，杨毅柏．宏观税负、研发补贴与创新驱动的长期经济增长［J］．经济研究，2021，56（5）：40–57.

［4］李雪松，党琳，赵宸宇．数字化转型、融入全球创新网络与创新绩效［J］．中国工业经济，2022，（10）：43–61.

［5］韩少杰，苏敬勤．数字化转型企业开放式创新生态系统的构建——理论基础与未来展望［J］．科学学研究，2023，41（2）：335–347.

［6］刘正阳，刘正航．基于价值创造的企业会计人才评价：理论框架、关键概念与运行机制［J］．会计研究，2019（5）：89–96.

［7］杨帆，杜云晗．创新与高端服务业人才集聚对经济增长影响的共轭效应研究——基于西部地区城市面板数据的分析［J］．中国软科学，2021（10）：82–91.

［8］周曙光，王诗雨．企业财务风险与产业结构调整的循证决策研究［J］．中国软科学，2022（2）：174–183.

［9］Jensen，M.，Meckling，W. Theory of the Firm：Managerial Behavior，Agency Costs，and Ownership Structure. Journal of Financial Economics，1976，（3）：305–360.

［10］Burns N，Mctier B C，Minnick K.Equity–incentive compensation and payout policy in Europe［J］.Journal of Corporate Finance，2015，30：85–97.

［11］李文秀，唐荣．融资约束、产业政策与本土企业出口行为——基于微观视角的理论与实证分析［J］．中国软科学，2021（7）：174–183.

［12］潘红波，杨海霞．竞争者融资约束对企业并购行为的影响研究［J］．中国工业经济，2022（7）：159–177.

［13］王亚星，李心合．重构“业财融合”的概念框架［J］．会计研究，2020（7）：15–22.

［14］陈国青，任明，卫强，郭迅华，易成．数智赋能：信息系统研究的新跃迁［J］．管理世界，2022，38（1）：180–196.

[15] Juan G D F, Joaquín M, Carlos S. Effects of the degree of financial constraint and excessive indebtedness on firms' investment decisions [J]. Journal of International Money and Finance, 2021, 110 (prepublish).

[16] 李鹤尊，孙健，安娜.ERP系统实施与企业成本黏性[J].会计研究，2020（11）：47–59.

[17] 胡景涛，宿涵宁，王秀玲.员工股权激励对企业经营业绩会产生补充的提升效应吗？[J].会计研究，2020（4）：119–129.

[18] 吴世农，陈韫妍，吴育辉，汪金祥.企业融资模式、金融市场安全性及其变动特征[J].中国工业经济，2021（8）：37–55.

[19] 蔡显军，王一帆，万翥来，朱庆虎，王芳.战略合作信息披露质量对企业信用风险影响的实证研究[J].中国软科学，2022（4）：105–114.

[20] Al–Nimer M, Abbadi S S, Al–Omush A, et al. Risk management practices and firm performance with a mediating role of business model innovation. observations from Jordan [J]. Journal of Risk and Financial Management, 2021, 14 (3): 133–134.

[21] Eling M, McShane M, Nguyen T. Cyber Risk Management: History and Future Research Directions [J]. Risk Management and Insurance Review, 2021, 24 (1): 93–125.

[22] 童盼，赵一茗.强制性分红政策与内部资本市场——来自渐进双重差分模型的经验证据[J].会计研究，2022（3）：62–76.

[23] 杨震宁，赵红.中国企业的开放式创新：制度环境、“竞合”关系与创新绩效[J].管理世界，2020，36（2）：139–160，224.

[24] 傅元海，林剑威.FDI和OFDI的互动机制与经济增长质量提升——基于狭义技术进步效应和资源配置效应的分析[J].中国软科学，2021（2）：133–150.

[25] 张国清，马威伟.强制性、自愿性财务报告内部控制审计提高了公司内部控制质量吗？[J].会计研究，2020（7）：131–143.

[26] 鲁清仿，王浩然，刘万丽.管理者权力、技术创新与审计风险溢价

[J]. 中国软科学，2020（10）：137–144，164.

[27] VERISSIMO J M C.Usage intensity of mobile medical apps：a tale of two methods [J] .Journal of Business Research，2018，89（6）：442–447.

[28] 吴秋生，郭飞. 内控重大缺陷修复信息披露有效性研究——基于成本效益视角 [J]. 会计研究，2020（4）：130–142.

[29] 段军山，庄旭东. 金融投资行为与企业技术创新——动机分析与经验证据 [J]. 中国工业经济，2021（1）：155–173.

[30] 黄勃，李海彤，刘俊岐，雷敬华. 数字技术创新与中国企业高质量发展——来自企业数字专利的证据 [J]. 经济研究，2023，58（3）：97–115.

[31] 池毛毛，王俊晶，王伟军. 数字化转型背景下企业创新绩效的影响机制研究——基于NCA与SEM的混合方法 [J]. 科学学研究，2022，40（2）：319–331.

[32] Yu F，Wang L，Li X. The effects of government subsidies on new energy vehicle enterprises：The moderating role of intelligent transformation [J]. Energy Policy，2020，141：111463.

[33] Ma M，Meng W，Li Y，et al. Impact of dual credit policy on new energy vehicles technology innovation with information asymmetry [J]. Applied Energy，2023，332：120524.

[34] Kamaruddin M I H，Auzair S M，Rahmat M M，et al. The mediating role of financial governance on the relationship between financial management，Islamic work ethic and accountability in Islamic social enterprise（ISE）[J]. Social Enterprise Journal，2021，17（3）：427–449.

启发思考题

1. 在企业发展过程中，L公司的科创之路经历了几次重大变革？

2. 思考家国情怀对企业科技创新的重要性，在本案例中，L公司具体采取了哪些行动坚守自主研发与创新的初心？

3.L公司的社会责任是如何履行的？履行社会责任是否与谋取利益相违背？企业家在坚守初心与追求利益最大化时应当如何抉择？

4.基于财务专业视角，企业财务体系建设在这一赋能路径中发挥了怎样的作用？如何通过加强会计人员职业素养与职业道德提升财务体系建设水平？

5.结合L公司财务体系赋能科技创新过程，发现L公司是如何在现有财务体系的基础上进行优化的？这些举措对于其他民族企业带来了什么样的启示？是否具有借鉴意义？

附录1：调研时间表

时间	任务	调研具体内容
4—5月	调研准备	（1）确定调研对象：L公司 （2）调研资料搜集：L公司近三年年报、相关研报 L公司相关知网文献与科技资讯 L公司财务体系与科技创新信息 （3）联系调研单位，取得授权同意 （4）撰写调研提纲，安排实地调研
5月中旬	实地调研	（1）参观L分公司园区，了解园区场景规划 （2）参观L分公司科技展厅：由公司财务负责人介绍公司发展历程、规模及产品，观看公司生产工艺流程视频 （3）会议访谈：通过与分公司经理、财务总监、研发主管等相关人员面谈，深入了解企业的科创和财务实操的流程
8月上旬	整理分析	（1）整理分析访谈记录，编制调研提纲 （2）确定案例主题角度，制定案例框架 （3）研究公司现状，发现并分析财务问题 （4）探究财务体系优化方案，撰写正式案例
8月下旬	撰写案例	（1）公司合作讨论，完善修改案例 （2）请教知名学者，优化解决方案 （3）优化完善细节，完成案例写作

附录2：实地调研照片

附图2-1　L分公司园区

附图2-2　L公司产品墙

附图2-3　L公司产品展示

附图2-4　L公司科技展厅

附图2-5　采访L分公司经理

附图2-6　采访L分公司部门负责人

附录3：调研记录表

调研记录表			
时间	2023年5月	**被访谈人**	谭总、金女士、吴女士
单位名称	L公司	**职务**	L分公司经理、部门负责人
主要内容	L公司的基本情况、财务体系赋能科技创新路径		

Q1：李强总理2023年3月在贵公司考察调研，对未来公司科研发展方向提出哪些指导性意见？
李强总理主要对本公司经济发展形势、科技创新和经济环境作出评估。由于疫情影响经济发展，再加上中美贸易宏观大方向，越南、印度产业转移，随后本公司在越南建设基地，在墨西哥布局市场。

Q2：公司的研发体系和团队的业务能力怎么样？
公司以技术创新引领行业潮流，通过在新产品、新材料、新工艺、新设备，以及工业互联网与自动化等领域的持续研发创新，驱动公司长期快速高质量发展。在企业研发创新方面，凭借优秀的核心研发团队、成熟的技术人才培养机制，公司持续优化了生产效率，赢得了客户的长期信任与支持，从而技术优势和市场份额不断扩大，专利数量与含金量都稳居行业首位，在电子消费行业中保持了较强的引领地位。

Q3：贵公司在供应商选取方面有什么样的要求？在成本考核上有什么标准？
公司选取长期合作的公司主要是从采购成本角度出发，用财务指标和多维度评价来考察。公司选取的主要材料由客户指定。另外，辅料公司会采取比价的形式确定供应商的选择。产品的成本考核主要以工厂为成本中心，采取标准成本法，设置目标成本。若超出产品的目标成本，则会对公司员工的个人绩效奖金有所影响。同时，公司也鼓励节约，若节约一定成本，则会给予责任人一定的奖励。

续表1

Q4：对较重的大客户依赖特点，未来公司如何应对？ 公司通过技术创新引领行业潮流，技术工艺的持续研发创新，是公司发展的核心竞争力之一。公司竭力为客户提供满意的产品与服务，不断深化、稳固与客户战略合作关系，持续优化客户结构。通过长期对新产品、新材料、新工艺、新设备，以及工业互联网与自动化等领域的研发投入及高效研发成果落地转化，公司在行业发展的不同时期，创造了众多高技术含量的创新产品，持续优化了生产效率，赢得了客户的长期信任与支持。 **Q5：请问贵公司在内部风险控制上有采取哪些具体措施？** 内部风险控制是多方面的，在项目立项前会进行可行性评估，项目预算在项目进行过程中及项目结束后都会与预算进行对比并及时更新。针对研发项目，国外客户通常采用先付费的方式。研发项目通常会有技术部、研发部、财务部等多部门参与讨论。 **Q6：贵公司通过引入数字化管理技术，搭建“L云”互联网平台，请问搭建初衷是什么？** 公司云互联网平台构建的初衷是提升公司效率。公司最初财务系统采用金蝶，但由于公司业务量增大，为提升公司效率而进行SAP导入。SAP系统需要外围系统，所以自主搭建了这个平台。该平台需要多部门协同，由需求部门牵头开展不同业务。公司自主研发云系统用于企业的日常经营和业务核算，有助于管理者及时发现问题，优化资源配置，规避经营风险。 **Q7：公司如何保持持续和高强度的研发投入？** 公司以技术创新引领行业潮流为愿景，竭力为客户提供满意的产品与服务，不断深化、稳固与客户战略合作关系。领先的科技创新能力与技术工艺的持续研发创新，是公司发展的核心竞争力之一。通过长期以来对新设备以及工业互联网与自动化等领域的研发投入，公司在行业发展的不同阶段均创造了众多高技术含量的创新产品，赢得了客户长期信任的同时也持续优化了企业生产效率，为企业高质量发展提供有力保障。 **Q8：贵公司目前创新产品在市场上的核心竞争力有哪些？** 凭借稳定、宏大的产能规模、领先的工艺技术、先进的自动化智能生产线、深厚的行业资源、优质的品牌口碑，以及强大的研发储备与实力等优势，公司始终紧跟行业发展和下游客户技术发展新趋势，及时满足客户高效、高质、大量交付的需求。 **Q9：请问公司有没有6G技术储备和相关产品布局？** 公司目前主营业务涉及中高端智能手机、智能穿戴、笔记本电脑、智能汽车、智能家居家电、光伏新能源等领域，涵盖玻璃、金属、蓝宝石、陶瓷、塑胶等材质的防护面板、触控模组、生物识别等外观结构及功能组件，与配套的贴合、组装等生产服务，以及辅料、工装夹具模具、生产设备、自动化设备、自主研发的工业互联网系统等。 **Q10：公司新能源汽车业务是否能够满足日益增长的全面大屏幕化的需求？目前还没开发其他什么领域？手机业务增长率下降的情况下如何保证营收和利润？** 公司在员工持股计划披露了2023年净利润考核目标较2022年增长20%，约为30亿元，我们将努力实现并争取更好成绩。未来，公司将致力于巩固和加强在消费电子行业已奠定的综合优势，大力发展新能源行业，努力实现长周期的健康、平稳可持续发展目标。

续表 2

Q11：伴随着消费电子行业的产品创新更迭，公司在其他相关领域有什么样的发展规划？ 公司充分利用在消费电子行业外观结构及功能组件已构建的综合性平台优势，以及全球优质客户资源、领先的科技创新能力与技术水平、稳定的团队与科学高效的精益管理、领先的智能制造及自动化水平提升快速打样及量产能力等核心竞争力，不断深化、稳固与客户战略合作，加快在智能汽车与光伏新能源领域的发展与产业协同。
Q12：贵公司在入驻新领域的过程中，财务部门在其中起到了什么样的作用？ 公司财务部门对于企业创新的作用主要体现在研发制造期间和推广销售时期的成本控制两个方面。财务部门需要合理规划资金使用，在满足企业日常经营需要基础上，支撑公司在基础创新、应用创新等不同创新活动的资金需求。对于新业务板块的投资，财务需要对创新项目实施全过程管理，与业务部门的积极沟通，按照设定方案进展周期动态评价项目进展，持续对项目是否完成既定目标作出评估，从而更好地了解创新进展。
Q13：在研发项目的选择上，公司秉持什么样的原则和要求？ 公司十分重视对于研发项目的选择，作为一家科技创新型企业，我们始终秉持具备创新性和合理性的研发原则，以适应市场需求和实现企业收益最大化为要求，进行研发项目的最优选择。对各类研发项目提案按照以上原则和要求进行层层筛选，确保该研发项目能够对公司市场竞争力产生正向影响。公司始终坚持以质取胜、品质强企战略，坚守工匠精神，以扎实的工艺技术与知识储备作为基础，专心专注每一道工序，精益求精每一个环节，严格全过程质量控制，在行业内率先通过了ISO国际质量体系认证，赢得了众多国内外品牌客户的一致认可。
Q14：消费电子行业周期性容易导致产品更新换代速度快，请问公司怎么看待该行业的周期性？ 技术推动产品创新迭代的行业本质导致消费电子行业的周期性难以避免。过去两年消费市场相对低迷、竞争激烈，加上其他一些外部影响因素，导致行业内许多小微企业陷入生存困境，属于行业洗牌阶段。这对于本公司而言是相对有利的，过去几年公司已完全布局了ODM到整机组装，加上公司对原有产业链的垂直整合得到了极大完善。但整个市场要有效应对周期性带来的后果，需要发布更多新产品，向客户推广公司的新技术、新概念，做好产品质量和客户服务的细节管控，维护原有客源、开拓新发掘领域内的新客户资源，促进消费者购买意愿并得到认可。
Q15：贵公司2023年的经营目标和预期如何？ 公司2023年的经营计划以及预期目标将围绕以下七个方面开展：①坚持客户至上，持续研发投入，确保满足客户与市场的需求；②坚持依法经营，坚持开源节流，坚持创新引领，确保公司行稳致远；③坚守主业，积极开拓新市场，提高产能利用率，降低生产运营的成本；④加强对新能源汽车相关产品与技术研发，提高垂直整合能力，完善生产配套；⑤推进对关键人才激励方案的落地，积极探索将公司与员工绑定为利益共同体的更优方案，齐心协力应对机遇与挑战，促进公司可持续发展；⑥积极履行社会责任，进一步做好对客户、员工等利益相关方的责任担当，积极践行绿色低碳发展；⑦加快精益生产升级转型，年内实施完毕“工业互联网产业应用项目”，提高全要素生产率。

专题七

“软”实力赢得“硬”市场：J公司“隐形冠军”炼成记

案例名称	“软”实力赢得“硬”市场：J公司“隐形冠军”炼成记
创作团队	我们都队（赵梦瑶　欧雨濛　文静　崔雨璇　钱晨晨　方嘉欣）
指导团队	李继志　张国政　刘文丽
思政元素	专业自信、工匠精神、社会责任、企业家精神等

一、案例简介

如何在复杂的国际局势和不确定的经济前景下谋生存，是每个企业迫切需要解决的问题。习近平总书记深刻指出，科学技术是第一生产力、第一竞争力，加快实现高水平科技自立自强，是推动高质量发展的必由之路。我们能不能如期全面建成社会主义现代化强国，关键看科技自立自强。加强科技创新，离不开现代化的财务体系支撑。如何通过构建现代财务体系、以成为赋能企业创新的重要支撑，任重而道远。

J公司是一家主要从事耐蚀软磁合金、耐热钢、高温合金等特种合金产品的研发、生产、销售的高新技术企业，深耕国内领先水平连铸高新技术的自主研发，拥有多项授权发明专利，并主导起草行业标准，引领着国内耐蚀软磁合金行业的发展方向，2021年入选工信部第三批“专精特新”中小企业。本案例以J公司为调研对象，通过定量和定性分析的方法，深入探究J公司财务赋能科技创新的路径及成效，为其他科技型中小微企业提供宝贵经验。

本案例的课程思政主要表现在四个方面：一是树立专业自信。通过J公司的案例分析，反思财务人员在业务发展中的“有所为”，财务服务企业战略的途径。二是工匠精神。通过J公司深耕领域二十余年的成就，领悟企业精益求精的无限潜能，感受工匠精神的可贵之处。三是社会责任。企业通过领域深耕，以及持续不断的科技创新，在企业自身发展的同时，也为当地提供了稳定的财政收入和就业岗位，体现了企业的社会价值。四是企业家精神。企业面临的环境错综复杂，只有重视科技自立自强才能在激烈的市场竞争中实现可持续发展。

二、案例创作思路

本案例创作思路见下图。

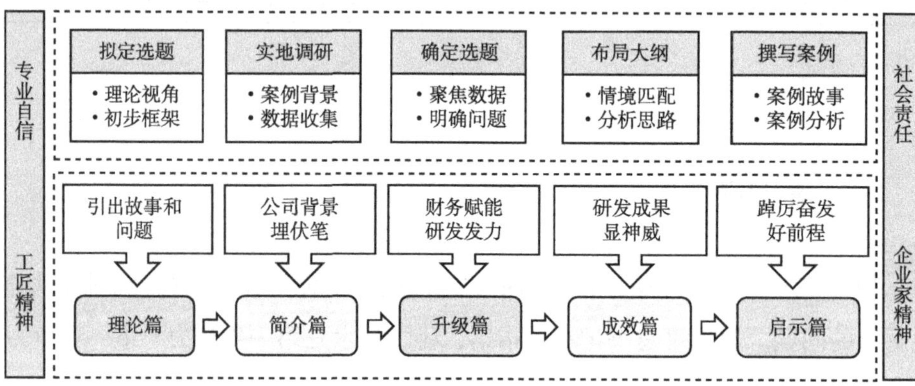

创作思路

三、案例应用

适用范围：

本案例主要适用于管理会计理论与实务课程。

应用目标：

第一，挖掘知识传授深度。在经济前景不明朗的情境下，把企业财务工作与科技创新相结合，深度挖掘企业财务赋能科技创新的相关知识，将各科课程与思政课程同向同行，形成协同效应。

第二，拓展能力培养广度。学习企业管理者不懈的产品创新探索与开拓精神，培养学生的创新意识。将理论知识应用于现实生活，培养学生的学习能力和思维结构。启迪学生理论与实践相结合的思维惯性，灌输科学能够改造客观世界情怀。

第三，价值构造提升素质。J公司深耕于国内领先水平连铸高新技术的自主研发20余年，成为所在行业国内最大的龙头企业，一举扭转了我国电磁不锈钢需依赖进口的局面。通过案例研讨，帮助学生厚植创新引领发展理念，尽早树立创新意识、工匠精神和企业家情怀，将思政教育内化于心，外化于行。

思政元素：

一是专业自信。专业自信是激发学生主动学习和应用专业知识的基础。通过J公司的案例分析，学生能理解会计工作和财务人员在企业的定位和价值。二是工匠精神。各行各业都需要精益求精的工匠精神，通过J公司深耕领域二十余年的成就，学生能领悟企业精益求精的无限潜能，感受工匠精神的可贵之处。三是社会责任。社会责任不是空洞的口号和遥远的理想，J公司通过科技创新在实现自身发展的同时，也为当地提供了稳定的财政收入和就业岗位，很好地体现了企业的社会价值。四是企业家精神。攻坚克难，面向未来，服务国家战略需要是企业家应该具有的情怀，企业面临的错综复杂的国际局势和经济环境，只有重视科技自立自强才能在激烈的市场竞争中实现可持续发展。

四、学生撰写感受

赵梦瑶：在案例报告的撰写过程中，我们带着课堂理论学习成果走进专精特新企业，认识到现代企业财务管理所面临的挑战与突破，不仅拓宽了实践路径，也为如何在企业中高效发挥会计专业的价值创造提供了新思路。

崔雨璇：通过这次的案例撰写，我意识到了完善高效的现代化财务体系在企业科技创新中发挥着重要作用。在整个过程中，不仅相关的理论知识得到了实践，也更加清楚财务在企业发展过程中的价值所在以及作为一个会计专业学生未来需要努力的方向。

钱晨晨：一方面，在理论知识与实践中，通过梳理研究目标公司的制度和流程并结合相关的财务理论，我认识到了财务体系的设计和效率在很大程度上会影响企业决策的执行程度。另一方面，在和团队成员协作中，认知到每个人都需要精准定位，找到自己擅长的领域并履行自身职责，保持高效沟通交流，这样才能更好地完成任务，交出一份令人满意的答卷。

文静：通过此次案例的撰写，我深刻意识到构建现代财务体系对企业创新的赋能作用。在整个过程中，团队成员高效协作、合理分工，不仅加强了自身的专业知识储备，而且也对在全球经济竞争越发激烈的背景下，中小微企业如何利用财务赋能科技创新从而行稳致远有了更深刻的理解和认识。

欧雨濛：这次案例撰写的每个阶段都在帮助我们不断提升自己的财务知识和专业技能。其中案例主题“财务体系赋能企业科技创新”更是让我深刻意识到财务体系对于科技型企业转型升级的重要性。这次团队合作也使我的团队精神和合作意识得到了提升，让我受益匪浅。

方嘉欣：在撰写此次案例的过程中，我们不仅查阅了大量文献，还去实地进行走访调研。我明白了要将所学专业知识跟实践相结合，才能更好地应用到实际项目中去。我也更加深刻了解到财务对企业创新的重要作用。

五、完整案例文本

“软”实力赢得“硬”市场：J公司“隐形冠军”炼成记

摘要：“抓创新就是抓发展，谋创新就是谋未来。”当今世界百年未有之大变局加速演进，新一轮科技革命和产业变革蓬勃兴起，科技创新日益成为转变经济发展方式、推动高质量发展的核心要素和重要引擎。习近平总书记深刻指出，“创新是引领发展的第一动力”，“科学技术是第一生产力、第一竞争力”，“抓住了科技创新就抓住了牵动我国发展全局的牛鼻子”。我们要掌握竞争和发展的主动权，不断开辟发展新领域新赛道、塑造发展新动能新优势，就必须抢抓新一轮科技革命和产业变革战略机遇，紧紧牵住科技创新这个“牛鼻子”，牢牢握住科技自立自强这根拴在“牛鼻子”上的“缰绳”。

纵观中外，凡是有所作为的知名企业均十分重视以信息化、智能化为主的财务体系建设，从而确保企业的行稳致远。J公司就是其中的典型，它将公司战略目标转化为可视的绩效目标，通过推动智能财务体系升级，建立并持续完善公司内部流程及制度，不断提高研发效率，并将研发成果落地，进而实现长期股东价值。J公司正是依靠科研开发，掌控前沿技术，产品畅销欧美日市场。它依靠构建快人一步的现代财务体系，推进企业高质量创新、高水平管理、高效率运行，给我国中小企业高质量发展提供了教科书的案例，为企业争了光、为国家添了彩！

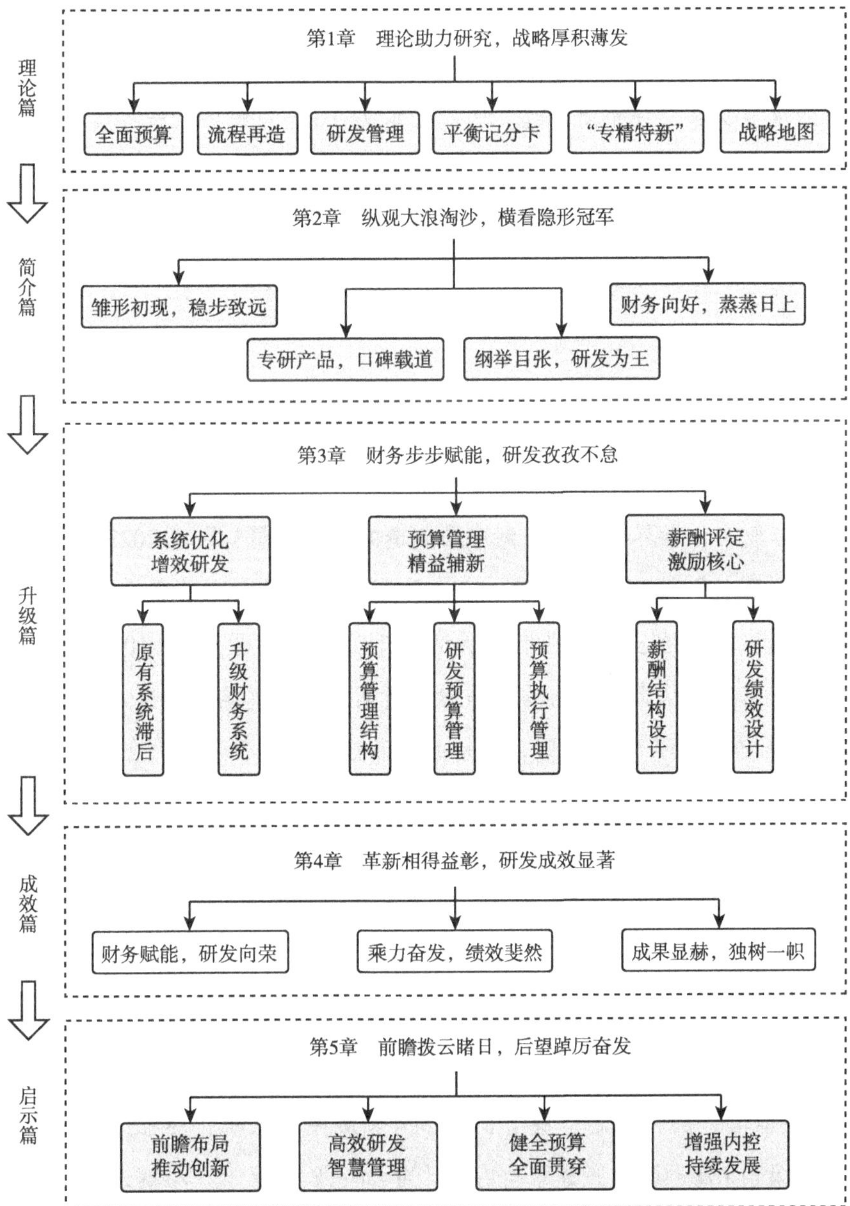

图0-1 行文框架图

21世纪初世界经济风云变幻，国际环境错综复杂，全球产业链供应链面临重塑，不稳定性不确定性明显增加，大批企业或因信息技术升级滞后，或因产业结构转型过慢，或因贸易壁垒躺枪等原因，而无法适应市场，遭遇空前重创，甚至无奈隐退江湖，尤以科技型中小微企业为甚。在经济全球化日益深入、国际竞争愈发激烈的当下，要在市场拥有一席之地继而成为世界一流企业，科技创新能力无疑是企业发展的关键，如何通过构建现代财务体系、以成为赋能企业创新的重要支撑，任重而道远。因此，本文以J公司财务赋能科技创新推动企业发展的荆棘之路为研究对象，深入探究J公司财务赋能的路径及成效，为其他科技型中小微企业提供宝贵经验。通过本文抛砖引玉，期待三湘大地有更多企业如J公司一样喷涌而出、破茧成蝶，在中国式现代化的伟大征途中展现更大作为。

引言

“好样的！J公司的产品在占据东亚市场的同时，今天正满载货品向更遥远的大洋彼岸驶去，世界再次领略到中国制造的神奇力量！”在2023年的“五一”假期，《“小配件”熔铸“大引擎”，J公司是如何实现完美逆袭的？》被各大媒体竞相报道，一时在全国工业制造界激起千层浪。离开J公司10余年，至今仍然奋战在广东深圳从事老行当的王磊看到新闻后激动莫名，感叹道：“不曾想到默默无闻的J公司如今风光无限，以前的小丑鸭化身成了今天的金凤凰！”

江湖向来英雄辈出。J公司在成立20多年的时间里一直专注于“小合金”，致力于“小而精”，为名不经传的小众产品插上科技的翅膀，给传统材料注入智能的力量，在生产耐蚀软磁合金、耐热钢及高温合金领域积累了独特的技术优势，冲破了固有的技术壁垒。如今，其生产的电磁阀用铁素体不锈钢在国内市场达到50%的占有率，当仁不让成为我国耐蚀软磁合金的领导者、耐热钢的破局者、不锈钢拉链产业的践行者和行业标准的制定者。

“夫英雄者，胸怀大志，腹有良谋，有包藏宇宙之机，吞吐天地之志。”是什么法宝吸引J公司敢于夹缝求生存，十年如一日驰骋于“小赛道”，并将其视为发展路径，最终一飞冲天？是什么动力推动J公司坚定实施差异化战略定位，致力走专精特新之路，提升研发成果转化？是什么魔力让J公司主动推行财务稳健战略，创新金蝶ERP系统，发挥“业财融合”之功？又是什么力量让J公司剑走偏锋成为细分市场的主宰者，实现产品无法替代，屡获资本市场青睐？找准了J公司的腾飞之道，也就找到了当下众多企业的复兴之策。

企业智则国智，企业强则国强。没有民营企业和中小微企业的长足发展，就不可能有我国整个经济的“风景独好”。当前，我国经济正处于拓展回稳向上态势的关键窗口期，J公司以现代企业经营理念为指引，以打造现代会计体系为突破口推动企业在危中寻机、化危为机，一定程度上为我国中小微企业重振雄风提供了一种全新的样板。J公司的成功秘诀，值得我们深入探究。

第1章 理论助力研究，战略厚积薄发

1.1 基本理论与概念

1.1.1 全面预算管理理论

企业全面预算管理是现代企业管理中的重要组成部分，也是实施战略目标管理的重要手段。预算管理包括预算编制、执行、分析、调控、考评等多个环节，其能够将企业的战略目标与日常经营管理活动结合起来，综合考虑企业拥有和控制的所有资源，实现企业长远战略目标。一方面，在预算编制过程中，通过对预算目标进行层层分解，将责任落实到人，加上在考评环节建立科学的激励机制，能够有效解决委托代理关系中存在的问题。另一方面，公司预算管理以战略管理为基础，通过实现预算目标，能够推动企业总目标的实现。

1.1.2 流程再造理论

企业流程再造理论强调为更好适应新的世界竞争环境，企业要以工作流程为中心，重新设计企业的经营、管理及运营方式。即将业务流程作为改造对象，以顾客的需要和满意为核心，通过运用信息技术和现代的经营管理技术，构建适应现代企业战略目标导向的过程型组织，确保企业经营在成本、质量、服务、效率等方面有所改善与提升。对于J公司而言，其所处行业需求变化快、竞争激烈，流程再造对其经营管理效率的提高发挥着重要作用。J公司通过二次开发金蝶系统，将日常管理流程化、数据化、可视化，并打造了统一的产品研发管理体系，推动着运营效率的提高，以及研发成本的大大降低。

1.1.3 研发管理理论

研发管理是在研发总体战略的指导下，对研发工作所进行的相关组织管理、团队建设、流程设计、计划管理、绩效管理、成果管理等具体活动，包括风险管理以及成本管理，以确保研发能够有效地达到预期目标。随着科学技术的进步，信息技术的发展和运用也给产品研发管理方式提供了更多可能。J公司在研发过程中，按照高标准、严要求优化企业研发管理流程，充分利用信息技术，不断提升企业的管理水平，将研发过程可视化、平台化。

1.1.4 平衡计分卡理论

平衡计分卡是基于企业战略、从多角度对企业绩效进行评价的绩效评价方法，由财务维度、客户维度、内部流程及学习成长四个部分组成。它将动态平衡考核与静态数据结果相结合，通过四个维度之间的内部关联，更好地平衡各指标间的相互联系。并将组织的战略目标分解为具体可操作的衡量指标，由组织内部的各个部门加以落实，最后由管理部门进行评价考核，进而将企业战略具体地落到行动上，实现企业以战略为指导而经营。该理论为后文开展J公司的绩效评价工作提供了理论保障。

1.1.5 “专精特新”企业

“专精特新”企业是指具有“专业化、精细化、特色化、新颖化”特征的中小企业，J公司即属于工信部“专精特新”企业。制造业专精特新中小企业的高质量发展，是实现我国制造强国、科技强国奋斗目标的关键。随着新发展理念的不断深化，制造业专精特新中小企业已经日益受到重视，并占据着全产业链的关键地位，有助于为我国创新发展战略提供服务，激发创新活力。同时，J公司的发展也给其他中小企业提供了极大借鉴意义。

1.2 J公司战略地图

2020年，国务院国资委印发《关于开展对标世界一流管理提升行动的通知》，要求国内企业剖析世界一流企业优秀实践做法，增强战略引领能力，科学规划公司战略定位、主攻方向及业务结构，以全面提高管理能力和管理水平。对高端核心零部件材料企业而言，战略地图更是对标国际一流管理的利器。

如图1-1所示，J公司的战略地图将战略转化为公司的经营管理导向，并将其分解为一系列与各部门相关的维度，把战略目标转化成可视化的企业年度绩效目标。通过结合战略地图对J公司进行分析，能够简化公司的经营战略，并将

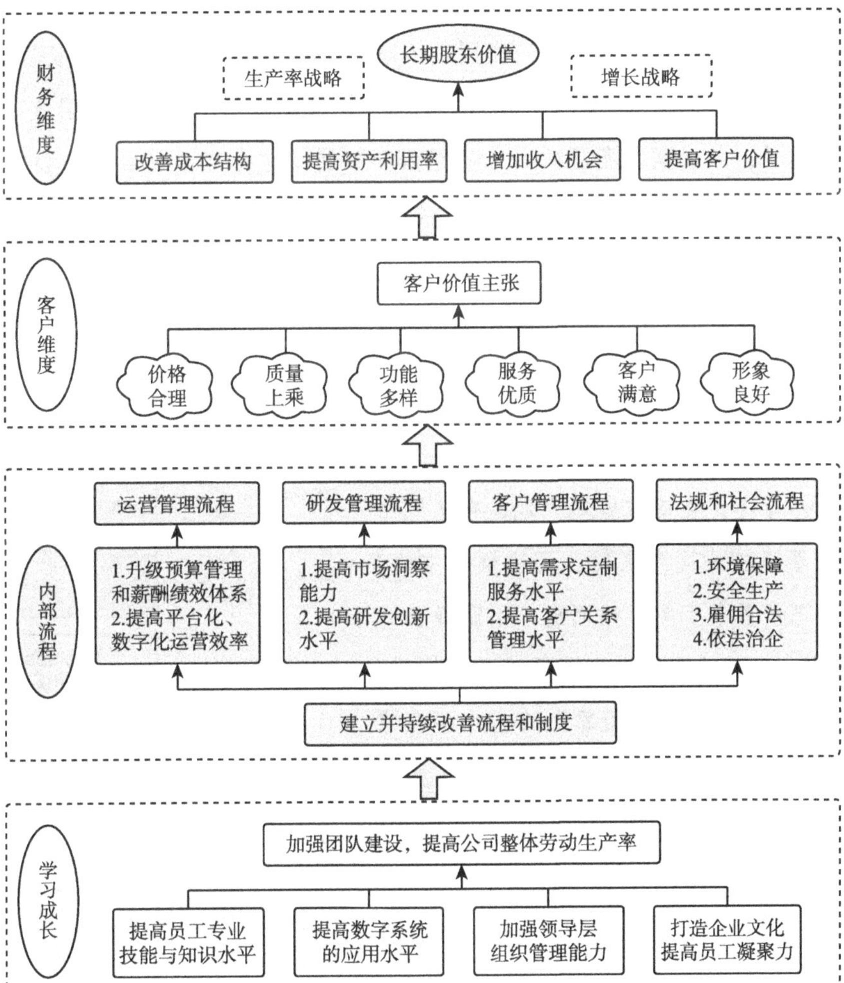

图1-1 J公司战略地图

战略翻译为各个部门都能够理解的语言，帮助企业解决预算管理过程中的关键薄弱问题，将各种先进的管理手段和管理工具运用于公司生产管理的各个层面，并将绩效管理体系与企业战略愿景结合起来，为企业目标保驾护航，以更高的效率和质量助推企业战略落地，为企业的发展提供有力保障。

稳扎稳打，步步为营，J公司的蓬勃发展为无数中小企业的经营提供宝贵经验。这家正被竞相报道的J公司，究竟凭借什么闯入人们的视野？在变幻莫测的行业市场，J公司是顺风顺水的天选之子，还是劈波斩浪的后起之秀？

第2章　纵观大浪淘沙，横看隐形冠军——公司介绍

2019年5月29日，第二届“中国造·隐形冠军”长青峰会在星城长沙举办。其中，坚守“专精特新”的J公司，在工匠精神的托举下，荣获“中国造·隐形冠军”称号，一时闻名行业内外。不了解不知道，这个名不见经传的公司竟已占据其主营产品市场的半壁江山！J公司是如何稳步前进，达到了如此成就却仍低调务实的？不妨跟着J公司一同回望二十多年前走过的那条小路。

2.1　雏形初现，稳步致远

1999年冬，在南方雁城大地，在寒风呼啸中伴着隆冬一同到来的，还有襁褓中的J公司。二十多个年头悄然而逝，不露锋芒的J公司亦步亦趋，在自身专业领域默默钻研，直至在“中国造·隐形冠军”峰会才一鸣惊人。当下，出手不凡的J公司正筹备北交所上市计划，到更大舞台一展拳脚。

回望前二十余年的成长之路，J公司的“履历”也不务空名。它是一家主要从事耐蚀软磁合金、耐热钢、高温合金等特种合金

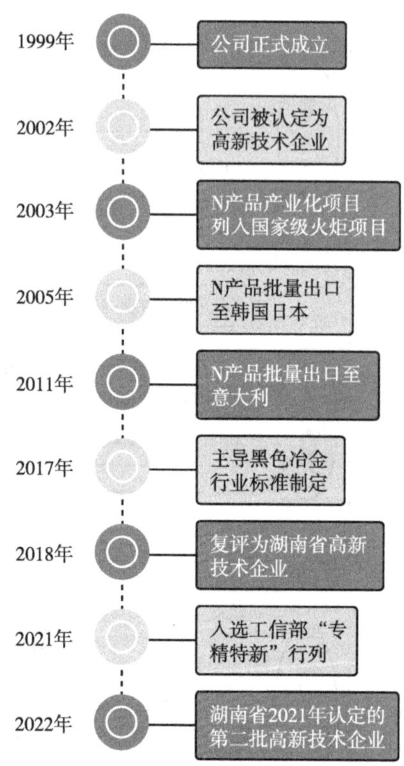

图2-1　J公司创新之路

产品的研发、生产、销售的高新技术企业。自问世以来，J公司便躬身深耕于国内领先水平连铸高新技术的自主研发，拥有多项授权发明专利，并主导起草行业标准，引领着国内耐蚀软磁合金行业的发展方向。

20余年来，J公司始终坚守工匠精神，2002年即被认定为高新技术企业，2021年入选工信部第三批“专精特新”中小企业。

目前，公司已成为所在行业国内最大的龙头企业，一举扭转了我国电磁不锈钢需依赖进口的局面。通过生产技术创新及产业化应用，J公司在生产耐蚀软磁合金、耐热钢及高温合金领域积累了独特的技术优势，一超多强。其生产的用于制冷控制系统的封头材料已在国内“垄断”供货，拥有自主定价权。

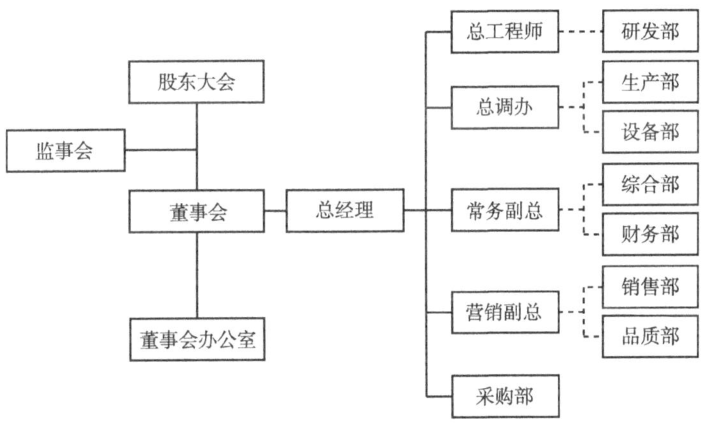

图2-2 J公司组织架构图

对于深耕研发的“专精特新”企业而言，组建高效团队的第一步就是进行合理的组织架构划分和工作分工，以打造支撑战略目标实现的特种部队，J公司也不例外。从组织架构看，J公司的研发部属于由总工程师直接控制的二级部门，与其相互独立的还有生产部、设备部、综合部、财务部、销售部和品质部；同时，采购部由总经理直接管辖。各个部门之间既独立管理，又在横向上共同协调。研发部门主要负责公司的新产品开发、产品改良及公司技术标准的制定和管理工作，确保公司产品开发满足市场需求，同时负责国家、省、市、公司项目材料申报、评审、验收等工作。

2.2 钻研产品，口碑载道

2.2.1 公司行业地位

2020年9月，国家发展改革委等四部门发布的《关于扩大战略性新兴产业投资培育壮大新增长点增长极的指导意见》指出，要加快新材料产业强弱项，实施新材料创新发展行动计划，提升重点新材料品种研发技术水平，加快前沿新材料推广应用。特钢作为钢铁行业新材料的典型产品，仍处于成长期，尤其是以耐蚀软磁合金、高温合金为代表的合金材料行业，正处于高速发展期。随着社会生活自动化、智能化的发展，J公司的“康庄大道”也布满希望。

同时，由于公司主营的合金材料钢种牌号众多，其小批量、多规格、定制化的特征，使高端耐蚀软磁合金材料多依赖国外进口。随着全球经济格局的变化及市场经济的深化，为了打破国外“卡脖子”的局面，自2000年以来，耐蚀软磁合金下游行业厂商逐步加强对国内供应商的培育与支持，出现了以J公司为代表的高端耐蚀软磁合金生产者，制冷行业电磁阀用静铁芯材料逐步实现了进口替代。经过二十多年的发展，国内耐蚀软磁合金行业已经形成了一批专业技术能力较强的生产企业，但规模以上企业数量仍然有限，J公司是产品质量能够替代进口的企业之一。

2.2.2 主攻业务类型

J公司主要产品包括耐蚀软磁合金、耐热钢、高温合金材料及其他相关配套合金产品（见图2-3）。公司目前生产的耐蚀软磁合金包括软磁合金和硅钢两大类，软磁合金为公司主要产品，硅钢销量相比较少。耐热钢包括奥氏体耐热钢和马氏体耐热钢两大类。高温合金包括变形高温合金和铸造高温合金两大类，目前变形高温合金为公司主要高温合金产品，铸造高温合金目前还处于研发和试生产阶段。目前，公司耐蚀软磁合金客户群主要分布在制冷领域（如空调和冰箱）、气动控制领域、流体控制领域、汽车领域、小家电领域。

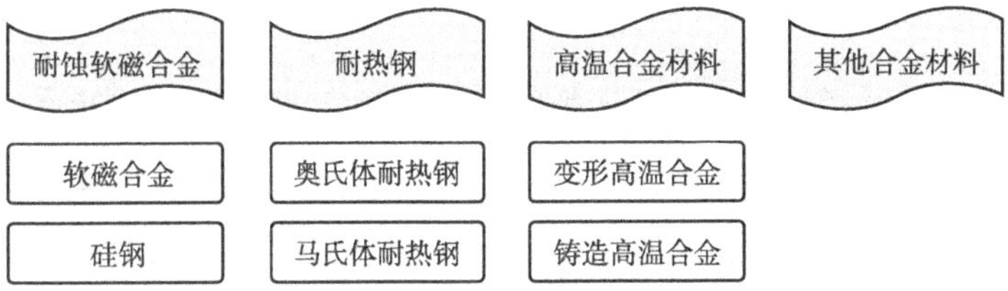

图2-3　J公司主要产品结构图

J公司之所以选择如此细化的领域，最根本的原因在于公司掌握着生产核心技术，能有效规避水平连铸大熔炉的安全风险；同时，细分产品的生产工艺流程也较短，成本优势大。此外，在社会生产自动化程度不高的市场中，软磁不锈钢的细分市场钢种多、规格多、订单批量小，导致大企业不愿做，小企业做不好，也让专注"精细化"发展的J公司乘势而为。J公司通过"专业技术+时间沉淀+低成本"三大优势，再叠加不断扩大的刚需，造就了当下的蓬勃发展。同时，公司不忘提升企业管理效能，内外兼修，产品市场竞争力随之越来越强。

2.3　纲举目张，研发为王

J公司董事长常言，当年创办公司的初心就是一心专注新材料，研发新技术、新工艺、新产品，走"专精特新"之路，把细分市场做到极致。事实也果真此般发展。对"专精特新"优等生J企业而言，研发一直是其工作的重头戏。

2.3.1　研发类型

J公司目前的研发可以分为三类，一是工艺研发，也是公司数量最多的研发类型，主要针对生产市场上已存在的功能产品，对其生产流程进行创新改造；二是新产品研发，即根据客户需求，基于定制化研发，根据公司相近的功能产品进行改造升级，开发生产市场上暂未出现的产品；三是设备研发等类型，主要是根据生产需要，自主研发新型生产设备，又称探索式创新。

针对研发管理具体流程，J公司以客户需求为起点，通过产品需求管理模块，根据具体用户需求为产品研发提供任务输入，在研发组织架构的人才资源支撑下，进行相应的系统升级、规格设计、功能开发，并设立详细产品品质标准，由项目组通过结构化的研发流程完成产品的研发，以实现客户差异化需求。

2.3.2 研发规模

J公司自1999年创立以来，一直高度重视新产品研发，不断在人员、资金等方面持续加大科技研发投入。2022年度，J公司研发费用达1 497.28万元，同比增长14.58%（见图2–4）。一方面，由于公司不断加大对高温合金产品的生产工艺研发力度，且高温合金产品生产所需镍的占比较高，导致研发费用中的材料投入金额增长幅度较大，在研发投入保持持续增长的同时，公司研发费用占总资产的比重呈现先增长后略有下滑的趋势。另一方面，在公司规模持续扩大，销售收入持续增长的同时，公司研发投入占销售收入的比重也呈现先上升、后较为稳定的趋势，研发强度整体增大。

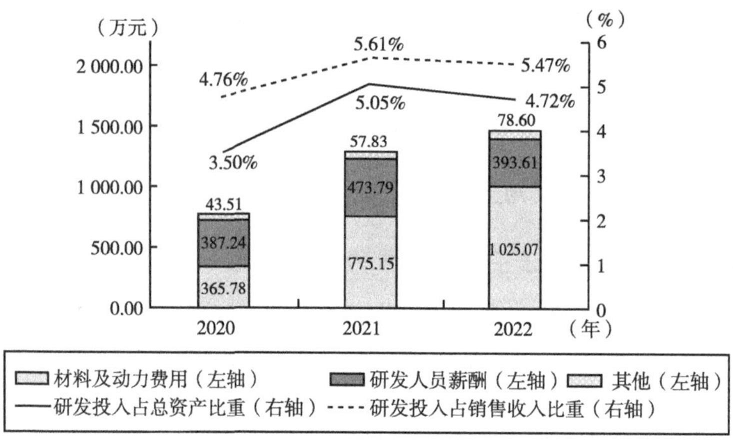

图2–4 J公司近三年研发投入情况

2.4 财务向好，蒸蒸日上

得益于J公司稳定的研发实力和综合实力，近年来，公司营业收入保持稳中有进的良好态势。即使在新冠疫情肆虐全球的2020年，制造业遭遇重创之时，J公司仍不断传出振奋人心的好消息，年产值增长约20%，国内国际市场份额更是保持稳步提升趋势。2020年营业收入同比增长27.1%，净利润同比增长53.9%；2021年营业收入同比增长41.08%，净利润同比增长53.18%（见图2–5）。

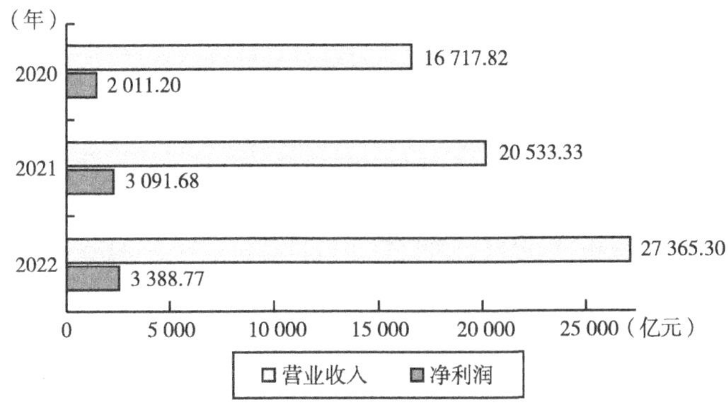

图2-5　J公司近三年营业收入与利润

在营业指标向好的背后，一方面，在新冠疫情的持续影响下，公司下游客户境外原材料进口受到影响，进口材料已无法满足生产需要，国内同类材料产品需求量上升，而J公司部分产品品质已达到国际先进水平，是替代国外进口的主要供应商之一。因此，公司销售订单不断增多，在充分利用现有产能的情况下，销量与收入增加，平均单价也有所提升。另一方面，在全球碳达峰、碳中和背景下，国内外新能源汽车市场逐步扩大，需求量增加，公司耐蚀软磁合金产品也从中受益，销量逐步增加。

欣欣向荣的业绩背后，离不开J公司日复一日的探索与实践。作为“专精特新”企业，J公司的创新型财务体系可不仅将作用发挥在基础工作中，更是结合创新建立了一种统一、对立又深度协作的关系，推动着其研发的高效进行。与一般中小企业相比，该公司的财务体系到底“精”在何处？

第3章　财务步步赋能，研发孜孜不息——财务体系升级

党的二十大报告指出，要坚持创新在我国现代化建设全局中的核心地位。而在目前传统工业经济时代下，传统财务基于量化标准所形成的决策、控制与评价依据，往往不适应创新评价体系。按照传统的财务控制标准来判断创新可能事与愿违，甚至成为创新的障碍。因此，在强调创新发展的同时，财务与创新的关系必须得到重视。

J公司的出类拔萃离不开其积极的技术与产品创新，承担着制定预算、资源

配置等重要任务的财务部门，也在其中担任着重要的赋能角色，积极发挥着会计在推动创新方面的作用。

3.1 系统优化，增效研发

3.1.1 需求升级，原有系统滞后

随着J公司规模与效益的逐渐提升以及信息技术的进步，J公司出于对管理效率的考虑，着手搭建、升级公司的信息系统，尤其是财务系统。2009年，公司与金蝶公司合作引入了金蝶财务系统，进行了会计准则、会计科目和核算规则等系统的统一基础配置，建立了数据处理中心，由业务部门登录系统录入数据，并对相关业务部门和人员开放数据导出权限，最终依靠手工录入的信息自动形成报表，帮助公司实现业务平台化管理。

不过由于时间的推移，J公司的市场份额越来越大，对于提升核心竞争力的研发项目上的管理要求也越来越高。此时，J公司的金蝶系统在这些复杂程度不断提高的业务处理需求面前，其处理能力也略显疲态，逐渐跟不上公司的发展要求。主要体现在以下几点：

第一，J公司同一笔业务需要业务人员和财务人员在系统中进行重复填报，各项财务报表也是由财务人员手工汇总，不仅业务数据与财务数据可能会由于汇总失误或者是时间前后存在脱节，公司财务决策也明显滞后于业务进展。

第二，J公司的研发项目管理并没有纳入金蝶系统的统一管理平台之中。伴随着产业升级的需求，J公司为了维持市场，需要不断加大研发投入。可是在原有的管理体系中，研发部门依旧是用纸质单据提交需求申请书，管理层在纸质单据上进行审批，在这流程之中纸质单据的流转的时间不可控制，纸质单据的流转时间受限于签批人员是否在办公室，以及各节点签批后，往其他各签批部门的呈送速度。在这种纸质审批时间的不确定性下，需求人员无法追踪流程节点状态。同样，在审批结束之后，研发项目的进展情况也无法通过可视化的数据信息呈现在管理层面前，这种管理模式也大大脱离了J公司的研发项目的管理。

第三，薪酬系统算法设置过于简单，J公司原本的金蝶系统只是反映了车

间工人的工时和计件的相关数据，财务人员根据系统的出勤和计件数据与生产部门提供的手工记录数据核对后进行手动计算，而对于管理和职能部门人员则完全根据部门提供的数据来进行手工计算，这种薪酬计算方法不仅计算效率低，而且还会因为人数众多导致手动计算出现偏差，造成员工的不满情绪。

3.1.2　打造智能财务平台

为了满足J公司经营的进一步需要，2019年J公司与金蝶公司进行了更深层次的合作，针对公司的组织架构和经营流程，对原本的业务系统进行了优化升级，完成了符合公司实际情况的二次开发。

J公司对金蝶系统的二次开发主要聚焦在成本核算系统、绩效评价系统以及研发管理系统三个板块（见图3-1）。在多板块的相互协作下，J公司通过推动经营全过程中数据集中和信息共享，提高了业务层、核算层和管理层的业财高度融合度，打造了符合公司发展要求的高效、智能财务平台。其中，成本核算系统能够利用直接材料、人工、动力以及制造费用等多维数据直观反映产品成本的上升或下降以及每个维度对其影响；绩效评价系统中，针对个人有6~8个指标，根据指标明确工资计算公式，再根据产值、费用等数据在月底自动计算团队收入；研发管理系统是将项目立项、费用数据到最后成果报告整个体系管理纳入平台化的管理之中。

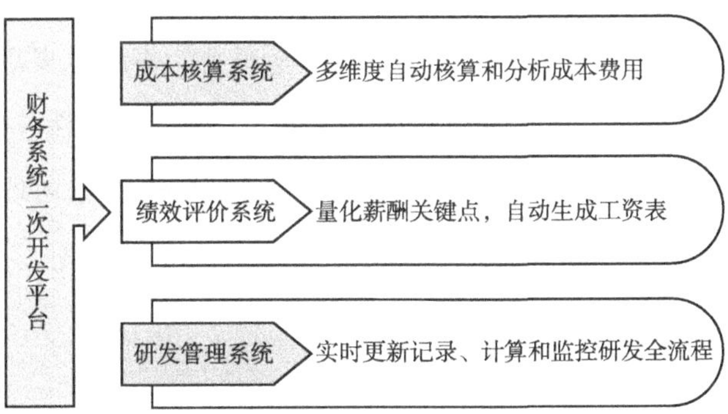

图3-1　J公司财务系统二次开发平台系统构架图

在新的业务系统升级中，研发管理系统是重点建设对象，它不仅关系着研发费用能否得到精准的计算，更决定着能否将研发投入和研发项目进展通过可视化的数据表现出来，作为管理层的决策依据来提高经营决策的科学性。

研发系统管理主要包含三个层面：一是项目立项，即市场部门和研发部门分别向系统里提交项目的市场需求报告和技术可行性报告，让管理层能够分别从市场角度和技术角度对项目是否能够立项进行决策。二是费用归集。首先，财务人员会对参与研发人员进行归类，详细记录工时、考勤等；其次，对研发部门实际动力消耗量进行抄表，并根据各类清单、设备使用时间等资料，纠正差异，按时将数据记录入系统；最后，再和设备折旧等一起形成计算链条，将研发费用和成本进行精准计算。三是研发监控，系统在完成前两步之后会形成可视化的数据，由财务部依据新产品、新工艺的不同阶段，实时监控财务系统的资金流量和一定时期研发经费支出规模，最后形成定期报告交由管理层进行最终的决策调整（见图3–2）。

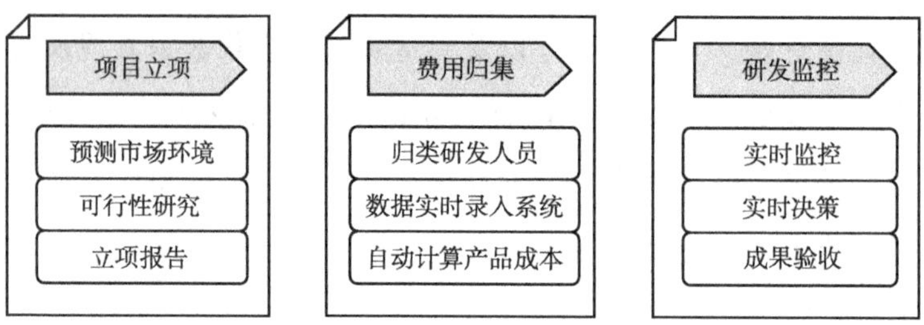

图3–2　系统研发管理架构图

依靠二次开发的财务系统，管理层可以从事前、事中、事后三个阶段来对研发项目进行掌控管理，大大提高了管理效率和决策的科学性，也帮助J公司完成了多项研发项目工程，转化成了多项专利，大大提高了J公司的核心竞争力。

3.2　预算管理，精益辅新

3.2.1　预算管理结构分析

为了提高职能部门的积极性，充分发挥预算管理的作用以保证公司战略目标的实现，J公司制定了一套《预算管理制度》。这套预算制度总体上分为资本预算、业务预算以及预算差异分析三个模块，以“目标导向、成本管控、优化配置”为指导方针，以“权责统一、实时监督”为基本原则，构建了J公司自上而下同时又自下而上的互通式预算管理体系。按照J公司的预算管理制度规定，进行预算管理涉及的组织机构包括股东大会、董事会、预算管理委员会、各职能部门预算主体。预算管理组织架构如图3–3所示。

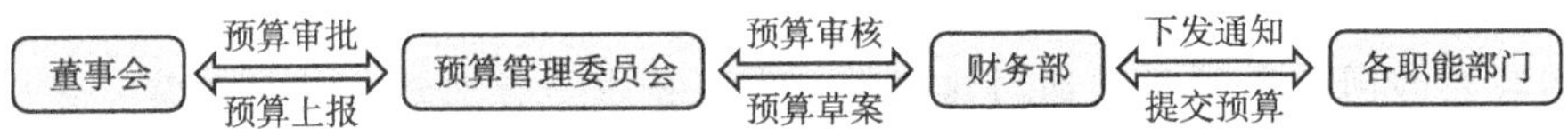

图3–3　J公司预算组织管理架构

可以看到，J公司的预算体系是以各职能部门为主体，财务部主要参与预算管理中预算评价的环节，对于预算编制和控制提供辅助作用。财务部承担的具体职责如下：负责预测表格及通知的下发、预测系统的监督维护、编制过程中的沟通协调、汇总审核各职能部门的数据等工作，为预算管理提供数据支撑；每月月底财务部需要提供公司的整体预测情况报告，上报公司管理决策机构，为经营决策提供数据依据；每月月底根据销售预算业绩指标达成情况，考核评价相关人员的绩效。

其他部门相关的工作如下：销售部主要负责市场需求预测；生产管理部预测年度工厂的不同产品产量；研发部预测产品配方组成情况和费用变动要素；供应保障部预测材料单价；人力资源部预测分月工资、社保公积金使用情况，各职能部门为预算编制提供计算基础。

J公司通过将预算工作分门别类地散发到各个职能部门，促使各职能部门根据自身职责和实际情况提交相关预算数据。这种方法区别于以往传统的由财务部一个部门负责预算制定的模式，将预算制定下放再汇总，可使预算制定更贴合实际，也可以更加方便预算执行的监督管理。由于各部门根据情况提供相应数据，这也是一种责任的划分，通过预算编制的手段更深层次地串联起各部门的联系，将公司内部的各个职能模块有机协调起来，提高工作效率的同时也可以将成本费用控制到较低的水平，避免了不必要的费用支出。

3.2.2　研发预算管理分析

研发预算管理在J公司占据独特地位，J公司将其单独立项而非纳入整体的预算体系管理中。这背后的原因也在于公司整体的业务预算管理本质上是属于公司对于成本费用的管控，服务于公司整体降本增效的目的，而研发投入属于服务于公司长期竞争力的提高，如果按照公司整体的预算管理办法实行，那么研发过程会受到多种掣肘，继而可能导致研发项目的失败。

J公司的研发管理流程的起点是公司管理层针对某一细分市场或者某种现有产品存在的问题会同研发部门对市场、现有技术等方面进行信息收集，完成项目可行性分析研究，编写研发项目计划书，确定开发方案并确定研发目标，经审批并完成项目立项工作。研发预算管理是研发立项时就要完成的工作，研发项目预算编制是财务部针对公司根据历史数据或不同项目现实情况等依托于研发部门所提供的可能所需要的材料，经过采购部门大致估价后，采取增量预算方法确定研发项目预算。预算编制流程如图3–4所示。

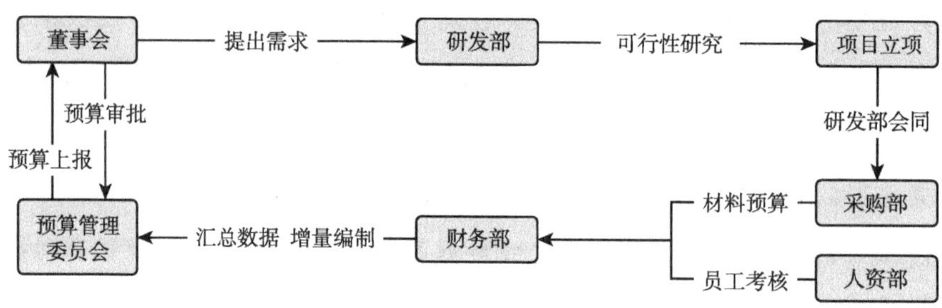

图3–4　J公司预算编制流程

J公司的研发项目预算编制流程也是在一定程度上参考了整体预算管理编制的流程，需要研发相关的各个部门共同参与，由研发部确定可行性分析和需要的材料投入，采购部门提供材料的市场价格，人力资源部会同研发部主管根据研发难度和工作量制定研发人员的KPI考核机制，最后再由财务部根据历史研发数据做对比，采取增量的预算方法最后确定研发项目的大致数额，完成研发的预算编制。

这种研发项目的预算编制考虑到了在研发过程中可能存在的相关支出以及各职能部门的职责，并和历史预算数据做比对，在汇总数据的基础上再采用增量的方法，给予研发项目支出更多的空间，给予研发人员一定的试错机会，从整体的研发目标出发，为项目的成功铺路搭桥。

3.2.3 预算执行管理分析

J公司对于预算的执行管理依托于其与金蝶公司合作定制的ERP系统，这套系统根据J公司的组织架构和工作流程嵌入公司的日常管理，预算的执行也包括其中。

销售端的预算执行方面，先按月将预算输入金蝶系统的表格中，通过IT系统，生成每个客户的预算达成情况报表，可随时查看并将该客户的订单销售量与预算进行对比，发现差异后主要从两方面来分析：一是预算是否有问题，如有问题进行调整；二是客户自身原因实际订单数有波动，若后续不再追单，则去找其他的客户补差。

公司整体的预算执行方面，将客户订单、营收数据与去年同期和近三个月进行同比环比。寻找差距，并根据数据找到变化趋势。解决差距的办法是和绩效管理挂钩。由客户经理来定一个平衡点，如营业额度超出预期则进行奖励，未达预期则罚款。同时，针对新客户和新产品创造的毛利，给团队中的人员赋予不同的激励系数，以激励团队。当公司生产产能不够等情况出现时，会率先保障战略客户的供应，这也是成本管理的重点，即进行客户管理。

研发项目预算执行层面，财务部会每月定期关注研发的投入情况，并且结合研发部门汇报的项目研发进展程度，根据实际情况和未来的不确定性的市场条件来对项目预算进行修改。

在预算执行的管理制度下，J公司以定制的信息化平台金蝶ERP系统为中心，经过财务部的数据导入，系统会高效地计算出相关差异，反映出各部门各环节的预算执行情况，并将差异分析上报管理层进行奖励或问责，使预算管理不再是一套空中楼阁或者是可有可无的制度。J公司得益于这种预算管理体系，企业经营有条不紊，研发投入收效甚高。

3.3 薪酬评定，激励核心

3.3.1 薪酬结构设计分析

J公司所在的耐蚀软磁合金材料行业是一个技术壁垒较高的行业，公司为保持在行业内的竞争优势，需要不断加大产品研发力度，提升产品工艺水平。所以J公司十分重视人力资源建设和薪酬体系建设，以此来留住核心技术人才，并激励他们在公司充分发挥研发能力，提升公司长期竞争力。经过多年的调整建设，J公司目前建成了一套以“公司发展和员工利益结合”为核心思想，以“合法合规、经济公平、战略导向”为原则的薪酬体系。

在研发人员的晋升通道方面，公司采取的是“双通道”晋升模式，即管理晋升通道和专业晋升通道。为了充分调动基层研发人员的积极性，让他们能够根据自身能力和适应性水平选择未来发展方向，提高研发人员的薪酬满意度，J公司建立了“管理+专业”的双通道职级评定的薪酬体系。其中，在管理通道上，职位分为专员、主管、部门副经理、部门经理、公司副总、总经理六级，对应的职位等级划分为M1~M6。在专业通道上，职位分为技术员、副主管工程师、主管工程师、副主任工程师、主任工程师、总工程师六级，对应的职位等级划分为T1~T6（见图3-5）。两个晋升通道相互之间并无职位高低划分，其月工资标准区间为5 000~11 500元。

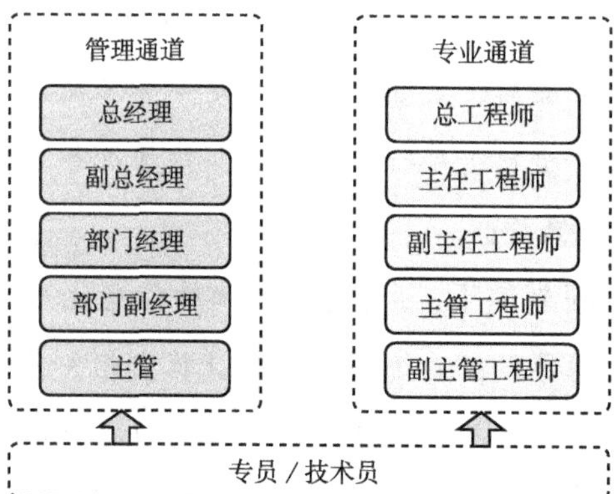

图3-5　J公司双通道晋升模式

管理岗位的晋升需要专员经过公司内部各部门轮岗，熟悉各部门流程后，经直接领导推荐、分管领导核准、公司总经理批准的流程，对相关人员进行管理职级的提拔，其月工资标准也随着职级提升做出相对应的调整。

专业职级的评定，需要结合相关人员自身素质，研发成果和人才培养成果进行考核。对照表3-1可知，申请者一旦通过考核并达标就可以获得相应的职级，薪资待遇也从下月起开始调整。

在这种明确且透明的薪酬体系制度框架下，J公司的研发人员可以充分结合自身实际情况选择适合自己的职业发展道路，充分调动了研发人员的工作积极性。这也使J公司打造了一支可靠的研发团队，提升了公司的长期竞争力，继续巩固自己的行业地位。

表3-1 专业技术人员职级评价标准

职位等级	专业等级评价标准			
	素质能力	研发成果	人才培养	加分项
总工程师	1.本科以上学历 2.两年内研发改进提案不少于6个 3.主持技术类培训不少于6次/年	1.两年内作为项目经理承担或以主要技术负责人的角色参与至少4个研发项目 2.以项目负责人的角色完成年度降本目标	指导培养不少于1名主任工程师或2名副主任工程师	两年内作为第一发明人申请专利数量及主持和参与国标或行标数量
主任工程师	1.本科以上学历 2.两年内研发改进提案不少于3个 3.年主持技术类培训不少于3次	1.两年内作为项目经理承担或以主要技术负责人的角色参与至少2个研发项目 2.以项目负责人的角色完成年度降本目标	指导培养不少于1名副主任工程师	
副主任工程师	1.本科以上学历 2.两年内研发改进提案不少于2个 3.主持技术类培训不少于2次/年	1.两年内作为项目骨干参与至少3个研发项目 2.完成年度降本目标	指导培养不少于1名主管工程师	
主管工程师	1.本科以上学历 2.主持技术类培训不少于1次/年	1.两年内作为项目骨干参与至少2个研发项目 2.完成年度降本目标	指导培养不少于1名副主管工程师	
副主管工程师	1.大专以上学历 2.上一年度参加2次以上专业培训	1.两年内作为项目骨干参与至少1个研发项目 2.完成年度降本目标	担任不少于2名大学生导师	
技术员	大专以上学历	试用期满转正即可		

3.3.2 研发绩效设计分析

绩效是公司针对员工的工作完成度以及工作成果进行的一种薪酬上的量化考评，绩效的多少与员工的工作成果直接挂钩，会促使员工努力工作产出大量成果以获得更多的绩效工资和晋升资本，也有利于公司建立公平公正的薪酬体系。

研发绩效指的是公司为研发部门做出的产品研发、产品升级以及配方优化等工作而设置的浮动考核奖励机制。J公司为了激励研发部门做出成果，进行了科学的研发绩效制度设计，通过先确定整体份额后根据个人贡献进行分配的原则，研发部门整体的研发绩效设计如下：

研发部门研发绩效总额=∑（承接合同额×20%+完成合同额×35%+销售回款额×45%）×利润率×提成比例×绩效考核调节系数

上述公式中的相关合同额和销售回款额是公司年度经营考核指标，是为了将研发绩效与公司经营情况相结合，使得研发方向更贴合公司的战略经营方向。研发绩效中的提成比例则是由人力资源部会同研发部负责人和公司管理层会议决定。绩效考核调节系数则是采取综合考量标准，根据设定的考核项目综合评分得出。

研发绩效评分标准为每个KPI任务分成三个梯度目标，即保底目标、考核目标以及挑战目标，根据KPI指标完成情况给予相应的权重得分。未完成保底目标，KPI权重得分=该项权重×0.5；完成保底目标但未达到考核目标，KPI权重得分=该项权重×0.5+（实际值–保底目标）/（考核目标–保底目标）×该项权重×0.5；完成考核目标，KPI权重得分=该项权重×1；完成考核目标后继续完成挑战目标期间，KPI权重得分=该项权重+（实际值–考核目标）/（挑战目标–考核目标）×该项权重×0.2；完成挑战目标，KPI权重得分=该项权重×1.2。关键任务指标按年初设立任务关键节点成果进行评价，在关键节点完成任务该项得权重分，节点时间未完成不得分，所以按时完成关键节点非常重要，前一个节点不能按时完成的话，后面节点的任务很可能受其影响不能得到相应分数，如任务一直延迟可能对全年研发绩效产生较大影响。发生负面扣分事项，发生一次扣1分。根据绩效评分规则计算得分后，确定绩效考核系数。绩效考核评分表如表3-2和表3-3所示。

表3-2　　J公司研发绩效考核评价表

指标分类	指标项目	权重	合计
KPI指标	自主研发专项	20	50
	专利数	15	
	新产品销售额	15	
关键任务指标	任务1	...	50
	任务2	...	
	……	...	

表3-3　　J公司绩效考核评价表

等级	权重得分	绩效考核系数
S	≥95	1.2
A	90≤得分<95	1.1
B	80≤得分<90	1.0
C	75≤得分<80	0.9
D	70≤得分<75	0.8
E	60≤得分<70	0.7
F	<60	0.5

在研发部门整体的绩效额计算得出后，再由部门负责人根据部门内部人员的相关贡献进行个人分配，其个人分配公式为：

个人项目研发绩效总额=∑研发绩效总额×项目分配比×个人项目贡献度

从J公司的研发绩效的设计可以看出，J公司更加重视一个研发团队的力量，因为个人的能力始终是有限的，所以J公司的研发绩效是从研发部门为主体出发，结合研发项目的贡献程度来进行研发绩效的考核，这也使公司的研发团队更加强调资源和精力的优化分配，以达到最好的研发状态，完成绩效考核。

第4章 革新相得益彰，研发成效显著——赋能成效体现

要想在竞争激烈的擂台站稳脚跟，在细分领域占得“一席之地”，经营绩效稳定与研发成果显赫均不可少。在公司财务体系发力的同时，J公司的研发究竟如何博观约取、搭上这财务的赋能便车的？在这市场背后，究竟凭借何种成效让人耳目一新？不妨继续一起向下看。

4.1 财务赋能，研发向荣

J公司在促进财务体系创新的过程中，不断挖掘有利于创新的驱动因素，以降低妨碍研发创新的各类挑战和障碍，在推进财务变革、实现财务升级的同时，赋能企业科技研发。通过实施财务系统二次开发，不断加强全面预算管理，并建立人员薪酬体系，积极创建利于创新的各项条件，在信息技术、业务模式以及激励工具等各方面探索实践，以拓宽财务发展的原有模式，从而通过以下路径，来实现科技创新赋能作用。

具体而言，J公司在对财务系统进行二次开发的基础上，以业务为驱动，实现了财务系统的定制化挖掘与高效化利用（见图4-1）。公司通过智慧管理体系的升级，不断提高各业务部门的协同效率，提升研发团队的开发效率，并大大缩短了公司的财务核算时间。同时，通过公司运营效率的提高，也在一定程度上降低了公司的交易成本。接着，在加强预算管理方面，J公司通过制定了一套《预算管理制度》，优化公司的资源配置，加强资金管理，节省了人力

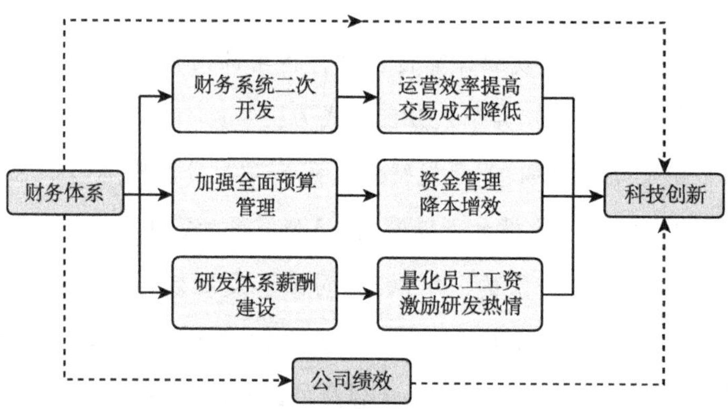

图4-1 J公司财务赋能作用路径

成本，大大降低了研发过程中不必要的成本支出，实现了降本增效。另外，在研发体系薪酬建设方面，J公司通过量化关键指标，系统自动生成员工工资表，简化了薪酬计算的工作量，实现了资源和精力的更优分配，并将工作成果与激励标准相挂钩，在实现员工科学奖励机制的同时，提高了员工的归属感与研发的积极性。

J公司通过上述一系列举措以实现财务赋能，助力了公司的科技研发。在有效管控各项成本费用的同时提升了创新产出效率，不断打造公司的核心竞争力。J公司的赋能效果主要体现在良好的财务绩效和显赫的研发成果上，与此同时，良好的绩效也会反过来促进企业更好地进行财务升级与研发创新，从而形成可持续优化的闭环，促进企业的高质量发展。因此，本文主要从J公司的财务绩效和研发成果两个方面来探索公司财务如何赋能科技创新。

4.2　乘力奋发，绩效斐然

4.2.1　盈利能力

通过对J公司的盈利能力指标进行分析，并且选取同行业可比公司相关指标取均值代替行业标准进行对比，可以看出J公司的盈利情况良好。具体指标如图4–2所示。

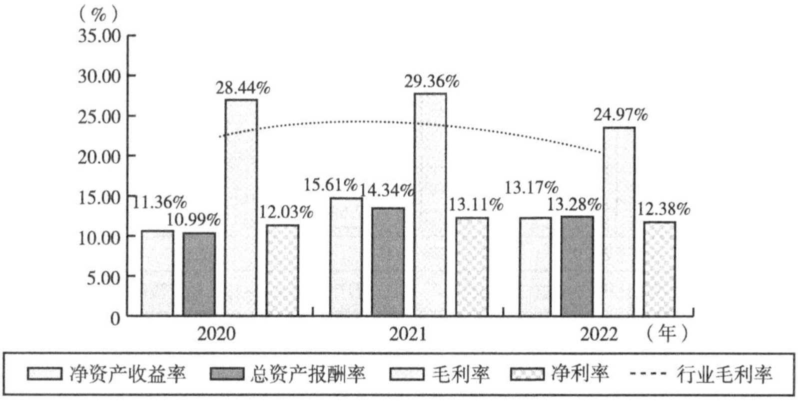

图4–2　J公司2020—2022年盈利能力指标变动情况

在2020—2022年，J公司的净资产收益率、毛利率、净利率均呈现先上升后下降的趋势，与同行业可比公司平均水平走势一致。该现象的出现，一方面是由于新能源汽车市场份额的逐步扩大，加上新冠疫情期间口罩机产量增加，而公司耐蚀软磁合金产品为生产口罩机的零配件电子阀的关键材料之一，导致公司产品的市场需求量大幅增加，所以先呈现上升趋势。另一方面，在2022年新冠疫情逐步得到缓和后，口罩及口罩机供应数量均稳定下来，公司销售订单受到一部分影响，因此以上指标呈现小幅度下降趋势，但整体盈利能力仍向好。

与行业标准进行对比分析，我们可以看到J公司的各项盈利指标均在行业标准之上，在公司仍处于上市扩张期间、成本费用持续上升的情况下，J公司的各项盈利指标仍高于同行业其他可比公司，说明公司的盈利能力在同行业中处于较强水平。

4.2.2 偿债能力

通过对J公司的偿债能力指标进行分析，并且选取同行业可比公司相关指标取均值代替行业标准进行对比，可以看出J公司的短期、长期偿债情况良好。具体指标如图4–3所示。

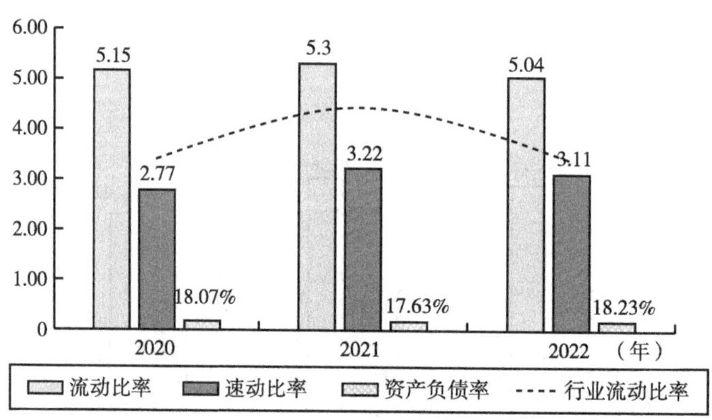

图4–3 J公司2020—2022年偿债能力指标变动情况

财报数据显示，近三年来J公司的净资产呈现稳步上涨趋势，截至2022年，公司净资产达2.59亿元。同时，J公司的资产负债率较为稳定，保持在18%左右，符合工信部相关文件所要求的专精特新行业资产负债率不超过70%的标准。

资产负债率远低于行业水平的原因有两个，一方面是公司的盈利能力强，负债低，收入变现能力强；另一方面，公司的主要资金来源于股东投资，较少从银行或者其他金融机构借款，由此可以看出J公司主要走稳健型发展战略。另外，公司的流动比率和速动比率都处于健康范围内，其变动趋势与同行业可比公司大致一致，且呈现整体稳定态势。但值得注意的是，J公司的流动比率和速动比率存在一定差额，主要是基于行业的特殊性，公司的存货水平较高，尤其是原材料存储量较多所导致。

总体来说，公司的盈利能力强，收入变现能力强，流动资金较为充足。综合偿债能力在同行业可比公司中处于较高水平。

4.2.3　营运能力

通过对J公司的营运能力指标进行分析，并且选取同行业可比公司相关指标取均值代替行业标准进行对比，可以看出J公司的营运情况良好。具体指标如图4-4所示。

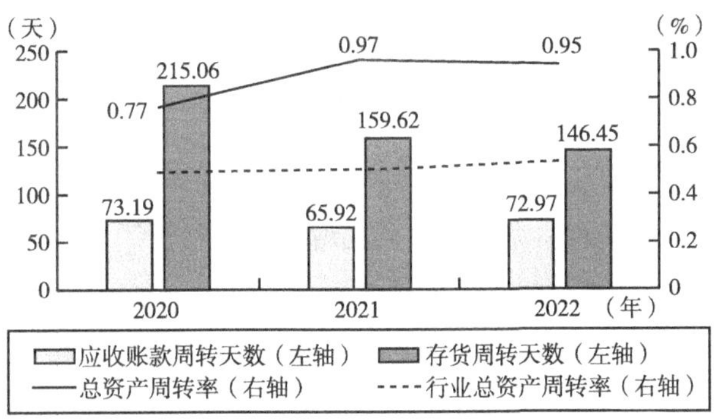

图4-4　J公司2020—2022年营运能力指标变动情况

J公司近三年的总资产周转率呈现整体上升趋势，应收账款周转天数总体较为稳定，公司存货周转天数呈现持续下降趋势。此趋势系J公司不断优化工艺，加大改制品、回炉料的使用，加快了部分存货的周转速度。同时，公司营运能力各指标在同行业可比公司中位于正常偏高的范畴之内，说明公司产品在市场上的竞争力较强，资金周转能力较好，营运能力处于较优水平。

4.2.4 发展能力

通过对J公司的发展能力指标进行分析，可以看出公司的发展情况良好，具体指标如图4–5所示。

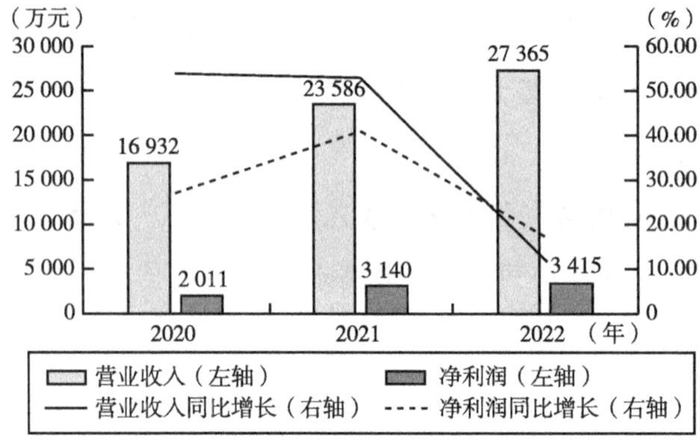

图4–5　J公司2020—2022年发展能力指标变动情况

J公司在近三年里的营业收入和净利润均呈现持续上涨趋势，其中营业收入近三年分别同比增长27.1%、41.08%、17.41%，净利润分别同比增长53.9%、53.17%、12.12%，增长幅度呈现先上升后下降的趋势。该趋势主要原因在于，疫情期间公司订单销量增加，且销售单价上升，营业收入和净利润呈现大幅度上升趋势；而至2022年，疫情逐步得到控制，产品需求量减少，加上原材料价格上涨等原因，营业收入和净利润的同比增长幅度有所下滑。

整体来看，J公司总营收和净利润总额仍然呈现上升趋势，并未出现负增长情况。简而言之，公司的发展能力较好，未来前景仍值得期待。

4.3 成绩显赫，独树一帜

4.3.1 研发突出，引领标准

J公司作为“专精特新”中小企业，主导起草了中国黑色冶金行业标准《电磁阀用铁素体不锈钢棒材》（YB/T 4633—2017），引领国内耐蚀软磁合金行业的发展方向。同时，公司属于国家重点支持的战略新兴产业，符合国家产业政策，品牌价值较高，在公司的主营业务领域拥有极强的市场竞争力。截至2023年3

月，J公司拥有授权发明专利7项，实用新型专利13项，具备突出的科技创新能力和科技成果转化能力。研发专利情况如表4-1所示。

表4-1　J公司研发专利情况

时间	专利名称
2011年12月7日	短流程连铸连轧奥氏体不锈钢棒的生产工艺
2012年1月25日	小断面连铸耐蚀软磁合金棒材的生产工艺
2013年1月23日	无铅易切削奥氏体不锈钢
2018年2月16日	单立柱双导电横臂抽锭式电渣重熔炉装置
2020年4月10日	汽车内燃机进气门材料温拔装置
2020年6月30日	一种棒材平直度检测装置及其平直度检测方法
2020年10月20日	电磁阀用合金材料与静铁芯的生产工艺
2020年10月27日	电磁阀动铁芯的生产工艺
2020年10月27日	易冷镦的电磁阀用合金材料
2021年8月17日	一种铸造加工用熔炼炉
2021年8月27日	一种用于不锈钢打磨机的进料控制装置
2021年9月3日	一种用于不锈钢生产的废气过滤装置
2021年11月2日	一种用于不锈钢加工的酸洗装置
2021年10月15日	一种不锈钢生产用连续退火装置
2022年2月1日	电磁阀动铁芯冷镦模具套件
2022年2月1日	金属拉链毛刺去除装置
2022年2月1日	金属拉链热风融刺及布条推进总成
2022年2月11日	电磁阀动铁芯冷镦工序送料总成
2022年2月11日	电磁阀动铁芯冷镦工序间物料转运总成
2023年3月31日	一种小断面高温合金钢棒材的生产工艺和应用

在优化财务体系后，近年来J公司的研发成果转化数量呈现持续上升趋势。2011年以前，J公司营业收入仅有500万元左右，而在2011年之后，在财务全方位赋能的加持下，公司通过科技创新能力的提升，除了6项自主研发和1项受让取得的主要技术外，专利权也达到了20项。在专注科技创新的同时，公司的营

业收入也节节攀升，截至2022年，营收达到2.73亿元，不断刷新往年纪录。另外，J公司的研发成果更是解决了国内“卡脖子”领域问题，具有可行性、原创性、前沿性，在公司钻研领域拥有着广阔市场。

4.3.2 客户忠诚，口碑载道

“如果两毛钱的配件出质量问题，就要赔偿3 000元。”J公司凭借着一旦产品出现问题就赔款1.5万倍的签订供货协议，展现出了它对自主研发高质量产品的自信，也展现了公司产品的硬实力。而这也不仅仅是喊口号，在质量监督方面，公司及其子公司取得7项业务许可资格或资质，例如质量管理体系标准等，据市场监督管理局于2021年12月12日出具的相关证明显示：“公司自成立以来，按时报送并公示企业年报，无行政处罚信息记录。”另外，公司质量过硬的核心产品也牢牢吸引着客户群体，J公司的客户忠诚度也很高，来自部分大客户的营收占比如图4–6所示。

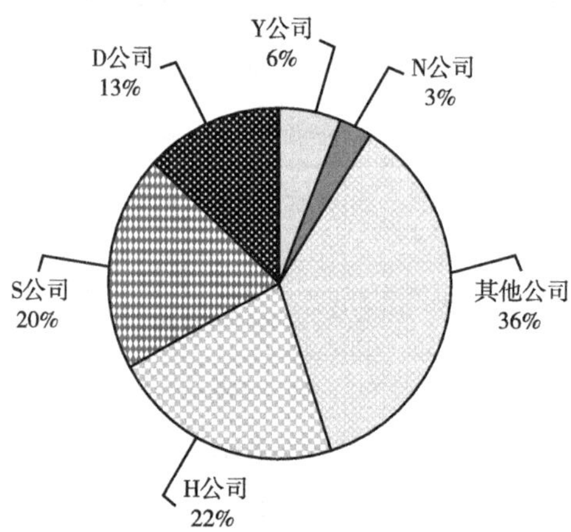

图4–6 J公司主要客户营收占比

J公司的前五大客户的总销售收入占营业收入的63.67%，但是不存在单一客户营收占比达到或超过30%的情形，说明客户群体较为稳定集中，大客户较为稳定，能有效抵御因市场环境波动而导致的经营风险。同时，J公司与其核心大客户均签订了长期供货关系，合作年限均较长，且订单金额较大。其中，大客户之一的S公司市值高达850亿元，是全球制冷部件的龙头企业，而J公司的耐蚀软磁合金产品是其独家供货的供应商。能够为头部企业长期持续独家供货，可见J公司的产品的高质量性和不可替代性。

4.3.3 行稳致远，步步为营

J公司严格执行安全生产管理制度，拥有良好生产秩序，日常安全生产监管及风险防控均得到有效落实。J公司所在市应急管理局于2021年12月20日出具的相关证明显示："J公司自2018年12月至2021年12月期间未发生安全生产责任事故，遵守安全生产法律规章，安全形势平稳，安全生产未受到行政处罚。"同时，在合规经营方面，公司也时刻贯彻行业标准，J公司现有的330名员工均签署了《劳动合同》，且合同内容符合《劳动合同法》等相关法律法规的规定。可见，J公司在安全生产和合规经营方面都有着很好的管理成效。

更值得关注的是，在2020年疫情冲击以及国际严峻的形势中，在经济"逆全球化""去中国化"的背景下，J公司始终行稳致远，净利润反而比2019年同比增长53.9%。在无数公司频频倒闭的环境下，J公司仍奋力"逆行"，一方面是由于公司生产的耐蚀软磁合金产品品质达到国际先进水平，成为替代进口产品的不二选择；另一方面，在全球碳达峰、碳中和背景下，国内外新能源汽车市场逐步扩大，不断增加的需求量也给公司主营产品扩宽了新赛道。因此，公司的销量和收入大幅增长，在疫情期间仍实现净利润增长，也凸显了J公司较强的抗风险能力。

4.3.4 人才辈出，相辅相成

公司董监高及部门核心人员的知识储备能力以及学历水平，也在一定程度上反映治理层、管理层是否有能力进行公司治理和诚信规范经营，能否高效进行财务体系优化、科研创新，从而提高研发效率。就J公司的核心人员而言，其87%以上人员均具有本科及以上学历，总体学历水平较高（见图4–7）。由此也可见，公司的治理层、管理层有较强的专业素养，可较好地管理对内业务和对外的一切经济活动，同时财务及研发人员的渊博学识也相辅相成，在高效进行财务体系建设的同时，也不断提高研发创新绩效，相互辅助，实现双赢。

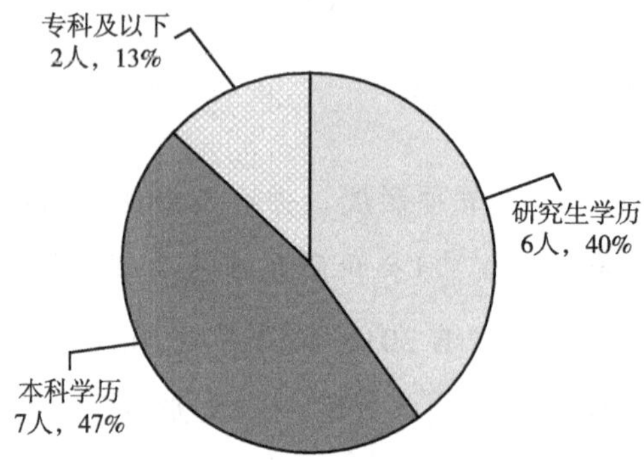

图4-7　J公司核心人员学历水平情况

第5章　前瞻拨云度日，后望蹚历奋发——案例启示

5.1　前瞻布局，推动创新

目前，J公司在产品和管理等方面都取得了较显著的创新成果，在实现业财融合的同时，也提高了公司运行效率。未来，继续高度重视原始创新、积极建设创新平台是J公司以及其他中小企业科技创新与高质量发展的保障。

5.1.1　加强基础研究，优化创新体系

现阶段，我国基础研究相对较为薄弱，专精特新中小企业的前瞻性、原创性创新不足。针对这种情况，要加快建设基础研究长效机制，集中力量攻关前瞻性研究，从科技角度促进专精特新中小企业的发展以及新发展格局的构建。一方面，要依托新型举国体制将关键共性技术与前沿引领技术作为攻克的重点，并密切关注国际前沿动态，准确把握未来科技发展趋势，提前布局前瞻性领域，大力支持原创性科研，逐个突破瓶颈障碍；同时，要充分利用我国超大规模市场完备产业体系等优势，高效运用新的科技成果，有效衔接基础研究和产业应用，实现科研创新成果的真正落地。另一方面，要依据开放共享的理念建设科技创新服务平台，引导企业及其他科研主体加强协作，牢牢坚持市场导向，增强创新环境的公平性与竞争性；可以专门出台有利于企业创新的优惠政策，将

位于关键生态位的企业组织作为培育的重点，并积极搭建与完善公共服务示范平台，利用平台汇集资金、人才、技术、数据等各类资源鼓励各类创新主体依托平台资源实施协作创新活动，衔接产业链上下游企业以及中小企业和龙头企业。

5.1.2 立足细分市场，探索创新模式

J公司从企业内部资源的异质性、自身优势的内生性出发，确立了从软磁合金的细分市场进行技术创新的发展路线，不断拓宽国内国际市场，这也给其他专精特新企业提供了参考经验。同时，在专精特新领域内，纵使有很多企业的技术已经达到国际先进水平，但仍不排除更具竞争力的技术或产品的腾空出世，这也要求企业研发创新工作时刻不可松懈。要想在充满不确定性的市场拥有立足之地，企业就要立足细分市场，持续加强研发投入，专注科技人才队伍的建设，不断吸引、培养并留住科技核心人才，以保持源源不断的创造活力；同时，企业可以与第三方机构合作，构建多样性合作关系，通过立足细分行业不断进行研发，优化生产工艺，巩固和加强公司核心产品的技术优势。此外，企业也要积极寻求新的业绩增长点，通过工艺研发、产品研发及探索式创新其他研发等多种研发模式，有效应对企业经营过程中技术未能保持先进性、客户集中度高及未来可持续性经营等风险。

5.2 高效研发，“智慧”管理

随着信息技术和现代管理的高速发展，现代机械制造已基本取代传统机械加工，对于专精特新企业来说，要把握市场机遇，保持企业核心竞争力，就要顺应市场经济发展方向，朝着精密化、集成化、绿色化不断转型，通过建立信息化研发平台，在财务体系赋能的大力助推下，不断提高研发能力和产品竞争力。

5.2.1 建立研发平台，加强财务赋能

面对市场压力、客户需求及技术发展等多重挑战，专精特新企业应结合外

部竞争环境以及自身需求构建信息化研发平台。企业可以通过跨职能团队式的矩阵式管理模式，建立信息化研发平台，并根据IPM的项目管理知识体系，将研发项目管理划分为范围管理、时间管理、成本管理、质量管理、人力资源管理、沟通管理、风险管理、采购管理及整合管理九大方面；然后再将项目管理的九大方面融入研发平台，这样能够对研发项目实现实时监督，从而达到对项目的高效全面管理，提高企业研发效率。另外，从多数企业对财务软件的应用情况看，传统的核算功能无法让财务有效地参与到研发过程中来，针对这个情况，企业应加快升级财务体系，实现财务与研发的协同效用。一方面，企业应从研发财务的视角，深度剖析产品投资、开发、上市、退市的过程，与IT人员共同二次开发财务系统，将成本核算系统、绩效评价系统、质量管理系统等纳入系统中，让财务部门全过程参与研发业务流程；另一方面，在系统升级之后，要加强过程监督，依据新产品新工艺的不同阶段，实时监控财务系统的资金流量和一定时期研发经费支出规模，严格把控各环节风险，及时反馈信息评估创新发展阶段性成果。

5.2.2 推动降本增效，实现智慧管控

现今，国内外许多大企业都将物联网作为新的业务增长点，如航天企业接入云平台的智能工厂样板车间、海尔的互联工厂、富士康的熄灯工厂等。因此，J公司以及同行业专精特新企业可以积极引入“智慧供应链”的概念，实现智慧无人仓、智慧采购、智慧运营。第一，智慧无人仓即根据不同作业场景需求，在智能装卸、智能盘点、智能货架、智能货柜、智能加工、智能拣选、数字物流各个环节，实现自动化存储和智能化管控，保障作业安全高效，降低人力成本支出。第二，智慧采购是指运用需求计划智能分析，解决业务流程标准化、规范化的问题；利用“互联网+”技术，加快招投标工作全流程电子化及实现高效投标人管理。第三，智慧运营是通过建立全寿命周期信息追踪溯源平台、供应商大数据画像系统、物资抽检管理系统、智能平衡利库系统等，实现“计划生成——结果反馈——问题处理”的闭环管理。因此，以自动化、物联网、数字孪生、机器视觉等信息技术为主导，通过智慧供应链模式实现降本增效，能

够增强和保持J公司的核心竞争力。

5.3　健全预算，全面贯穿

专精特新企业如何全方位、全流程地了解企业自身的经营状况和财务状况，如何将有限的资源利用效率达到最大化，预算管理就是企业要解决这一系列问题必须做好的环节。

5.3.1　编制全面预算，分解预算目标

目前仍存在不少中小企业的预算管理停留在财务层面、忽视业务层面预算的情况。依托业财融合视角，企业应将预算管理落实到预算制定、预算实施及监控、预算评价整个程序上，实现预算的编制阶段、执行阶段及考核阶段的准确性、有效性和全面性。在编制阶段，可以基于公司制定的发展目标和预算目标，从横向和纵向两个方向进行分解，以明确各个环节、岗位的主要职责，实现预算的全方位覆盖，保障预算在年度周期内得到全面贯彻执行。

5.3.2　结合业务流程，实行预算管理

预算管理在现代企业管理和企业可持续发展中发挥着根本导向作用。企业在进行预算管理时容易陷入几大误区：一是仅注重财务预算而脱离公司业务；二是缺乏清晰完善的内部责任制度；三是进行预算编制时目标指向性不足；四是预算管理后置管理不够健全，缺乏管控流程。预算管理与业务是相辅相成的，企业应当根据行业特性、企业经营特点等优化适用于本企业的全面预算管理流程，此举措能有效降低实际经营水平与预算之间的差距，使企业保持稳健性增长趋势，进一步加快整个行业的发展步伐。

5.4　增强内控，持续发展

在耐蚀软磁合金所处的技术密集型和资金密集型行业，除不容忽视的持续研发工作外，对J公司而言，资金规模也一直是掣肘未来发展的重要因素。同时，随着半导体、新能源汽车等行业近年来的高速发展，相关合金产品的需求也随之提高，而机遇往往伴随着风险，稳健型的经营战略会帮助企业稳定经营，

但在资金密集型的行业中，财务杠杆作用的不充分利用或许也会使企业错失向上发展的机遇。

5.4.1 完善制度，风险预警

在全球经济进入修补期的后疫情时代，J公司及其他专精特新企业还需结合市场情况和公司现状，设计一套科学合理的风险预警制度。一方面，该套完善的风险预警制度应当包括明确的风险评估和监测指标，以及相应的预警阈值。通过制度落实，公司能够对市场情况和公司现状的深入分析，以确定可能存在的风险点和潜在风险，并制定相应的预警指标。同时，要建立风险监控机制，定期收集和分析市场信息和公司内部数据，及时发现风险信号，并进行预警。对于已经发生的风险事件，要进行及时的信息沟通和协调，采取相应的措施，有效应对和化解风险。同时，要加强内部部门之间的沟通和协作，建立跨部门的信息共享机制，确保及时准确地获取有关公司经营和财务状况的数据，以便更好地制定和调整预算和风险预警策略。此外，还应当加强内外部信息的互通共享，与供应商、客户和业务合作伙伴建立良好的合作关系，及时了解市场需求和竞争情况，以便更准确地预测和评估市场风险。

5.4.2 库存监控，稳定供应

以J公司为例的专精特新企业还应考虑建立安全库存的相关措施。首先，可以根据市场需求分析和历史销售数据，制定合理的安全库存水平。这样，在经济形势不稳定的情况下，公司能够更好地应对突发事件，保证供应链的稳定运行。为了有效管理安全库存，还可以借助信息技术和物流系统。通过建立及时准确的库存监控和管理系统，不仅能够实时把握库存水平，还能进行有效的库存预警和补充。此外，公司还可以考虑与供应商签订合同，确保供应商能够按时供货，并提前与供应商制订灵活的供货计划。因此，即使市场需求出现剧烈波动，公司也能够保证供应链的正常运转。

5.5 高效决策，完善治理

在席卷而来的数字经济时代，公司在扎根传统治理理论的同时，也应着眼于数字经济时代的特点，充分运用数字治理手段，完善公司治理体系，有效推进企业技术创新，提高企业绩效，有效协调企业内部各治理主体之间的关系，并对员工创新行为产生激励。

于专精特新企业而言，应当加快完善内部治理，通过制度设计助力企业创新能力的提升。一方面，要加强董事会的规范化运作，强化监事会的监督职能，优化公司权力配置。一是要在董事会制度方面，进一步明确董事会与高管之间的权责界限；同时，要进一步保障专精特新企业董事会的独立性，加强独立董事的引进，建立独立董事的选拔标准以及激励和保障机制。此外，可以探索建设独立董事的资源库，促进企业与优秀管理人才的双向匹配。二是完善监事会运行机制，强化监事会的监督作用，确保企业内部治理有效规范运行。另一方面，要完善激励机制设计，注重公司治理对员工创新行为的激励作用。个人创新能力是组织创造和创新的基础，因此员工创新对提高企业创新能力至关重要。除薪酬激励外，与公司治理相关的股权结构和董事会结构对员工创新也起着重要作用。良好的公司内部治理有助于提高员工的工作忠诚度，拓宽员工的创新思维，有效配置创新资源。由于创新具有一定外部性，企业内部治理应更加重视和完善技术风险分担与收益分配机制、激励机制、容错机制，以更好地激发员工的创新动力，从而提升企业的创新能力。

案例参考文献

[1] 马飞，刘德智，李毅斌，金小云. 基于IPD的体系化研发管理平台研究[J]. 现代制造工程，2013，(7)：12-15，26.

[2] 杨冬梅，万道侠，郭俊艳. 企业科技研发投入与企业绩效——兼论政府创新政策的调节效应[J]. 山东社会科学，2021，(5)：129-135.

[3] 彭若弘，崔藤予. 高新技术企业盈余管理、政府补助和研发投入[J]. 中国科技论坛，2020，(11)：100-109.

［4］莫理宁，鲁桂华，潘念萍．业绩反馈下的研发投入与盈余管理——来自A股制造业的数据［J］．会计之友，2020，(24)：53–59.

［5］龚家凤，沈烈．研发投入资本化与盈余管理——以人工智能企业为例［J］．财会月刊，2021，(23)：41–49.

［6］李斐然．财务赋能创新［J］．财务与会计，2020，(2)：86–88.

［7］田高良，张晓涛．论数字经济时代智能财务赋能价值创造［J］．财会月刊，2022，(18)：18–24.

［8］张晓君．集团企业研发经费投入与管理研究［J］．财会学习，2021，(29)：92–93.

［9］郝平．企业研发投入管理的思考［J］．中国管理信息化，2020，23(22)：45–47.

［10］黄菲，李宗印．研发投入与绩效管理问题研究［J］．中国高校科技，2018，(7)：19–20.

［11］赵娟．金融科技赋能产业链金融升级的创新路径探讨［J］．西南金融，2022，(8)：59–71.

［12］张晓涛，田高良．基于数字经济时代智能财务的发展思路［J］．财会通讯，2023，(6)：3–8.

［13］翟吉红．战略地图在高端核心零部件企业的应用——以XY公司为例［J］．财务与会计，2022，(24)：35–39.

［14］解娟．高新技术企业全面预算管理的实施要略分析［J］．中国集体经济，2023，(11)：53–56.

［15］徐波．信息共享机制下流通企业绩效管理制度体系构建策略研究［J］．商业经济研究，2023，(3)：158–161.

［16］马蔡琛，孙小雪．数字经济背景下的预算绩效管理质量提升［J］．河北大学学报（哲学社会科学版），2023，48(1)：102–111.

［17］王彦林，王莉．新发展格局下“专精特新”企业创新能力提升的困境与出路［J］．当代经济管理，2023，(7)：1–8.

附录1：J公司调研记录

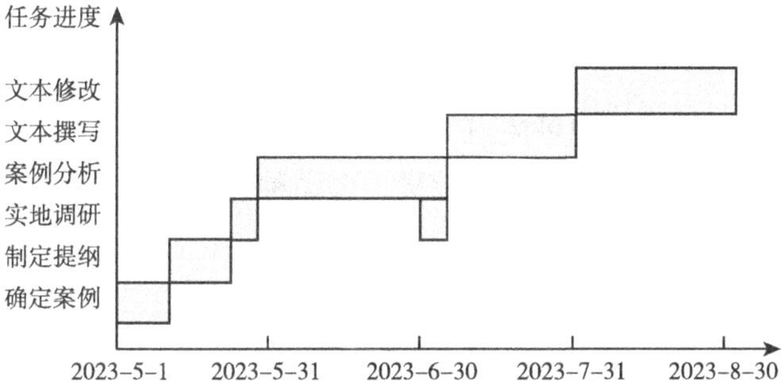

附图1-1 案例调研与写作甘特图

附图1-2 实地调研记录

附录2：J公司调研内容

1. J公司经营战略定位

答：公司采用的是差异化战略。针对市场没有、客户需要的产品进行生产加工，无论订单大小，公司都会开发生产，以满足客户个性化、差异化需求。公司柔性生产模式下的生产具有小批量、多品种、多批次、多规格的特点，同时产品具有不可替代性。

2. J公司预算编制过程

答：公司预算编制是以金蝶ERP为依托嵌入日常管理，由各职能部门一起参与。以销售预算为例，简单来说其具体编制过程一般是下述流程——先按月将预算输入金蝶系统的表格中，通过IT系统，生成每个客户的预算达成情况报表，可随时查看并将该客户的订单销售量与预算进行对比，发现差异后主要从两方面来分析：一是预算是否有问题，如有问题进行调整；二是客户自身原因实际订单数有波动，若后续不再追单，则去找其他的客户补差。每个客户都有自己的结算政策，有固定的结算发货模式等。我们将不同客户按照订单量以及结合销售部门管理力度等因素，分为预算管控客户以及非预算管控客户。并给每个预算管控客户配专门的客户经理。

3. J公司研发及其成果转化

答：公司目前的研发可以分为三类：①工艺研发，该类数量最多，即生产市场上已存在的产品，对生产过程进行创新；②产品研发，即生产市场上没有的产品；③其他类，主要是研发市场没有的设备，又称探索式创新。研发结案流程应制度化、流程化、信息化、可视化。通过金蝶、OA系统实现信息化，在研发的前中后台，对研发全过程进行监控，在立项时即根据研发目标定结案指标，产品工艺开发完成后，通过对产品或工艺进行性能检测，若能够达到企业标准、客户标准或是国家统一标准，则研发完成。

4. J公司所面临的风险

答：公司面临的质量风险是最大的风险。专精特新企业和普通企业所面临的风险也不同，前者多是质量风险，也体现为研发风险，后者多是财务风险和经营风险。